Hausmanninger · Capurro · Hrsg.
Netzethik

Schriftenreihe des
International Center for
Information Ethics
(ICIE)

Herausgegeben von

RAFAEL CAPURRO
THOMAS HAUSMANNINGER

Band 1

Thomas Hausmanninger
Rafael Capurro · Hrsg.

Netzethik

Grundlegungsfragen
der Internetethik

Wilhelm Fink Verlag

Die Deutsche Bibliothek – CIP- Einheitsaufnahme
Ein Titeldatensatz für diese Publikation ist bei
Der Deutschen Bibliothek erhältlich

ISBN 3-7705-3747-5
© 2002 Wilhelm Fink Verlag, München
Satz: Rupert M. Scheule
Herstellung: Ferdinand Schöningh GmbH, Paderborn

Inhalt

Einleitung: Eine Schriftenreihe stellt sich vor 7

Ethik in der Globalität. Ein Dialog
Thomas Hausmanninger, Rafael Capurro 13

I. TEIL
VON DER NOTWENDIGKEIT EINER INTERNETETHIK

Die Ausblendung von Ethik im World Wide Web
Peter Ludes 39

Cyberethik. Bodies oder Bytes?
Bernd Frohmann 49

II. TEIL
ZUGÄNGE ZUR GRUNDLEGUNG DER INTERNETETHIK

Existenzontologie:
Operari sequitur esse. Zur existenzial-ontologischen
Begründung der Netzethik
Rafael Capurro 61

Anthropologie und Symboltheorie I:
Die Anthropologie des Medialen. Zur anthropologischen
Selbstaufrüstung des *animal symbolicum*
Matthias Rath 79

Anthropologie und Symboltheorie II:
Medienethik als Symbolphilospophie. Handeln im Zeitalter
virtueller Welterzeugungen und Weltordnungen
Klaus Wiegerling 89

Semiotik:
Die Semiotik und das Internet. Analysen für
einen ethisch verantwortlichen Austausch
Petra Grimm, Franco Rota   107

Strukturhermeneutik:
Strukturanalyse als Weg zu einer Internetethik
Andreas Greis   123

Institutionenethik:
Grundlagen der Informationsethik. Politische Philosophie
als Ausgangspunkt informationsethischer Reflexion
Karsten Weber   141

Diskursethik:
Kommunikationsmedien und Menschenrechtsdiskurs
Matthias Kettner   157

Kontextueller Liberalismus:
Individuelle Freiheitsrechte als Grundlage einer Ethik des Internet
Jessica Heesen   163

III. Teil
RÜCKBLICK UND AUSBLICK

Netzethik. Ein Zwischenfazit
Rupert M. Scheule   181

ANHANG

Autorinnen und Autoren   191

Literatur   195

Einleitung: Eine Schriftenreihe stellt sich vor

Erinnern Sie sich noch an Ihren ersten »Rechner«? Wenn Sie frühzeitig an der Entwicklung von den »Großrechneranlagen« zum »persönlichen Computer« (*personal computer*, PC) teil genommen haben, so werden Sie Ihre erste »Maschine« zu Beginn der 1980er Jahre erworben haben. Damals gab es schon das Internet, aber in Deutschland war das für Privatleute noch kein Thema. Statt dessen saßen Sie vielleicht vor einem grünen oder bernsteinfarbenen Bildschirm, hatten noch keine Festplatte und mussten das Betriebssystem auf einer biegsamen und verletzlichen Diskette in ein großes Laufwerk schieben, das Datum und die Zeit von Hand eingeben ... y2k konnte Sie kalt lassen, das war erst viel später ein Thema. Vielleicht waren Sie aber schon in den 1960er oder 1970er Jahren unter jenen, die an »Rechnern« gearbeitet haben und für Ihren privaten Bekanntenkreis eine utopische technologische Elite verkörperten – das Mitglied eines esoterischen Kreises, der sich assoziativ mit Werner von Braun und der Mondlandung verband.

Erinnerungsbilder wie diese fühlen sich heute an, als lägen sie so weit zurück, wie der erste Weltkrieg. Studierende des beginnenden 21. Jahrhunderts bestaunen daher die alten »Rechner« wie Flugzeuge aus der Lindbergh-Zeit oder die Nähmaschine der Urgroßmutter. Vergangen sind jedoch noch nicht einmal zwei, drei Jahrzehnte. Vom Beginn der 1980er bis jetzt ist die Verbreitung der PCs explodiert, durchdringen sich mehr und mehr Massenmedien und digitale Medien, hat die Digitalisierung sich zum »Weltentwurf« (Capurro) gemausert und alle Gegenstände, Handlungsbereiche und Lebensvollzüge in identisch verarbeitbare »Information« verwandelt. Vom *Chat* über Cyberjournalismus zum *online*-TV, von der Biomechanik über die Biometrie bis zur digitalen Kennkarte, vom Passbild zur Satellitenüberwachung und satellitengestützten Kriegführung – jüngst in Afghanistan vorexerziert – revolutioniert die Digitalisierung unsere Welt, nein, hat sie bereits revolutioniert. »Welt am Draht« (BRD, R.W. Fassbinder) war 1974 noch Science fiction; heute spielen Kinder »SimCity« oder »Evolution«. »Eliza« war einst ein Testversuch zur »Mensch-Maschine-Differenz«; nun flankieren schon seit Jahrzehnten Programme wie »Depression« Psychotherapien oder ersetzen diese sogar. Der »Videokrieg« am Golf hat zumindest in Europa noch kritische Stimmen in der Öffentlichkeit gefunden; die Satellitenunterstützung der Soldaten in Afghanistan gehört zum Alltag.

Rasante Entwicklungen lassen die Ethik meist hinterherhinken. Das macht sie jedoch nicht überflüssig – im Gegenteil: Nicht umsonst wird in einigen Bereichen der Informationsverarbeitung, wie den Biotechnologien, der Ruf nach der Ethik und einer ethischen Begleitung der Prozesse so laut, dass er gar zur Institutionalisierung von Räten und Kommissionen führt. Durch ihre Ubiquität erfordert vor allem die Digitalisierung eine interdisziplinäre Zusammenarbeit. Ähnlich der ökologischen Frage kann sie nur mit Hilfe einer Vernetzung der Diskurse der verschiedenen Disziplinen bearbeitet werden. Ebenso wie diese Frage muss diese Vernetzung angesichts der globalen Dimensionen – die Digitalisierung umfasst die Welt, auch wenn sie nur von einem Bruchteil der Weltbevölkerung getragen wird (auch dieses ist im Übrigen schon ein ethisches Problem), und betrifft jeden Winkel dieser Erde – gleichfalls global sein. Hierzu wollen wir, die Herausgeber dieses Buches, einen Beitrag leisten, indem wir zwei Knotenpunkte in das nötige Netz einknüpfen: Einen transnationalen mit dem ICIE und einen lokalen mit den ICIE-Symposien sowie der ICIE-Schriftenreihe, die durch diesen Band eröffnet wird.

Das International Center for Information Ethics (ICIE)

Das *International Center for Information Ethics* (ICIE) ist 1999 von Rafael Capurro gegründet worden, der dabei dem Rat seines Freundes und Kollegen Wolfgang von Keitz gefolgt ist. Ziel des Zentrums war von Anfang an, statt eine mehr oder weniger nützliche Ansammlung von Links zu bieten, eine *virtuelle Gemeinschaft* ins Leben zu rufen. Entstehen sollte ein Netzwerk, das jene Wissenschaftlerinnen und Wissenschaftler miteinander in direkten Kontakt bringt, die sich in den verschiedenen Disziplinen mit Informationsethik beschäftigen. Was als kleiner Kreis von Freunden und Kollegen anfing, entwickelte sich rasch zu einer internationalen Gruppe von inzwischen etwa hundert Mitgliedern aus allen Erdteilen, die durch eine *mailing list* korrespondieren. Bald nach Beginn errichteten zwei US-Kolleginnen, Martha Smith (Clarion University of Pennsylvania) und Barbara Rockenbach (Yale University), einen *mirror* der ICIE-Website in der Yale University. Zugänglichkeit und Bekanntheit des Zentrums erhöhten sich dadurch. Da das wissenschaftliche Personal in den USA fast nur intern korrespondiert – ein ironischer Tatbestand im Zeitalter des Netzes –, trug diese Spiegelung nicht unwesentlich zur Bekanntheit des ICIE dort bei.

Im Jahre 2001 fanden dann Kooperationsgespräche mit dem Zentrum für Kunst und Medientechnologie (ZKM) in Karlsruhe statt. Vor allem dem Interesse von Peter Weibel, Geschäftsführer des ZKM, und dem Engagement von Christoph Pingel, Institut für Netzentwicklungen, verdanken wir es, dass seither die Website des ICIE nicht nur im Rechner des ZKM installiert ist, sondern auch ein neues Design besitzt (vgl. http://icie.zkm.de).

Die ICIE-Website bietet nicht nur eine umfangreiche konventionelle *Bibliografie*, sondern auch eine *virtuelle Bibliothek* mit Links zu Volltext-Material, eine laufend ergänzte Liste von *Konferenzen* weltweit sowie verschiedene Links zu *Institutionen* und *Projekten* in aller Welt. Über die fast wöchentlich wachsende Zahl von Mitgliedern und ihre *mailing list* vernetzt das ICIE mehr und mehr Informationsethikerinnen und Informationsethiker und ihre Diskurse, die teilweise auch direkt – vor allem bei aktuellen Anlässen (zuletzt *smart tags*, neue Sicherheitspolitik nach dem 11. September 2001) – durch diese *list* entstehen.

Die ICIE-Symposien und die ICIE-Schriftenreihe

Kommunikation bedarf jedoch auch des personalen Umgangs miteinander. Wir haben nie die Position vertreten, dass das Netz aus den Menschen eine neue Spezies werden lasse, die körperlosen Intelligenzen gleichen würde, – und dass daher anthropologische Bedingungen hinfällig seien. Im Gegenteil: Nationale wie internationale Konferenzen belehren uns immer wieder darüber, dass wissenschaftliche Arbeit und Innovation auch von persönlichen *real-life*-Kontakten lebt. Insofern globale Ereignisse und so auch die Globalisierung sich in *lokalen* Effekten materialisiert und lokal verarbeitet werden muss – Roland Robertson spricht zurecht von Glokalisierung statt von Globalisierung – bedarf es flankierend zu den transnationalen auch der lokalen Netzwerke. Ein solches haben wir auf Initiative von Thomas Hausmanninger 2001 geschaffen: Vom 28.2. bis zum 2.3.2001 fand unter dem Titel *Konzepte der Informationsethik* das erste ICIE-Symposion in Augsburg statt, das informationsethische Grundlegungsfragen verhandelte (vgl. www.capurro.de/augsburg.htm). Flankiert war das Symposion von der virtuellen Teilnahme weiterer Mitglieder des ICIE, deren Beiträge *online* publiziert und auf dem Symposion gleichfalls diskutiert wurden. Während der Drucklegung dieses Bandes findet die Vorbereitung des zweiten ICIE-Symposions statt, das sich mit dem *Digital Divide* und *empowerment*-Strategien beschäftigt und vom 3. bis 5.10.2002 in Augsburg stattfindet (vgl. www.capurro.de/augsburg2.htm, Zugriff: 17.02.2002).

Beide Veranstaltungen stellen den Beginn einer Reihe von Symposien dar, die wir regelmäßig in Augsburg halten werden und die sowohl aufeinander aufbauen als auch auf aktuelle Entwicklungen reagieren sollen. Ziel dieser Symposien ist es, in Deutschland diejenigen Wissenschaftlerinnen und Wissenschaftler miteinander zu vernetzen, die sich mit Fragen der Informationsethik befassen, jedoch aufgrund ihrer Zugehörigkeit zu verschiedenen Disziplinen kaum je »normal« auf einem ihrer einschlägigen Fachkongresse zusammentreffen. Die ICIE-Symposien wollen so ein genuin interdisziplinäres Forum institutionalisieren und auf diese Weise Interdisziplinarität für ihren Themenbereich festigen.

Im Zusammenhang mit den Symposien steht die Schriftenreihe, die gleichwohl auch offen sein soll für weitere Publikationen, die im Rahmen des ICIE entstehen oder aus den Reihen der Mitglieder an dieses herangetragen werden. Unter *Informationsethik* wollen wir dabei die ethische Beschäftigung mit der Digitalisierung und ihrer globalen Verbreitung verstehen. Dies ist ein recht breites Verständnis, das sich auch historischen Entwicklungen verdankt: Der Begriff Informationsethik geht vermutlich zurück bis in die 1970er Jahre, als der Einzug des Computers im Bereich der Fachinformation sich allmählich durchsetzte und neue Fragen vor allem in Bezug auf die Speicherung und den Zugang zu wissenschaftlich-technischen Dokumenten oder ihren Surrogaten (*Abstracts*) zunächst in Form von bibliografischen Datenbanken aufkamen. Als Mitte der 1990er Jahre das Internet entstand, weitete sich die Bedeutung auf dieses Medium aus und es gab neue konkurrierende Bezeichnungen, wie zum Beispiel *Cyberethik*. Dies geschah zunächst nicht nur in Abgrenzung zu den ethischen Fragen in der Informatik (Computerethik), sondern vor allem in Bezug auf den Bereich der Massenmedien (Medienethik).

Gleichwohl umfasst Informationsethik daher als Begriff die ethischen Fragen der Digitalisierung, d.h. der Rekonstruktion aller möglichen Phänomene (bzw. die Definition ihrer künftigen Möglichkeit als Phänomene) der Welt, des Lebens und des Handelns im Medium von 0 und 1 als digitale Information sowie des Austauschs, der Kombination und Verwertung dieser Information und schließlich der digital vermittelten Kommunikation. Die Diffusität dieses Begriffs von Informationsethik ist dabei der Umfassendheit der Digitalisierung geschuldet, ihrem Sog, alles in sich aufzusaugen und als »alles« nur noch gelten zu lassen, was digitalisierbar ist. Angesichts dieser neuartigen Weise menschlichen Welt- und Lebensentwurfes kann nur ein so diffus bleibender Begriff zugleich der adäquate Begriff sein.

Im Rahmen dieses Verständnisses von Informationsethik wollen wir jedoch – zunächst und für unsere nähere künftige Arbeit – einen Schwerpunkt setzen. Dieser soll die Auseinandersetzung mit dem Internet und der digital vermittelten Kommunikation sein. Die Schwerpunktsetzung ist pragmatisch: Informationsethik muss mit einem der möglichen Gegenstände beginnen und das Netz stellt hierbei zweifelsohne eine der neuartigsten Herausforderungen dar. Da sich zudem Rafael Capurro vorrangig mit dem Netz befasst hat und Thomas Hausmanninger einen seiner Forschungsschwerpunkte in der Medienethik verortet – also in der Nähe des sozial-kommunikativen Aspekts des Internet –, liegt diese Gegenstandswahl auch aus wissenschaftsbiografischen Gründen für uns nahe.

Zum vorliegenden Buch

Der vorliegende Band versammelt eine Auswahl der vor, während und nach dem I. ICIE-Symposium vorgelegten Beiträge, ist jedoch kein Sammelband im üblichen Sinn. Absicht der Zusammenstellung ist es vielmehr, einen Zugang zu Konzepten zu geben, die – jedenfalls im deutschsprachigen Raum – Grundlagen einer Internetethik zu entwickeln versuchen. Die Grundlegungsfragen zu behandeln und miteinander ins Gespräch zu bringen *bevor* wir uns konkreten materialen Einzelproblemen widmen, schien uns nicht zuletzt wichtig, da ein ausführlicher Diskurs hierzu bislang im genannten Sprachraum nicht besteht. Auf diese Weise soll der vorgelegte Band zudem eine Eröffnung bieten, auf die sich die Diskurse der Folgebände zurückbeziehen können – ohne dass wir damit den Anspruch erheben wollten, den Grundlegungsdiskurs bereits erschöpfend geführt zu haben. Dazu ist das Feld denn auch zu neu.

Grundlegungsdiskurse sind zudem ja auch in der Disziplin der philosophischen Ethik nicht endgültig und abschließend geführt. Vielmehr finden sie sich untereinander und insbesondere durch kulturell-geschichtliche Veränderungen immer wieder auch selbst infrage gestellt und herausgefordert. Zu diesen Veränderungen rechnen auch das Netz und die Digitalisierung. Wir eröffnen deshalb den Band mit einem Dialog über die Lage der Ethik angesichts der spätmodernen kulturell-geistigen Situation und der digitalen Globalisierung. Im Anschluss daran beschäftigen sich PETER LUDES und BERND FROHMANN mit der Notwendigkeit einer Internetethik. Während

Ludes vor allem die – weitgehend unvermerkte, da unter den hegemonialen Bedingungen einer dominanten Erste-Welt-Kommunikation stehende – Ausblendung der
Ethik im Web thematisiert, führt Frohmann eine Auseinandersetzung mit Cyber-
Utopien und stellt dagegen den begründeten Aufweis der Überwindung dieser Ausblendung.

Im Anschluss an diese Notwendigkeitsnachweise werden verschiedene Zugänge
zu einer Internetethik vorgestellt. RAFAEL CAPURRO wählt einen im weiteren Sinn
existenzialontologischen Zugang. Dieser weist zunächst einmal die Digitalisierung als
neuen Weltentwurf mit ontologischer Qualität auf, um dann die Grundlinien einer
auf die sich darin tentativ erschließende Zukunft vortastenden »angeletischen« Ethik
zu skizzieren: Eine solche Ethik versucht dem Zukommenden als Botschaft ebenso
wie der botschaftsvermittelnden Kommunikativität des Netzes mit einer Entsprechung zu antworten. Anknüpfend an die gegenwärtig in der Philosophie stattfindende
Cassirer-Renaissance wählen MATTHIAS RATH und KLAUS WIEGERLING ihre Zugänge. Während Rath dabei seine Reflexion in eine allgemeine Anthropologie einbettet,
sucht Wiegerling von der Symboltheorie Cassirers aus eine generelle Medienphilosophie anzugehen, in deren Rahmen dann die Netzethik verortet werden kann. Durchaus Bezüge zur Symboltheorie besitzt die Semiotik, die im Vergleich zu Cassirer
jünger ist, jedoch einen ähnlich umfassenden Erklärungsanspruch stellt. Von ihr her
analysieren PETRA GRIMM und FRANCO ROTA das Netz und beleuchten die dort
geschehende, teilweise innovativ-kreative Zeichenproduktion. Durch die nun im
Netz aufeinandertreffenden, semiotisch erfassbaren kulturellen Differenzen erweist
sich einerseits die Nicht-Selbstverständlichkeit von Kommunikation, das gar konflik-
tive Potential eines *clash of semiospheres*, andererseits die Leistungsfähigkeit der Semiotik
als Beschreibungsinstrument für diese Differenzen und diesen *clash*. In ihm liegt für
beide daher auch der Ansatzpunkt für eine Internetethik, die – gemäß der beschrei-
benden Position der Semiotik gegenüber auch moralischen Zeichenproduktionen –
dann eher metaethisch profiliert ist.

Halten sich diese Zugänge gewissermaßen im Ermöglichungsfeld normativer Positionen auf, so bemühen sich die folgenden Ansätze um normative Entwürfe. Aus
einer strukturhermeneutischen Perspektive – und in Auseinandersetzung mit medienethischen Entwürfen – bietet ANDREAS GREIS seinen Zugang zu einer Internetethik,
die auf ethische Bewertungs- und Orientierungslinien für das Netz zielt. Insoweit
Information über das Netz zugänglich gemacht oder aber auch verstellt bzw. durch
fehlenden Netzzugang vorenthalten wird, stellen sich für das Internet allgemeine
Verteilungsfragen. Diese thematisiert als Gerechtigkeitsfragen die neuere politische
Philosophie bzw. Ethik bei John Rawls und anderen. Information erscheint als Gut,
dessen Verteilung strukturell organisiert ist und so institutionellen Charakter erhält.
Der an die politische Philosophie anschließende Entwurf von KARSTEN WEBER
bildet deshalb einen struktur- oder institutionenethischen Zugang zur Netzethik.
Neben diesem Zugang steht vor allem in der deutschen politisch-ethischen Debatte
mehr oder weniger zeitgleich die Diskurstheorie und Diskursethik. Aus ihrer Perspektive, jedoch erweitert um einen menschenrechtlichen Blick, wendet sich daher
MATTHIAS KETTNER der Begründung einer Netzethik zu. Gleichfalls in der Nähe

politischer Theorie steht der Ansatz von JESSICA HEESEN, die im Ausgang von der liberalen menschenrechtlichen Tradition moderner Gesellschaften argumentiert. In Entsprechung zu der sowohl klassisch öffentliche, wie jedoch auch personale (»private«) Kommunikation umfassenden Struktur des Netzes bietet sich ihr Entwurf dabei als zugleich institutionen- wie auch individualethischer Zugang dar. RUPERT M. SCHEULEs abschließender Beitrag leistet bereits so etwas wie eine erste Selbstreflexion der netzethischen Diskussion, wie sie in diesem Buch vorliegt. Scheule kartografiert gewissermaßen die Argumentationslinien der hier versammelten Texte im Hinblick auf die künftigen Etappenziele des gemeinsamen netzethischen Nachdenkens.

Alle Beiträge, so denken wir, zeigen die unvermeidbare Verwobenheit von konkreten, praktischen Problemen des Handelns im Netz und der ethischen Grundlagenreflexion. Der konkrete Problemlösungsdiskurs der »praktischen Ethik« muss daher stets in Rückbindung an diese Reflexion geführt werden. Wenn es uns gelungen ist, mit diesem Band die entsprechende Verzahnung und den entsprechenden Diskurs zu fördern, so würden wir uns freuen.

Thomas Hausmanninger
Rafael Capurro

Ethik in der Globalität. Ein Dialog

Thomas Hausmanninger; Rafael Capurro

Dialoge haben eine gute philosophische Tradition. Sie erlauben es, Fragen aufzureißen und Antwortmöglichkeiten zu testen. Oft sind sie auch amüsant zu lesen. Wir haben uns einen solchen Dialog geleistet und ihn gegenstandsgemäß in dem Medium geführt, mit dem wir uns in diesem Buch beschäftigen: Im Internet, via E-mail. Dabei haben wir uns auf Grundsatzfragen konzentriert, die noch sozusagen »vor« der Internetethik kommen, vor allem mit der Frage, wie eigentlich Ethik möglich sein soll. Seinen Grund findet das darin, dass die Bemühung um eine Netzethik sofort und ständig in diese Problematik führt. Sie drängt die akademische Leidenschaft für Grundlagenreflexion dem Alltag auf. Ein guter Grund also, mit ihr zu beginnen. Da wir zudem divergente Positionen einnehmen, versprachen wir uns von unserem Dialog nicht nur wechselseitige Anregung, sondern auch einen für Dritte spannenden Text. Ob das Zweitgenannte gelungen ist, wollen wir freilich nicht beurteilen. Das mögen die Leserinnen und Leser tun.

In kontingenten Netzen

Th.H.: Wenn Sie gestatten, fangen wir mit dem Versuch an, uns in unserer eigenen Zeitsituation zu orientieren. Die Frage nach einer Internetethik bringt uns unvermeidbar in einen globalen Raum – auch wenn es sich dabei um eine segmentierte und teilweise hegemoniale Raumstruktur handelt. Grunderfahrung aller Reisenden ist seit jeher die Relativität des eigenen Herkommens. Was immer ehernes Fundament der Welt und objektive Gestalt der Wirklichkeit zu sein schien, erweist sich plötzlich als spezifisch und kontingent. Das Netz vermehrt diese Erfahrung über den Tourismus hinaus. In ihm werden daher auch die ethischen Fundamente brüchig. Falls man solche wieder gewinnen will, könnte es hilfreich sein, sich zuerst mit dieser Kontingenzerfahrung zu beschäftigen.

Nun lässt jedoch nicht voraussetzungslos und dekontextualisiert beginnen. Wir können uns, so denke ich, dieser Erfahrung daher nur von einem spezifischen kulturellen und geistesgeschichtlichen Standort aus widmen. Das impliziert nicht, sich zu diesem nicht nochmals ins Verhältnis setzen und ihn in der Reflexion und im Dialog mit anderen Kontexten überschreiten zu können. Es bedeutet aber, dass die »Gottesposition« des totalen Überblicks und damit die Möglichkeit einer endgültigen, vollständigen theoretischen Erfassung der Wirklichkeit wohl versagt bleibt.

In dem philosophischen Kontext, den wir als in Deutschland tätige Akademiker teilen, gibt es eine Parallele zu der genannten Kontingenzerfahrung: Zum ersten Mal brüchig wird die sichere Erkenntnis der Struktur der Wirklichkeit schlechthin mit der nominalistischen Verunsicherung nach der Hochscholastik. Das von Hans Blumenberg (1988) so genannte »erkenntnistheoretische Dreieck«, in dem Gott als Vernunftwesen die Gleichartigkeit der substanziellen Vernünftigkeit von Welt und Mensch garantierte, zerbricht. Damit tritt zum ersten Mal vor Augen, dass alle endgültigen Begriffe, die so etwas wie die Grammatik des Wirklichen zu erfassen versuchen, recht freitragende menschliche Konstruktionen sind.

Wir wissen, wie die Reaktion darauf aussah: Es war die Kehre in die Subjektivität. Nun sollte dort substanzielle Erkenntnis verankert werden können. Heute sehen wir uns jedoch auch mit der Entsubstanzialisierung des Subjekts konfrontiert. In erster Linie trifft das den Vernunftbegriff. Der deutsche Idealismus nach Immanuel Kant konnte sich in der Vernunft noch reichhaltig bedienen und fand darin die Einheit seiner Wirklichkeitserfassungen. Nach Karl Marx, Martin Heidegger, dem Positivismus, dem *linguistic turn* und dem Strukturalismus/Poststrukturalismus sieht das anders aus. Für Marx sind substanzielle geistige Durchdringungen der Wirklichkeit Epiphänomene (und Verschleierungen) von Kämpfen antagonistischer Machtinteressen (ich vereinfache und verzichte hier auf die Diskussion der Frage der Selbstanwendung dieser erkenntnistheoretischen Implikationen der marxschen Theorie). Heidegger spricht vom Ende der (gleichwohl unverwundenen) Metaphysik. Wenn ich es recht sehe, geht es ihm damit darum, dass keine allgemein endgültige, substanzielle Rekonstruktionen der Struktur der Wirklichkeit – also Ontologie im klassischen Sinn – und keine darauf aufbauenden umfassenden Sinnstiftungen – also Metaphysik im Sinn der Theologik – mehr möglich scheinen. Es gibt keine transzendierenden Endbegriffe, lediglich Behauptungen solcher, die dann allesamt der Kontingenz anheimfallen. Der Positivismus wie auch der *linguistic turn* wendet sich daher dieser Kontingenz rekonstruktiv zu und bescheidet sich mit ihr. Für den Poststrukturalismus aber zerbricht auch die letztlich noch recht starke Vernunftvorstellung der Positivisten. Nun ist von der Dezentrierung der Vernunft in einzelnen Rationalitäten die Rede. Nichts hält diese zusammen oder vermag sie zu vermitteln. Damit aber fehlt die Möglichkeit eines Gesamtentwurfes der Struktur der Wirklichkeit und übergreifender Sinnhaftigkeit dieser Struktur. Das »nachmetaphysische Zeitalter« ist das Zeitalter der Kontingenz.

Nun könnte man freilich sagen, das sei Philosophenspiel, ohne jede Relevanz für »die Leute« und ihr Leben. Ich sehe das aber anders. Die Dezentrierung der Vernunft hat eine recht greifbare Parallele in der Differenzierung gesellschaftlicher Handlungssysteme, deren Rationalitäten nicht mehr miteinander vermittelbar sind. Daher wird es sehr schwierig, die einzelnen Systemprozesse zu einem gedeihlichen Gesamtprozess zusammenzuführen. Eine weitere greifbare Parallele findet sich in dem, was soziologisch immer wieder als Individualisierung und Pluralisierung beschrieben wird: Die Lebensentwürfe der Menschen werden immer stärker »subjektiv«, weniger miteinander vermittelbar, und eine Basis für wechselseitige Verständigung und begründeten Ausweis des je eigenen Entwurfs scheint zu vermissen zu sein (wir erinnern uns an die Debatte über einen gesellschaftlichen »Grundkonsens«). Die kommunitaristischen Bemühungen in den USA und die Bürgergesellschaftskonzepte in Deutschland, die sich beide zu »Bewegungen« entwickelt haben, zeigen, dass die Menschen Unbehagen an dieser Situation empfinden. Ob die beiden »Bewegungen« dafür eine Lösung sein können, ist freilich nicht ausgemacht.

Die akademisch wirkende Frage nach dem Ende der Metaphysik, der Dezentrierung der Vernunft und der Entsubstanzialisierung des Subjekts aber scheint mir daher doch eine recht realitätsrelevante und realitätsverankerte Problematik auf den Begriff zu bringen. Mit der Substanzialität der Vernunft schwindet eben nicht nur die Möglichkeit substanzieller Ontologie und metaphysischer Sinnstiftung, sondern auch die Möglichkeit, miteinander und untereinander zu verbindlichen Orientierungen zu gelangen. Wie im Netz relativieren sich die einzelnen Rationalitäten wechselseitig, ohne dass jedoch diese Relativierung nochmals auf einen festen Boden überleiten würde.

So also würde ich die philosophische Zeitdiagnose ansetzen. Stimmen Sie mir zu? Oder sehen Sie die Dinge anders?

R.C.: Ich stimme mit Ihnen darin überein, dass die *Atmosphäre* der philosophischen Reflexion vor allem seit dem so genannten Zusammenbruch des Deutschen Idealismus sich von der Suche nach absoluten Koordinaten zur Wahrnehmung menschlicher Kontingenz gedreht hat. Ich spreche von *Atmosphäre,* denn natürlich sind die von Georg Wilhelm Friedrich Hegel, Friedrich Wilhelm Joseph Schelling und Johann Gottlieb Fichte gestellten Fragen nicht einfach verschwunden. In einem gewissen Sinne sind sie aktueller denn je. Sie betreffen eine Erfahrung von Globalität und Vernetzung – ich denke dabei vor allem an den Systemgedanken mit seinen dynamischen und perspektivischen Kehrtwendungen, in dem beide Aspekte *reflektiert* werden –, die uns sehr nahe steht und in gewissem Sinne auf eine Atmosphäre der *Postkontingenz* hinweist. Damit meine ich nicht, dass wir zur Metaphysik zurückkehren können, sondern dass die Gegenbewegungen, die Sie ansprechen, innerhalb der vom Deutschen Idealismus eröffneten Möglichkeiten bleiben, auch und gerade, wenn anstelle des Geistes etwa der Wille zum Leben oder der Klassenkampf – heute ist vom *Kampf der Kulturen* die Rede – eintritt. Dennoch meine ich, dass *nach* diesen Kehrtwendungen mit ihrem Kontingenzpathos allmählich eine neue Drehung sich vollzieht, die marktschreierisch als Globalisierung und Vernetzung überall verkündet wird.

Zugegeben, der Ausdruck *Postkontingenz*, nicht anders als im Falle des Ausdrucks *Postmoderne*, drückt eine Verlegenheit aus. Denn wir befinden uns in der Tat, wie Sie es beschreiben, in einem Zustand, in dem unsere Vernunft sich nicht ihrer transzendentalen Koordinaten – vom *Ich denke* bis hin zu den Kantischen kategorialen Strukturen, die uns zur Konstruktion der einen Wirklichkeit dienen sollten – in der Atmosphäre des Bewusstseins und seiner Erfahrungen versichern kann, sondern wir selbst, sozusagen mit Leib und Seele (und nicht bloß unser Bewusstsein) machen Ernst mit der Erfahrung der Kontingenz unseres In-der-Welt-seins. Gleichwohl verharrt unsere Erfahrung heute, wie mir scheint, nicht in der *Feststellung* dieser Kontingenz, sondern begreift sich immer mehr in einem Geflecht von Abhängigkeiten und Möglichkeiten, sowohl was unsere Einbettung in der Natur als auch was unseren technischen Gestaltungswillen betrifft.

Letzteres hat sich seit der digitalen Revolution abermals gewandelt und prägt wiederum sowohl die Atmosphäre unserer Selbstwahrnehmung als auch unsere Wahrnehmung der Natur. Wir leben im Zustand der Globalität, ohne dass damit eine metaphysische Totalität gemeint wäre, und wir leben im Zustand der digitalen Vernetzung. Die bisherigen globalen Begriffe Geist und Materie sind, vereinfacht und verkürzt gesagt, durch Information (teilweise) abgelöst worden. In diesem Zusammenhang bezieht sich Information sowohl auf die evolutionären Formungsprozesse als auch auf jene digitale Formung, die, auf der Basis von 0/1 und ihrer *Einprägung* im elektromagnetischen Medium uns erlaubt, alles was ist, auf seine Digitalisierbarkeit hin zu entwerfen. Ich spreche in diesem Zusammenhang von einer *digitalen Ontologie*, womit nicht bloß die digitalen Gegenstände, sondern ein Weltverhältnis gemeint ist. Vielleicht ist es so, dass die digitale Weltvernetzung so etwas wie eine Atmosphäre schafft, in der die Kontingenz weniger pathetisch erfahren wird als dies beim Verlust des Grundes im Absoluten oder in der Natur der Fall war. So gesehen wäre die globale Vernetzung nicht die neue Form eines metaphysischen Grundes, sondern, paradox ausgedrückt, die einer *vernetzten Kontingenz*. Unsere Suche nach Gründen lässt sich dann weder in der Metapher eines letzten Grundes noch in der eines festen Rationalitätsrahmens festlegen, die in der Natur unseres Geistes verankert wäre, sondern in Gestalt eines *Hypertextes*, bei dem die Qualität oder Güte eines Verweises entscheidend vom jeweiligen Kontext der zu vernetzenden Knoten abhängt.

Die Frage, die sich mir dann stellt, ist: Welche Konsequenzen ergeben sich aus dieser Abschwächung der Kontingenzerfahrung gegenüber einer Auffassung von Kontingenz und Freiheit, wie sie etwa von Existentialisten wie Jean-Paul Sartre oder Albert Camus mit großem Pathos verkündet wurde? Welche Form von existenzieller Sicherheit bietet das digitale Auffangnetz sowohl für den Einzelnen als auch für die (Welt-)Gesellschaft? Und: Wie ist das Verhältnis dieser zugleich digitalen und existenziellen Weltordnung zu den bisherigen transzendenten und immanenten Sicherungssystemen? Anders ausgedrückt: Welche Art von *Aufklärung* menschlichen Seins tut sich dabei auf?

Die Fragilität der Freiheit

Th.H.: Wir teilen demnach einen guten Teil der Problemanzeigen. Wenn ich es recht verstehe, sehen Sie die postkontingente Zeitsituation darin, dass im Unterschied zu den revolutionär empfundenen »Kontingentierungen« der Wirklichkeit im Strukturalismus und Poststrukturalismus diese Kontingenz heute nicht mehr als besonders aufregend erfahren wird – sehen wir einmal von den Werteverfalls- und Beliebigkeitsthesen der ja ohnehin eher konservativ-regressiven Kulturkritiken ab. Kontingenz erschiene den Zeitgenossinnen und Zeitgenossen demnach kaum noch als Abgrund, sondern als Raum, in dem man sich bereits eingerichtet und seine Netze gezogen hat, kontingente Sicherungen zwar nur, die jedoch ausreichend gemütlichen Rückhalt für die Ermöglichung konkreter Freiheit bilden, ohne doch eine Verbindlichkeit zu entfalten, die negativer Freiheit (als formaler Bedingung konkreter Freiheit) allzu störend im Weg stünde.

So gesehen hätten wir dann die richtige Mischung: Keine ewiggültigen substanziellen Strukturen lähmen mehr Entwurf und Entfaltung, nicht einmal die des Subjekts selbst. Gleichzeitig aber ist der Grund der Freiheit nicht mehr jenes grundlose Nichts, auf dem das von Ihnen ins Spiel gebrachte Sartre'sche Individuum sich heroisch selbst zustande bringen muss und seine Kontinuation von einem punktuellen Willensakt zum nächsten immer neu zu leisten hat. Postkontingenz in diesem Sinn ermöglichte dann Unbekümmertheit. In der Tat drückt sich ein solches Zeitempfinden etwa in Johannes Goebels und Christoph Clermonts (1998) nahe an der Satire stehendem Buchessay aus, der »Orientierungslosigkeit« als »Tugend« nobilitiert, weil sich darin – gegenüber den Einheits- und Verbindlichkeitsentwürfen der frühen Moderne – die größere Humanität beweise. In Wolfgang Welschs (1988) Lob der Pluralität kann man Ähnliches finden. Sherry Turkles (1999) Rekonstruktionen polyvalenter und dezentrierter Subjektivität von *Netizens* ließen sich, da sie auch empirisch verankert sind, als zusätzlicher Beleg sehen. In dieser Hinsicht kann ich Ihren Überlegungen zu einer postkontingenten Zeitsituation durchaus zustimmen.

Was »klärt« darin aber auf, schließen Sie. Einmal abgesehen davon, dass sich die »großen Fragen« (wie Sie auch andeuten) nicht abweisen lassen – Kant nennt Gleichgültigkeit ihnen gegenüber »erkünstelt« –, fragt sich, ob diese positiven Momente bereits alles sind, was sich darin »lichtet« (oder was darin verdunkelt wird). Sie stellen diese Frage hier noch sehr offen. Ich will sie einmal etwas bedenklicher stellen. Die gezogenen Netze sind ja nicht nur die der Lebenswelt – und auch bei diesen ist nicht von vornherein ausgemacht, dass sie nur der Humanität förderliche sind. Selbst wenn das, was Humanität sein soll, sich der Kontingenz gegenüber nicht mehr feststellen lässt, stellen jedenfalls die digitale Ontologie und von ihr ermöglichte, neue systemische Strukturen etwas fest. Wenn bei Heidegger das »Gestell« jenes ist, das zugleich den Menschen »stellt«, also ihn fixiert, definiert, sich zuhanden macht und herausfordert in einem, dann ist es wohl der digitale Weltentwurf, der gegenwärtig »Gestell-Qualität« besitzt. Das digitale Medium wäre, mit einem Blick auf Theodor Wiesengrund Adorno und Max Horkheimer, das Verdinglichungsmedium schlechthin, durch welches nur noch Geltung hat, was sich digital »packen« lässt (so Horkheimer/Adorno 1971, 38 zum Begriff als Instrument der Vernunft – an die Stelle des Begriffs tritt nun die *Erfassung* im digitalen Medium). Insofern Digitalisierung gegenwärtig in rein pragmatischer Absicht vollzogen wird – man will etwas tun, meist profitabel –, sind wir dabei stets im poietischen Feld oder eben in der Instrumentalität verfangen.

Dies aber könnte ebenso das Ende jeder gemütlichen Freiheit sein – oder, um es weniger dramatisch zu sagen, zumindest das Ende einer Reihe von negativen (und damit auch konkreten) Freiheiten. An anderer Stelle schreiben Sie einmal »*esse est computari*«, um die Totalität des digitalen Weltentwurfs auszusagen. Was sich digital prozessieren lässt, ist jedoch auch bereits (ein)gefangen. Entsprechend fängt sich in der Digitalität unsere DNS, unsere »Biometrie« von der Körpervermessung bis zur »Gesundheitsbiografie«, unsere individuelle Kommunikation (auch die mail, die wir so offenherzig unverschlüsselt zwischen uns hin und her gehen lassen), unser »Konsumverhalten«, das ganze Konglomerat unserer Präferenzen, Abneigungen, Begehrungen,

Lüste und Feindseligkeiten, etc. Das ist wohl der Schatten dessen, was sich im digitalen Weltentwurf »lichtet« (und unser »Sein« freilich ebenso lichter machen, steigern, mit neuen, konstruktiven Lebenschancen versehen kann). Es ist ein Schatten, der an Filme wie »Enemy of State« (Tony Scott, USA 1997) oder »Gattaca« (Andrew Niccol, USA 1998) denken lässt – populärkulturelle Produkte zwar, die aber eventuell hellsichtig Netze der Überwachung thematisieren und der Instrumentalität so prospektiven sinnlichen Ausdruck verleihen. In diesen Filmen gibt es freilich immer noch »Herrschende und Besitzende«, die den Überwachungsprozess in ihren Händen halten. Solche Zurechenbarkeit mag es in der Realität nicht mehr geben – schon Horkheimer und Adorno sehen die Herrschenden daher der instrumentellen Vernunft ähnlich ausgeliefert, wie die Beherrschten, und bei Heidegger gibt es ohnehin kein Subjekt mehr, von dem das Gestell wie eine Maschine bedient würde. Aber eine Anonymität des Verdinglichungsprozesses ließe diesen nicht erfreulicher werden.

Ein finsteres Bild – Sie wissen, dass es nicht das Vollbild meiner Sichtweise der Digitalität (und darin des Internet) ist, sondern ich die neuen Möglichkeiten schätze. Das Lichte darin zu fördern aber bedarf in meiner Sicht eben wegen der Schatten der Ethik, also einer Steuerung, einer Regulierung. Wiederum Kant ist es, der darauf aufmerksam macht, dass Freiheit nicht aus sich selbst bestehen (bleiben) kann, sondern als reale *eröffnet*, durch Grenzziehungen offengehalten werden muss. Hierfür ist zunächst einmal die Ethik zuständig (als Basis auch des Rechts). Falls wir uns vorerst der Situation ausreichend versichert haben, wäre die nächste Frage mithin, ob sich zu einer solchen gelangen ließe. Und das stößt uns dann erneut auf die Kontingenz, die ja durch ihre Vernetzung nicht weniger kontingent, nur weniger harsch empfunden wird. Wie kann man hier eine Orientierungsbasis gewinnen? Vermutlich führen uns die Wege hier auseinander, eventuell schon an der Frage, ob man diese Frage stellen soll. Wenn man sie stellt aber, kann meines Erachtens die Antwort darauf nicht mehr mit Rekurs auf substanzielle Konzepte gegeben werden. Nötig ist die Suche nach einer postsubstanzialistischen Konsensbasis, auf die ethische Diskurse sich beziehen können.

Die Herausforderung für die Suche nach dieser Basis ist in meinen Augen die Differenz als Grundmerkmal der Kontingenz. Sie entdeckt sich als solches schon im Strukturalismus bei Claude Lévy-Strauß, wenn er von der »Binarität« spricht. Auf einer ganz anderen Theoriebasis macht auch Niklas Luhmann die Differenz – als Scheitern von Kommunikation, dann im Leitcode systemanalytisch fixiert – zum Ausgangspunkt seiner Rekonstruktionen. Und wir haben sie nun auch im digitalen Weltentwurf als dessen Grundlage, nämlich in der 0 und 1. Stets ist die Differenz dabei jenes Moment, das erst Bewegung, Dynamik erbringt. Ohne Differenz daher, wenn ich weit vorausspringen darf, auch keine Praxis. Von ihr aus muss deshalb wohl die ethische Frage gestellt werden, wenn Ethik es denn mit Praxis zu tun hat. Aber bevor ich das versuche, sollten wir noch sehen, ob wir unsere Problemanzeige vorerst so abschließen können.

R.C.: Vielleicht können wir die Problemanzeige vorerst so abschließen, dass wir von *Kontingenzbewältigungsstrategien* sprechen. Solche Strategien betreffen nicht nur existenziell jeden Einzelnen angesichts des Rätsels des Existierens, vor allem angesichts des eigenen Todes und des Todes des Anderen, sondern sie haben auch einen eminent politischen Charakter. Wie Sie wissen gehört die *præmeditatio mortis* zu den klassischen philosophischen Exerzitien seit der Antike. Auch Heideggers Todesphänomenologie und Paul Celans »Todesfuge« gehören zu dieser Tradition, zumindest wenn wir lernen, philosophische und dichterische Mitteilungen nicht als wissenschaftliche Hypothesen, die bestätigt oder widerlegt werden können, sondern als existenzielle Experimente oder, banal ausgedrückt, als Übungsanleitungen zu lesen. Wir würden uns dadurch einige bodenlose Polemiken ersparen.

Wenn das (Über-)Leben der Gattung auf dem Spiel steht, dann gewinnen solche Strategien eine biopolitische Dimension, wobei unter *biopolitisch* sowohl unsere *physiologische* oder *genetische* Bestimmung – was die Natur (noch) aus uns macht – als auch die existenzielle oder *pragmatische* Gestaltung unseres In-der-Welt-Seins gemeint ist, oder, um Kants »Anthropologie« zu zitieren, das was der Mensch »als freihandelndes Wesen, aus sich selber macht, oder machen kann und soll« (Kant 1975, B IV). Wenn wir aber heute von Ethik sprechen, nehmen wir den Unterschied zwischen der physiologischen und der pragmatischen Bestimmung nicht mehr so wahr. Warum? Weil der Mensch auf der Basis der digitalen Technologie zum *homo faber sui ipsius* geworden ist, einschließlich jener »Handhabung« der »Gehirnnerven und Fasern« und der »im Gehirn zurückbleibenden Spuren von Eindrücken«, wovon Kant annahm, dass wir ihnen gegenüber nur »bloße Zuschauer« sein können (ebd.). Mit anderen Worten, die physiologische ist Teil der pragmatischen Anthropologie geworden. Wir sprechen, spätestens seit Peter Sloterdijk, von *Anthropotechniken*.

In einem berühmten zuerst im Jahre 1965 gehaltenen Vortrag mit dem Titel »Experiment Mensch. Theologisches über die Selbstmanipulation des Menschen« beschrieb Karl Rahner beinah prophetisch die verschiedenen »Werkhallen« in denen die »aktive Hominisierung der Welt« betrieben wird, darunter die Werkhallen der Biologie, Biochemie, Genetik, Medizin, Psychologie und Politik, letztere als Sitz einer »Weltregierung, getragen von den herangezüchteten Superintelligenzen«, wo die Arbeiten der anderen Werkhallen koordiniert werden (Rahner 1966, 48f.). Rahner bejaht, gegenüber dem kulturkritischen Lamento, das kommende Zeitalter der Selbstmanipulation, in dem wir uns nicht nur sittlich, sondern auch leibhaftig schaffen. Auf die Frage, nach welchem Ziel oder »Wesen« wir uns bei dieser kategorialen Selbstmanipulation richten sollen, stellt er gegenüber den Argumenten der Moralisten und der Skeptiker fest, dass wir nicht tun dürfen, was »nicht geht«, weil es wesen- und sinnlos oder schlicht unmöglich ist (Rahner 1966, 59). Er lässt aber dabei offen, dass wir, wie die »unschuldige« Natur, auch Monströses produzieren können oder, was gravierender ist, dass die Selbstmanipulation irreversible und irreparable Folgen haben könnte, wenngleich dies nicht unbedingt sein muss. Rahner sieht unser *kategoriales* Handeln im Licht einer »absoluten Zukunft«, die sich in Gestalt des Todes – des Gen-Todes, des Holozids oder einer Weltkatastrophe – als des Unmanipulierbaren und als *transzendentales* Woraufhin des unumkehrbaren Freiheitsprozesses ankündigt, ein Handeln, das sich zudem in einem nicht mit uns selbst identischen Universum abspielt.

Gegenüber der Moral, die an der Verteidigung von bestimmten Gestalten interessiert ist, muss die Ethik, so Rahner, sich dem schmerzhaften Wagnis der Freiheit stellen. Unsere einzige gefährliche Illusion besteht dann darin, zu glauben, dass wir, weil wir uns selbst machen, auch nur uns selbst gehören. Das folgende Zitat sollte am Beginn einer jeden bioethischen Diskussion stehen: »Es wäre in einer überindividuellen Moral nüchtern und mutig zu bedenken, welche Opfer der Menschheit von heute für die Menschheit von morgen zugemutet werden dürfen, ohne dass man zu schnell von unsittlicher Grausamkeit, Vernutzung und Verletzung der Würde des Menschen von heute zugunsten dessen von morgen sprechen darf.« (Rahner 1966, 68-69). Es ist paradox, dass ein katholischer Dogmatik-Professor offener ist als mancher säkulare Philosoph, der, wenngleich er zugibt unmusikalisch im Bereich des Religiösen zu sein, die bürgerliche Moralität unter dem Schutz religiöser Bilder sehen möchte (vgl. Habermas 2001).

Sieht man von Rahners christlich-metaphysischem Hintergrund zunächst ab, dann können wir als Leitfaden für eine künftige Netzethik die von ihm angesprochenen »höheren Stufen und Gestalten der Sozialität« (Rahner 1966, 64) sehen. Die Frage ist dann, wie das Experiment Internet nach dem Modell eines *geschichtlichen* Experimentes mit uns selbst zu interpretieren ist. Wir können uns ferner fragen, wie sich die Netzethik von einer Netz*moral* als auch von einer Netz*skepsis* unterscheidet. Netzmoralisten legen sich *kategorial* fest, wodurch jene geschichtliche Dynamik ausgeblendet wird, die die Spur transzendentaler Freiheit *im* Kategorialen – Erich Przywara nannte diese Bewegung *im* Kategorialen *zum* Transzendentalen hin *analogia entis* im Sinne eines ›In-über‹-Verhältnisses – ausmacht. Netzskeptiker wiederum sehen die Gefahren der Aberrationen – von George Orwell bis Steven Spielbergs »A.I.« (USA 2001) – und des Sinnlosen, dessen was »nicht geht«, schließlich des Wollens des eigenen Todes, so dass, »conscience does make cowards of us all« (Shakespeare: Hamlet, Act iii, Scene 1). Die Aufgabe eines »wirklich lebendigen Moralisten« wäre zu zeigen, so Rahner, was wirklich »nicht geht«.

Damit sind wir zugleich bei Kant und bei dem, was wir, als »endliche vernünftige Wesen« sollen, nämlich: »Man muss *wollen können*, dass eine Maxime unserer Handlung ein allgemeines Gesetz werde: dies ist der Kanon der moralischen Beurteilung überhaupt« (Kant 1974, BA 57). Ich möchte in diesem Zusammenhang anmerken, dass ich Kant nicht ohne Metaphysik lese. Eine rein postmetaphysische Interpretation, wie sie heute vielfach *en vogue* ist, ist zwar möglich, ergibt aber einen halbierten Kant. Sie beruft sich gerne auf die Würde des Menschen, lässt aber die Kantische Grundlage dieses Begriffs beiseite, nämlich dass wir nicht bloß Naturwesen, sondern »endliche vernünftige Wesen« sind und somit auch nicht bloß Mitglieder einer kontrafaktischen idealen aber wohl innerweltlichen Kommunikationsgemeinschaft, sondern einer realen Gemeinschaft *noumenaler* Wesen, des »Reichs der Zwecke«, so dass wir uns fragen sollen, nicht »wie wir uns glücklich machen, sondern wie wir der Glückseligkeit *würdig* werden sollen« (Kant 1974b, A 234). Öfter habe ich den Eindruck, dass letztere, die *noumenale* Gemeinschaft also, doch als Modell der ersteren und somit auch als Fluchtpunkt der Weltvernetzung im Sinne einer jetzt nicht theologischen, sondern technologisch erzeugten und somit auch mystifizierten Superintelligenz fungiert.

Offenbar ist das »Gestell«, von dem Sie in Anschluss an Heidegger sprechen, die Weise wie wir heute zunächst und zumeist in der Welt sind, nämlich, wie wir es präziser nennen könnten, das *Informations-Gestell* oder jene Gesamtheit jener Formen des Her-Stellens von digitaler Information, die alle unserer Seinsverhältnisse zu uns selbst und zur Welt prägt. Damit machen wir also eine ontologische Deutung eines ontischen Phänomens, und zwar speziell des Internet als eine besondere Form zwischenmenschlicher digital-basierter Sozialität, jenseits des bisherigen Paradigmas der ebenfalls digital hergestellten und/oder verbreiteten Massenmedien. Das Internet gehört zu unserer Alltäglichkeit, nicht weniger als der Rundfunk und das Fernsehen. Heideggerianisch gedacht ist die Alltäglichkeit nicht etwas, was wir verlassen können oder sollen, indem wir etwa auf die »Stimme des Gewissens« hören und uns von ihr ab- und zur Seinsweise der *Eigentlichkeit* hin umkehren. Das trifft eher paradoxerweise für Horkheimer und Adorno zu. Heidegger spricht sogar vom »Ge-Stell« als »ein erstes, bedrängendes Aufblitzen des Ereignisses«. Und ferner: »Im Ge-Stell erblicken wir ein Zusammen*gehören* von Mensch und Sein, worin das Gehörenlassen erst die Art des Zusammen und dessen Einheit bestimmt« (Heidegger 1976, 27). In diesem Zusammenhang fällt auch das Wort von einem »in sich schwingende(n) Bereich« sowie das von Gianni Vattimo so geschätzte Wort »Verwindung« im Gegensatz zu »Überwindung« der Metaphysik.

Ich meine, dass dies uns durchaus zu einer bestimmten Metaphysik-verwindenden Weise des ethischen Nachdenkens über das Internet veranlassen kann. Wir können dadurch das Internet aus der Starre eines moralischen oder auch eines skeptischen Blickes befreien oder entlassen, wenn wir lernen, das darin schwingende Verhältnis im Eigenen wahrzunehmen. Das Eigene ist das Ereignis des Seins, das uns im Selben entlässt und zugleich jene Differenz schafft, die uns ermöglicht, nicht nur das Internet, sondern letztlich die digitale Entbergung der Welt selbst als eine mögliche kategoriale Weise der, wie wir heute sagen, Weltkonstruktion zu sehen. Mit anderen Worten, erst dann wenn wir die *Fragilität* und nicht nur die *Rigidität* des Netzes als eine mögliche (!) Antwort auf jene Herausforderung verstehen, die unsere Existenz und die *physis* insgesamt an uns stellt, erblicken wir vielleicht dieses Alltägliche und Rigide *plötzlich* aus einer anderen Perspektive, die wir deshalb eine ethische nennen können, weil wir ihre immanenten moralischen Regeln auf ein Möglichsein hin transzendieren, dem wir uns selbst *auch* verdanken, ohne aber aufzuhören *in* der Welt zu sein. Im Klartext: Wir brauchen eine Internetmoral – wir könnten in Anschluss an Hans Küng von einem *Weltinformationsethos* sprechen – und wir sollten wachsam sein gegenüber den vielfältigen Gefahren, die eine solche Art von Sozialität mit sich bringt, von *Cyberterrorismus* bis hin zu allen teilweise auch legalen Formen digitaler Ausbeutung, wofür wir das Wort *Digital Divide* verwenden. Gleichzeitig sollten wir aber jenen offenen Sinn menschlicher Sozialität wach halten, der uns von Fall zu Fall erlaubt, eine erstarrte Moralität oder eine übereifrige Skepsis in Frage zu stellen. Mit anderen Worten, wir sollten uns im persönlichen aber auch im institutionalisierten Dialog Zeit für Netzethik lassen. Würden Sie dem zustimmen, und wenn ja, welche wären, Ihrer

Meinung nach, die moralischen und skeptischen Ausgangsbedingungen über die wir uns dann, wie man sagt, Gedanken machen sollten?

Th.H.: Ich stimme Ihnen zu, wenn Sie sagen, dass das Internet und die Digitalisierung überhaupt ein existenzielles Experiment des Menschen und für unser Menschsein darstellt sowie, dass wir es deshalb auch als solches wahrnehmen sollten. Ebenso stimme ich Ihnen zu, wenn Sie mit Rahner das Wagnis der Freiheit als den Horizont einer wirklich fruchtbaren ethischen Reflexion über das Internet (und die Digitalität) einführen. Und ich freue mich über die Nennung von Kant, denn von einer kantischen Inspiration her könnte ich mir Lösungswege vorstellen.

Um mit dem Internet zu beginnen: Die zentrale Herausforderung, die das Netz als transnationaler Kommunikationsraum und Handlungsraum stellt, ist in meinen Augen in der Tat die Freiheit. Und zwar die Freiheit nicht – wie dies die von Ihnen genannten Moralisierer bzw. Kulturpessimisten beklagen – als einfache Gegebenheit oder Tatsache (die wegen für bestimmte Gruppen missliebiger Nutzung rigider Kontrolle und Beschränkung unterworfen werden müsste), sondern die Freiheit als durchaus fragile Möglichkeit, die das Netz eröffnet und die aber aufgrund der Möglichkeiten, die ihre digitale Konstitution mit sich führt, ebenso rasch wieder geschlossen werden könnte.

Ich will das zunächst mit einem Blick zurück illustrieren, der (erneut) Differenzen aufweist: Das Freiheitsproblem stellte sich für Kommunikation und kommunikativ vermitteltes Handeln schon bei den klassischen Massenmedien und erzeugte Furcht – vor allem beim gebildeten Bürgertum, das versuchte, die Aristokratie durchaus auch bezüglich gruppenspezifischer gesellschaftlicher Privilegien und hegemonialer Positionen zu beerben. Diesem Bürgertum, das sich Ende des 19. Jahrhunderts in Kulturreformbewegungen organisierte, verdanken wir – zumindest in Deutschland – den juridischen und institutionellen Zuschnitt der Regulierung von Medien (vgl. Hausmanninger 1992, Hausmanninger 2000). Am deutlichsten ausgeprägt ist das beim Film, dem (nicht nur hierzulande) reguliertesten und kontrolliertesten Medium überhaupt. Die Risiken und Zumutungen von Freiheit werden hier »im Zaum« gehalten (damit sie nicht »ausbrechen«?), indem staatliche und private Institutionen Aufsicht führen und hierbei durch Regeln (gesetzliche und solche der Selbstbindung) unterstützt werden, die gleichfalls institutionalisiert und mit der »Befugnis, zu zwingen,« (Kant) ausgestattet sind. Das gilt im Übrigen auch für einen großen Teil anderer europäischer Länder, die USA, Australien etc. Mit diesem durchaus wohlmeinenden, moralisch gestützten Beherrschungsversuch der Risiken sind wir jedoch auch bis zu einem gewissen Grad vor den konstruktiven Zumutungen und Chancen der Freiheit ausgewichen. Wir haben beispielsweise nicht den Film (und verwandte audiovisuelle Medien) zum Gegenstand der Bildungsinstitutionen gemacht, um entsprechende kulturelle Kompetenz zu fördern und damit letztlich einer Kultur der Freiheit im Kommunikationsbereich zuzuarbeiten. Sehr wohl ist das hingegen für das Feld der Literatur geschehen – sicher ein zentraler Grund, weshalb es beispielsweise in Deutschland vier Institutionen gibt, die den Film beaufsichtigen (FSK, FSF, BPjS und Landesmedienanstalten), nicht aber etwa eine »Freiwillige Selbstkontrolle des

Literaturbetriebs (FSL)« oder eine »Landesschrifttumsanstalt« (der Anklang an eine andere »Schrifttums«-Kontrolle der deutschen Geschichte ist durchaus beabsichtigt). Bei der Literatur haben wir schlicht nicht mehr derart große Sorgen und Ängste, wie beim Film, und können sie besser freilassen.

Nun gibt es jedoch – insbesondere in Deutschland – Bestrebungen, mit dem Internet ausgerechnet nach demselben Muster zu verfahren wie beim Film. Gleichzeitig steigt das Bewusstsein dafür, dass in diesem transnationalen Kommunikationsraum solche institutionalisierten Aufsichten nur schwer greifen. Anstatt sich auf die in der Zumutung der Freiheit beschlossenen Chancen zu besinnen, bemühen sich Politik und Industrie nun darum, das alte Kontrollkonzept durch Stärkung von Selbstkontrollinstitutionen zu totalisieren: Über die Verzahnung staatlicher Sanktionsmacht, privater Kontrollorganisationen und aufsichtiger Individuen durch Hotlines soll eine weitgehend lückenlose Überwachung des Netzes möglich werden (vgl. Waltermann/Machill 2000). Wenn das filmbezogene Kontrollmuster noch dem Panoptikum von Jeremy Bentham glich, so akzentuiert diese Vorstellung letztlich den Panoptismus des Pestreglements vom Ende des 17. Jahrhunderts, das Michel Foucault zusätzlich zu Bentham zitiert (Foucault 1998, 251-256): Durch eine dezentrierte Überwachung, die am Ende in einer Rezentrierung ausmündet, soll lückenlos jede Gefahr erfasst und abgefangen werden. Dezentrierung soll dabei also die Effizienz der Kontrolle steigern, nicht wirklich aber so etwas wie eine freie Selbstverantwortung der Individuen – eben in dieser Effizienzorientierung liegt die Parallele zwischen dem Pestreglement und dem Hotline-Konzept. Das Letztgenannte ist, im Sinn von Foucault, so durchaus hochmodern – und nach der offiziellen Verabschiedung der Postmoderne aus der Philosophie vielleicht gerade deshalb auch *à la mode*. Aber ist es adäquat (gerne im Sinn Ihrer an Rahner angelehnten Forderung, das Moralische solle sich an dem, was »geht«, ausweisen)? Immerhin ist das Bentham'sche Panoptikum ein Gefängnis – und die parzellierte Überwachung des Pestreglements totalitär. Wir befinden uns daher in meiner Sicht gegenwärtig an einem Scheideweg: Das Internet macht uns ein zweites Mal in der Moderne – nun in der späten, durch die Postmoderne transformierten Moderne – bewusst, dass ihr Signum Freiheit ist und dass Freiheit einer kulturellen Verankerung bedarf. Fällt unsere Reaktion so aus wie beim Film im Rahmen der ersten Bewusstmachung dieser Freiheit durch die kommunikative Revolution nach der Mitte des 19. Jahrhunderts, so verspielen wir die produktiven Möglichkeiten dieser Herausforderung. Dies wäre umso bedauerlicher, als diese Herausforderung nun global geworden ist und entsprechend auch globale Chancen in sich birgt.

Auf diesen Freiheitsfokus beziehen sich nun auch meine Bedenken gegenüber dem digitalen »Gestell«. Die aufsichtige Parzellierung des menschlichen Genoms, die *more geometrico* erfolgende Zerteilung des Problems Mensch in seine genetischen Bestandteile, um hieraus dann – ganz im Sinn Descartes' – die Lösung dieses Problems modellhaft aufbauen zu können, kann freiheitsbedrohend und in diesem Sinn totalitär werden (vgl. Hausmanninger 1998). Sie muss es nicht, aber sie kann es. Und der klassisch-moderne Geist der Kontrolle und der im Kontrollmodus fabulierenden Selbstverbesserung des *homo faber* stimmt mich nicht in jeder Hinsicht hoffnungsvoll.

Schon greift die digitale Logik der Gentechnik beispielsweise mit der neuen digitalen
Logik der Kriminalistik ineinander oder scheinen sich zukunftsorientierte Überlegungen im Versicherungswesen mit pränataler Diagnostik und genetischer Risikoab-
schätzung zu paaren. Bei all dem geht es nicht um die Digitalität an sich. Das Problem entsteht aus ihrer sozialen Bearbeitung. In dieser Hinsicht wären heideggeriani-
sche Überlegungen zum Gestelltsein des Menschen fruchtbar in diese beiden Seiten
zu zerlegen: Nicht das digitale Geschick birgt unausweichlich ein Scheitern menschlicher Freiheitsgeschichte in sich, sondern das – wenn die Begriffsanklänge an Kant,
Heidegger und Horkheimer gestattet sind – soziale Überschwenglichwerden unserer
instrumentellen Besorgung von Freiheit. Dazu gehört dann im Übrigen für das Internet auch die Gefährdung der Freiheit von innen, nämlich durch die staatlich-
kriminalistischen, ökonomischen und sonstigen Kontrollbedürfnisse, die alle Daten-
spuren zu sichern und das Handeln der *Netizens* zu kartografieren, katalogisieren und
in Profile zu verwandeln suchen, um zu sanktionieren oder Geschäfte zu machen.
Dabei gibt es dann auch so etwas wie einen sozialen Kairos, der nicht immer glückli-
che Fügung ist: So können staatlich-kriminalistische Kontrollbestrebungen gerade
auch mit digitalen Mitteln nach dem Anschlag auf das World-Trade-Center am 11.
September 2001 plötzlich auf soziale Akzeptanz rechnen, die vormals schwer zu
gewinnen gewesen wäre.

    Damit verdeutlicht sich vielleicht auch bereits, wo ich die entsprechenden ethi-
schen Herausforderungen sehe. Meines Erachtens müsste es darum gehen, eine Ethik
– als Reflexionsort bzw. reflektierter Referenzort moralischer Ansichten – zu entwickeln, die einer Kultur der Freiheit dienlich ist. Im transnationalen Raum kann dies
nicht eine material ausdefinierte Ethik sein; letztlich erscheint dies ja schon für eine
freiheitliche Gesellschaft kaum ratsam, wenn freie Entfaltung aller Individuen möglich sein soll. Zudem wird es schwierig genug sein, überhaupt einen gemeinsamen
formalen Fokus zu finden (wie etwa ein gemeinsam geteiltes Moralprinzip). Auch ist
nicht zu erwarten, dass man zu einem allseits konsensfähigen Begründungskonzept
kommen wird. Ich könnte mir jedoch vorstellen, dass ein am Prinzip der Universalisierbarkeit orientiertes Konzept Chancen hat und zudem geeignet ist, Differenz zuzu-
lassen, ohne die Kraft der Orientierung preiszugeben. Ich habe bereits angedeutet,
dass ich hierzu einige Gedanken in Anlehnung an Kant äußern möchte. Angesichts
des schon gewucherten Textes möchte ich jedoch zunächst den Ball an Sie zurück-
spielen und danach fragen, ob und wie Sie sich eine orientierende Rolle der Ethik für
unsere Fragen vorstellen könnten.

Wege zur Internetethik

R.C.: Ich stimme mit Ihnen überein, dass die Übertragung des zentralistischen Kon-
trollparadigmas der Massenmedien auf ein dezentrales Medium wie das Internet nicht
richtungsweisend sein kann. Auch die Gefahr einer dezentrierten Überwachung
scheint mir real zu sein. Hier stoßen wir offensichtlich auf die ontischen Grenzen
dessen, was Netze ausmachen. Wie Sie wissen, waren Netze in Agrargesellschaften
ambivalent (vgl. Fröhlich 1996, Capurro 1999). Fischernetze dienten dazu, Fische zu

fangen, aber dadurch auch zum Lebensunterhalt. In einer technischen Gesellschaft überwiegen dann die positiven Konnotationen, zum Beispiel bei Verkehrs- und Kommunikationsnetzen. Damit geht auch eine Wandlung des Wesens (verbal gedacht) des Menschen einher, indem er sich weniger von modernen Bestimmungen wie Individualität und Autonomie und mehr von der Sozialität sowie vom Eingebettetsein in einem Kontext von Bedeutungs- und Verweisungszusammenhängen begreift, was bei Heidegger Welt heißt. Das »In-der-Welt-sein« verweist sogar durch die Verbindungszeichen auf das immer schon Vernetztsein des Menschen mit den anderen bei denselben Dingen in einer gemeinsam geteilten Weltoffenheit. Vattimo hat darauf hingewiesen, dass wir Freiheit und Geschichtlichkeit nicht mehr am Leitfaden des Motors, sondern des Netzes reflektieren (vgl. Vattimo 1997).

Dadurch verändert sich auch der moderne Konflikt zwischen Freiheit vs. Determinismus: Wir lernen mit dem Neuen und Unerwarteten als dem Normalfall umzugehen, wovon sich eine gesicherte Vorhersage als ein auf ein Ideal hin gerichteter Spezialfall unterscheidet. Die sich jetzt einstellende Spannung, die keine bloße Umkehrung ist, lautet: Offenheit und Vernetzung. Ich betone das »und«, denn hier sind wir beim Kern dessen angekommen, wonach wir gesucht haben. Wenn ich das richtig sehe, besteht die Hauptaufgabe einer Netzethik darin, die Frage der Freiheit in einer (digital) vernetzten Welt offen zu halten und sie immer wieder neu zu stellen. Mit Offenhalten meine ich, dass wir der Versuchung widerstehen sollten, ontische Strukturen, das Netz inbegriffen, für mögliche Verwirklichungen eines herrschaftsfreien Miteinanderseins zu halten. Unsere Aufgabe besteht vielmehr darin, angesichts von möglichen Idealisierungen und Mystifizierungen des Netzes den transzendentalen Horizont von Freiheit nicht aufzugeben.

Zum anderen sollten wir die Frage nach der Freiheit ontisch oder kategorial immer wieder neu stellen. Dies findet zunächst in Spannung zu dem statt, was uns als Naturwesen bedingt. »Der Mensch lebt nicht vom Bit allein« (Fleissner u.a. 1996). Wir brauchen Nahrung und Arbeit – unter menschenwürdigen Bedingungen. Wir sollten die Frage stellen, welchen konkreten Beitrag die Weltvernetzung bei der Lösung zum Beispiel der Ernährungsprobleme vor allem in den ärmsten Regionen der Erde leistet. Die Globalisierung verändert die Zivilgesellschaft dahingehend, dass sie zum einen neue solidarische Gruppierungen jenseits der geografischen und politischen Grenzen ermöglicht, zum anderen aber neue Formen von Gewalt und sozialer Kontrolle schafft, wie die Ereignisse vom 11. September 2001 und die darauf folgenden Maßnahmen zeigen. Es stellt sich also die Frage, inwiefern eine Kultur der Gewalt und Diskriminierung durch unterschiedliche Formen sozialen Friedens, unterstützt durch eine vernetzte Solidarität, allmählich abgeschwächt werden kann (vgl. Sützl 2001, Capurro 2001).

Die Vielfalt der Kulturen und politischen Systeme stellt die Frage nach demokratischer Partizipation auf der Grundlage digitaler Vernetzung vor neue Herausforderungen, die sich nicht nach einem Modell lösen lassen. Mit anderen Worten, ein Katalog von universalen Menschenrechten, wozu das Recht auf eine aktive Partizipation bei der Gestaltung und Nutzung der Weltvernetzung *(freedom of access)* zählt, muss sich an den konkreten Hoffnungen und Interessen der Menschen orientieren. Eine solidarische Netzpolitik und -ökonomie sollten den Menschen die rische Netzpolitik und -ökonomie sollten den Menschen die Möglichkeit bieten, sich das Netz anzueignen anstatt sich dem Diktat einer Weltökonomie zu unterwerfen, die nur den Profit als oberste Maxime ihres Handelns kennt. Die Aufgabe der Netzethik liegt wiederum darin, die verschiedenen Formen des digitalen Kolonialismus anzuprangern, ohne aber in einen ethischen Fundamentalismus zu verfallen, der im Namen von Werten und Prinzipien lediglich der Hegemonie einer bestimmten ökonomischen oder politischen Macht Vorschub leistet.

All diesen Problemfeldern liegt die Frage nach der Gestaltung unseres Verhältnisses zum Wissen, seiner Schaffung, Erschließung, Speicherung, Darstellung, Suche, Mitteilung und Nutzung zugrunde. Die Weltvernetzung lässt deutlicher die Tatsache zu Tage treten, dass Wissen ein Ergebnis sozialer Interaktion ist. Wissen ist das Produkt eines gemeinsamen Denkprozesses, wobei mit Denken hier jenes Verhältnis gemeint ist, das uns erlaubt, das angeblich sichere Wissen in Frage zu stellen. Im Klartext: Denken heißt, sich der Zumutung des Nicht-Wissens zu stellen, diese Zumutung aktiv anerkennen und sich dabei stets auf eine Dynamik von Begrenzung und Grenzüberschreitung einlassen. Wir haben diese Dynamik in den letzten vierhundert Jahren auf der Basis des gesprochenen und vor allem des gedruckten Wortes geübt und dabei vielfältige Institutionen und Rituale der Wahrheitsfindung, -sicherung und -verbreitung geschaffen. Wir brauchen hier nur an die Frage des Copyright zu denken, um die kulturelle Veränderung durch die Weltvernetzung anzudeuten.

Das führt uns zugleich sozusagen in eine Intranet-Perspektive oder zu einer Netzethik im engeren Sinne, die sich mit den Fragen befasst, die das Handeln der Menschen im Netz, ihre digitale Existenz also, betreffen. Wir können davon ausgehen, dass zwar das Netz aufgrund seiner dezentralen Struktur stabil ist, die sich aber darin bildenden Gemeinschaften unterschiedliche Grade von Instabilität aufweisen. Damit meine ich nicht nur ihre Flüchtigkeit, wie etwa im Falle eines *Chats*, sondern auch die sich jeweils zuteilenden moralischen Normen einer Gruppe, wovon die Netiquette als bescheidener Versuch gelten kann, alle *Netizens* auf Regeln des guten Benehmens zum Vorteil aller einzuschwören. Wir sollten aber zugleich davon ausgehen, dass der Wechsel von Handlungsregeln je nach Gemeinschaftsart im Netz den Normalfall darstellt. Wir haben dann, mit anderen Worten, mit einer Vielfalt von Moralen zu tun. Die Aufgabe einer Netzethik besteht dann nicht so sehr darin, gemeinsame Maßstäbe einer materialen Wertethik zu entwickeln, sondern Umschlagplätze für die Reflexion über Internet-Moralen zu schaffen, nicht um sie gleichzuschalten, sondern um mögliche Diskrepanzen, Unverträglichkeiten und Übergänge zu thematisieren.

Eine solche ethische Reflexion muss sich also mehr auf den Wandel als auf den Konsens einlassen, und Orientierung im Übergang und nicht in einer *steady state theory* von überzeitlichen Werten und Normen suchen. Sie ist nicht nur hermeneutisch, sondern auch angeletisch orientiert (vgl. Capurro 2002). Das heißt, sie erschöpft sich nicht in der Deutung und Begründung moralischer Vorverständnisse, sondern achtet auf das sich jeweils ankündende Kommunikationsverhältnis und sucht dabei mögliche Anknüpfungsmöglichkeiten, die den Schein einer nicht mehr überbietbaren Metaebene auflösen. Dies scheint mir besonders wichtig, wenn, wie es in den kommenden Jahren immer häufiger der Fall sein wird, internationale Organisationen, allen voran die Vereinten Nationen, sich sinnvollerweise als Forum für eine universale Reflexion über die globale Informationsgesellschaft anbieten. Es besteht die Gefahr, dass ein scheinbar universaler Diskurs lediglich zum Vorwand für die Durchsetzung partikularer Interessen wird. Hierin besteht auch m.E. die Legitimation und die Chance des akademischen Diskurses sowie solcher Hybridformen wie der Politikberatung in Form von Ethik-Kommissionen.

Die Eigenschaften von Internet-Moralen sind wiederum nicht eins-zu-eins zu denen in der realen Welt abbildbar, so dass auf theoretischer Ebene die Spannungen zwischen verschiedenen Normen und Formen der Lebensgestaltung reflektiert werden müssen. Somit schließt eine Netzethik die Aufgabe ein, unser Im-Netz-Sein im Rahmen einer Philosophie der Lebenskunst zu reflektieren (vgl. Capurro 1995, 1999, Schmidt 1998). Im Vordergrund steht dann nicht die Frage nach der Universalisierbarkeit von Handlungsmaximen, sondern die nach der Individualisierbarkeit von offenen Möglichkeiten im Rahmen eines je eigenen Lebensentwurfs. Eine solche Perspektive ist zwar die eines jeden Einzelnen, aber nicht deshalb individualistisch oder gar solipsistisch, denn unser (!) Leben lässt sich von Anfang an nur in Beziehungen gestalten. Ein wesentlicher Teil der moralischen Erziehung besteht darin, die unterschiedlichen Medien, in denen das Netz unserer Beziehungen verwoben wird, in ihren jeweiligen Möglichkeiten und Grenzen zu schätzen und zu nutzen zu wissen. Das bedeutet auch die Fähigkeit, vom Netz zu lassen und sich auf das Erscheinen der Phänomene in anderen Medien einzulassen. Vor diesem Hintergrund ließen sich auch die Tugenden einer Hacker-Ethik – ich denke dabei an Wau Holland, Alterspräsident des Chaos Computer Club, der am 29. Juli 2001 im Alter von 49 Jahren an den Folgen eines Schlaganfalls starb – in ihrer Eigenart besser reflektieren.

Th.H.: Es ist interessant, wie wir uns im Verlauf unseres Dialogs aufeinander zu bewegt haben. Wir teilen offenbar die Optionen für Freiheit, für Pluralität (gerade auch der Moralen), für eine sensible Wahrnehmung und den Respekt der Differenzen sowie einen kritischen Blick auf Ökonomie und institutionelle Durchsetzung von Lösungen aller Art. Selbstverständlich stimme ich Ihnen auch zu, wenn Sie wiederholt darauf abheben, dass sich konkrete materiale Vorstellungen zum gesollten Handeln (Sie würden freilich nicht vom Gesollten sprechen, ich weiß, aber Normativität gibt es bei Ihnen ja doch auch) in Auseinandersetzung mit den konkreten Strukturen der Welt, unseres Lebens und des Netzes ergeben müssen – und dass diese erstens den Horizont der Freiheit nicht (endgültig) schließen (wollen) dürfen sowie zweitens plural und wandelbar sein können sollen.

Nun stellt sich mir die Frage, ob wir inzwischen gar auch zur Problematik der begründeten Einführung eines Moralprinzips und damit bezüglich der Option für eine vernunftbegründete, in irgend einer Form an eine Subjektkonzeption anschließende Ethik einander nahe kommen oder ob sich hier eine bleibende Differenz zeigt. Dazu muss ich nun freilich geständig werden und den Umriss des mir vorschwebenden Konzepts zeichnen. Dieses setzt *nicht* voraus, man könne eine überzeitliche und kulturunabhängige Ethik begründen – hier stimme ich mit Ihnen überein, dass diese

Vorstellung der Erreichbarkeit einer unüberbietbaren Metaebene »Schein« ist. Vielmehr meine ich, dass sich nur kontextuell beginnen lässt. Kontextuell lässt sich aber ein von Kant inspiriertes Konzept in den transnationalen Diskurs im Netz *einbringen*, das dann um Zustimmung werben kann und zumindest für die der europäisch-amerikanischen Moderne zugehörenden Kulturräume eine Chance auf Anerkennung besitzt.

Dieses Konzept kann mit einer schlanken, postsubstanzialistischen Subjektvorstellung arbeiten. Holzschnittartig umrissen wäre der Argumentationsgang so: Als Minimalbegriff des Subjekts seien Vernunft und Freiheit angesetzt. Akzeptiert man für Vernunft das Nichtwiderspruchsprinzip als Kernelement, so lässt sich nach der Logik der Praxis als Logik des praktischen Verhältnisses vernünftiger Freiheit zu sich selbst bei ihrer Dispersion in mehrere Akteure fragen. Nichtwidersprüchlich verhält sich solche vernünftige Freiheit immer dann, wenn sie sich als solche in allen Akteuren anerkennt. Damit misst sie diesen Akteuren den Status der Gleichrangigkeit zu. Wir haben so das Prinzip wechselseitiger Achtung in Praxisverhältnissen recht schlank eingeführt und zugleich eine Bezugsbasis für den Begründungsdiskurs von Menschenwürde und Menschenrechten (wenngleich diese als material auszudefinierende noch einer material universalisierbaren Bezugsbasis bedürfen; dazu gleich mehr). In Hinsicht auf alle normativen Größen, die Handeln orientieren sollen, bedeutet das nun, dass nur jene Geltung beanspruchen können, durch die eben diese wechselseitige Achtung gewährleistet ist. Als Minimalbedingung kann man entsprechend hierfür ansetzen, dass handlungsleitende Normen für die von ihnen und ihrer Befolgung Betroffenen als Vernunft- und Freiheitswesen zustimmungsfähig sein müssen. Auf diese Weise lässt sich das Universalisierbarkeitsprinzip als Moralprinzip gewinnen.

Diese Argumentation ist kontingent und gesteht das auch ein: Sie setzt voraus, dass man sich dazu entscheidet, mit Vernunft und Freiheit als Minimalbestimmungen von Subjektivität anzusetzen. Hierzu gibt es zwar wiederum gute Argumente, doch keinen Zwang der Letztbegründetheit oder Unhintergehbarkeit. Das Konzept wird vorgeschlagen, mehr nicht. Weiter bleibt das Konzept postsubstanzialistisch – es behauptet keine ewigen Wesensstrukturen oder materialen Wertformen in der Vernunft, aus der sich dann ein für allemal festgeschriebene Ordnungen des guten und gelingenden Lebens ergeben würden. Die Bestimmung dessen, was dieses Leben sein soll und wie es sich vollziehen soll, bleibt vielmehr den konkreten Subjekten, also den kontingenten Individuen, und ihren Diskursen überlassen. Es versteht sich, dass diese als konkrete sich in Traditionen, in Systemgesetzlichkeiten und Lebensweltnetzen vorfinden und nur in diesen überhaupt zu ihrer konkreten Subjektivität zu kommen vermögen. Der vorgeschlagene Ansatz will nicht, wie die ältere Subjektphilosophie, die Welt und den Menschen neu erfinden oder allererst entwerfen, sondern nur einen nachvollziehbar begründeten Bezugspunkt für moralische Argumentationen bieten, der es erlaubt, in moralischen Diskursen auf ein Fundament konsensfähiger Unbeliebigkeit zu rekurrieren. Dies aber erscheint mir nötig, um der Aufhebung von Freiheit durch blanke Willkür im Handeln zu wehren und auch die Differenz gegen hegemoniale Her-Stellung von Einheit zu schützen: Freiheit benötigt, wie weiter oben gesagt, einen Rahmen, innerhalb dessen sie eröffnet und geschützt ist; das Moralprinzip bildet diesen Rahmen. Und erst in einem begründet eröffneten Freiheitsraum kann die mit dem Gebrauch von Freiheit unabweislich verbundene Differenz als legitim beanspruchte gegen Versuche ihrer Aufhebung und Einebnung eingeklagt werden.

Mit diesem Konzept wird dann zugleich eine ethische Rezentrierung im Feld der dezentrierten Rationalitätsformen möglich. Gegen die Radikaldiagnose des Poststrukturalismus würde ich dabei zunächst gerne festhalten, dass die Dezentrierung auch jenseits der Ethik gewisse rationalitätstheoretische Rezentrierungen nicht ausschließt (ohne die Diagnose der Dezentrierung damit generell zurückweisen zu wollen – diese habe ich ja eingangs aufgegriffen). Solche können erfolgen, indem spezielle materiale Rationalitätsformen in je allgemeineren, formaleren Rationalitätstypen zusammengeführt werden. Am Beispiel: Die konkrete Rationalität einer Werbestrategie für ein neues Produkt kann als Fall des allgemeineren Rationalitätstyps der ökonomischen Rationalität gelten, die sich wiederum auf die gegenläufigen Prinzipien der Profitmaximierung und des Wettbewerbs bringen lässt. Die *ökonomische Rationalität* wiederum lässt sich dem großräumigeren Typ der *strategischen Rationalität* – als Zweck-Mittel-Kalkulation unter dem Erfolgsprinzip – zuordnen, der seinerseits als speziellere Form der *instrumentell-funktionalen Rationalität* erscheint – die lediglich aufweist, wie etwas funktioniert und zu etwas dienen kann. Auf diese Weise kann das heterogene Feld der Dezentrierung zumindest mit partiellen Rezentrierungen strukturiert werden.

Die Rezentrierung im Sinn der Vorordnung der ethischen Rationalität vor die anderen Rationalitätstypen freilich ist nicht auf diese Weise zu gewinnen. Ihr sind die skizzierten Rezentrierungen jedoch hilfreich: So kann nun die mit dem Moralprinzip in ihrer Struktur transparent gemachte ethische Rationalität (ich spreche allerdings lieber von moralisch-praktischer Vernunft, s.u.) beispielsweise ins Verhältnis zur instrumentell-funktionalen gesetzt werden. Aus ethischer Sicht können dann nur jene Normen Geltung beanspruchen, die nicht nur instrumentell-funktional, sondern zusätzlich moralisch-praktisch begründet sind (und nicht alle instrumentell-funktionalen Imperative werden sich dabei als moralisch legitim erweisen). Freilich: Im Feld der kontingenten Netze ist diese Vorordnung der moralisch-praktischen Vernunft vor die dezentrierten Rationalitäten nicht mehr etwas, das mit Rekurs auf die *eine* – gar noch substanzielle – Vernunft als *notwendig* und unausweichlich dargetan werden könnte. Wohl ist die Vorordnung *ethisch* einsichtig zu machen; stellt sich jemand jedoch ausschließlich auf den Standpunkt etwa der instrumentell-funktionalen Rationalität, so lässt sich zumindest die volle Gestalt dieser Einsicht nicht mehr erreichen (die Eufunktionalität des moralischen Standpunktes ist – gegen etwa Karl Homanns ökonomische Transformation der Ethik gesagt – nicht für alle ethisch gebotenen Optionen nachweisbar; sie wäre jedoch Bedingung dafür, dass die ethische Option auch aus instrumentell-funktionaler Sicht bevorzugungswürdig erscheint). So bleibt die ethische Rezentrierung daher – auch – eine Frage des moralischen und politischen Willens.

Das von mir vorgeschlagene Konzept der Einführung des Moralprinzips konvergiert mit anderen, die gleichwohl etwas andere Begründungswege beschreiten. Berührungen in dieser Hinsicht gibt es etwa mit der Diskursethik oder der Gerechtigkeitstheorie von John Rawls. Auch bei den Regel- und Gerechtigkeitsutilitaristen finden

sich verwandte Überlegungen (wobei ich meine, dass sich generell Argumentations-
probleme des Utilitarismus überwinden lassen, wenn man sich zur Einführung des
Universalisierbarkeitsprinzips entschließt). Diese Konvergenz halte ich für hilfreich,
obschon sich die einzelnen Begründungswege nicht einfach ineinander überführen
lassen. Weiter oben habe ich deshalb angemerkt, dass mit einem einzigen, allseitig
überzeugenden Begründungsweg, der alle anderen überbietet, wohl kaum zu rechnen
sei (und dieser in der Geschichte der Ethik auch nie gegeben war). Will man in dieser
Situation dennoch zu Orientierungen kommen, scheint es mir deshalb besser, auf
eben solche Konvergenzen verschiedener rationaler Begründungswege zu setzen und
deren Gemeinsamkeit als Chance zu begreifen, anstatt sie gegeneinander auszuspie-
len. Die Konvergenzen der genannten Konzepte erhöhen dann die Chance auf Akzeptanz des Moralprinzips und der diesem zugrundeliegenden Subjektvorstellung.
Gerade für die Netzethik erscheint mir das hilfreich: Lassen sich mehrere vernünftige
Wege zum Moralprinzip beschreiten, so unterstreicht dies dessen Begründetheit und
Einsichtigkeit; damit wächst zugleich die genannte Chance, im pluralen Feld des
Netzes zu einem gemeinsamen Fokus für moralische Diskurse zu kommen.

Materialisieren kann man das Konzept dann, indem man als Bezugsbasis materialer Universalisierbarkeit eine Anthropologie einführt. Jede ausformulierte Anthropologie bleibt freilich ihrerseits kontingent und wandelbar. Es sollte jedoch möglich
sein, sich auf bestimmte anthropologische Daten zu einigen, die unter dem Moralprinzip reflektiert dann Menschenrechte ergeben können. Auf diese Weise lässt sich
von der Vorstellung postsubstanzialistischer Subjektivität und dem daran gebundenen Moralprinzip zu einer materialen, menschenrechtlichen Ethik gelangen. (Parallel
dazu könnte man netzethisch den Weg beschreiten, nach konvergenten materialen
Moralvorstellungen zu suchen, die sich in irgendeiner Form vernünftig begründen
lassen. Man gewänne dann zusätzlich und etwas rascher gemeinsame materiale Orien-
tierungspunkte für das Handeln, die wir ja dringlich benötigen, wenn die Frage nach
der Internetethik nicht nur akademisches Glasperlenspiel – im schlechten Sinn des
Wortes – bleiben soll. Dazu findet sich daher etwas mehr in meinem Beitrag weiter
hinten in diesem Buch.)

Dient das nun unserem gemeinsamen Anliegen? Ich denke schon. In der skizzierten Form gedacht, muss die Subjektvorstellung nicht »erkauft [werden] durch die
Anerkennung der Macht als des Prinzips aller Beziehungen« (Horkheimer/Adorno
1971, 12). Im Gegenteil: Mit der Einführung des Moralprinzips wird es nun möglich,
das rationale Prinzip der Macht, nämlich die instrumentell-funktionale und strategi-
sche Einstellung von der moralischen zu unterscheiden. Instrumentell-funktionale
Normativität kann als solche benannt und transparent gemacht werden. Wie schon
anskizziert, kann dann auch deutlich gemacht werden, dass moralisch nicht ist, was
eufunktional (für einen bestimmten Standpunkt) ist oder der Erreichung eines
Zwecks dient, ohne dass diese Funktionalität bzw. dieser Zweck ihrerseits nochmals
daraufhin überprüft werden, ob sie zustimmungsfähig sind. Natürlich spielen funktionale und zweckrationale Einsichten bei der konkreten Normierung stets eine Rolle.
Aber sie bilden nicht den ausschlaggebenden Bezugspunkt für die Beantwortung der
Frage nach der Moralität einer Norm; dieser ist vielmehr das Moralprinzip. Unter

diesem wird daher eine »Kritik der instrumentellen Vernunft« durchaus möglich, ebenso, wie den gängigen – meist ökonomischen – Argumentationen kritisch entgegnet werden kann, die Funktionsnormen als moralischen Letztbezugspunkt ausgeben. (Bleibt man bei Rahners Kriterium, die Grenze zwischen Moralität und Unmoralität beschreibe das, was »geht« bzw. »nicht geht«, so ist das schwieriger. Man müsste dann einbeziehen, dass erst das als wirklich »gehend« beurteilt werden kann, das zugleich für Vernunft- und Freiheitswesen zustimmungsfähig ist. So haben aber sowohl Rahner, als auch Franz Böckle oder Alfons Auer nicht gedacht – sie stehen letztlich noch nahe am Paradigma der Neuscholastik und ihres Axioms, dass das Sollen aus dem Sein hervorgehe. Eine Kritik der Neuscholastik könnte jedoch zeigen, dass diese in der Tat Funktionsnormen und moralische Normen konfundiert.) Ist Universalisierbarkeit in dieser Weise eingeführt, dann kann auch jenen von Ihnen aufgeführten *Prätentionen* universaler Geltung begegnet werden, die in Wahrheit jedoch nur hegemonialen Absichten bestimmter ökonomischer oder politischer Macht zuarbeiten: Dass diese gerade *nicht* universalisierbar sind, obschon sie es vorgeben, kann nun argumentativ ausgewiesen werden.

Gleichzeitig aber bleibt die Vielfalt von Moralen möglich, ebenso der Wandel. Es sollen ja gerade nicht überzeitliche Werte festgeschrieben werden und es soll gerade nicht eine Moral als allüberall verbindliche materiale Ethik fixiert werden. Mit der Einführung der Betroffenen als Bezugspunkt wird der Umkreis der Universalisierbarkeit so festgelegt, dass einerseits die Machtlosen eine Stimme zugemessen bekommen, andererseits Geltungsansprüche nicht sogleich immer für »den Menschen« schlechthin formuliert werden müssen. Da materiale Bestimmungen erst in einer praktischen Reflexion von kontingenten anthropologischen Vorstellungen, von persönlichen Ansichten zum Gelingen des eigenen Lebens, von funktionalen (»sachlogischen«) Strukturen etc. unter dem Moralprinzip zustande kommen, ist in diese Kontingenz der Wandel zudem gewissermaßen eingebaut. Wie ich ihn lese, ist im Übrigen diese Kontingenz und Pluralität materialer Moralvorstellungen auch bei Kant nicht ausgeschlossen: In der »Metaphysik der Sitten« entwickelt er gerade keine »materiale Wertethik« wie Max Scheler, sondern recht grundsätzliche, allgemeine Pflichtformen (»eigene Vollkommenheit, fremde Glückseligkeit«) und bindet daran dann stets in seinen »Anmerkungen« Überlegungen dazu, wie *wenig* sich vorweg bestimmen lasse, was ein Individuum im Einzelnen zu tun habe. Auch die Reich-der-Zwecke-Formel würde ich in diese Richtung als eine Formel für die Eröffnung einer dadurch aber argumentativ einholbar und unbeliebig gehaltenen Pluralität der Moralvorstellungen interpretieren.

Als Pluralität von Gelingensvorstellungen, also eine plurale Verfasstheit der eudaimonistischen Optionen der Menschen, lässt dieses Konzept zudem auch eine »Philosophie der Lebenskunst« zu. Diese kann jedoch in meiner Sicht nicht der einzige Bezugspunkt einer Internetethik sein. Alle Gelingensvorstellungen müssen sich vielmehr nochmals als moralisch tragfähig, also als kompatibel mit dem Moralprinzip ausweisen können, wenn sie legitim sein sollen. Bei einer »Philosophie der Lebenskunst« sehe ich im Übrigen das Problem, dass sie dazu neigt, verschiedene Rationalitätsformen miteinander zu vermengen anstatt deren Zuordnung zueinander transpa-

rent zu machen. In Anlehnung an Kant (1974, BA 44) und Habermas (1991a) würde
ich für praktische Vernunft gerne zwischen pragmatischer, eudaimonistischer und
moralisch-praktischer Vernunft unterscheiden: *Pragmatisch* sind die zweckrationalen,
funktional-instrumentellen Überlegungen, die sich auf Zweck-Mittel-Relationen unter
dem Erfolgsprinzip beziehen und einen – mit Kant gesagt – empirischen Willen
zugrundelegen. *Eudaimonistisch* nenne ich Überlegungen, die Vorstellungen des Gelin-
gens des eigenen Lebens unter dem Zielprinzip jener Zufriedenheit hervorbringen,
die aus einem im Ganzen dem eigenen Wunsch und Willen zulaufenden Leben hervorgeht. *Moralisch-praktisch* hingegen sind in meiner Terminologie nur jene pragmatischen und eudaimonistischen Überlegungen und Kalküle, die zusätzlich dem Universalisierbarkeitsprinzip kompatibel sind. Diese Differenzierung wäre meines Erachtens
hilfreich auch für eine »Philosophie der Lebenskunst«.

Wenn Sie erlauben, möchte ich zudem zu dieser noch eine – vielleicht etwas kritische – Bemerkung machen. Das Sympathische einer »Philosophie der Lebenskunst«
liegt für mich in ihrer unausgesprochenen Option für Freiheit, ja mehr noch sogar: in
der Option für eine subjektzentrierte Freiheit als Entwurfs- und Entfaltungsfreiheit.
Diese Option bleibt allerdings unausgesprochen. Gerade deswegen kann sie doppelt
offen erscheinen, gewissermaßen besonders »human«: Sie hat den Anstrich, als sei sie
frei von aller Kulturspezifität, allen hegemonialen Implikationen der europäisch-
amerikanischen Moderne und ihrer instrumentell-weltunterwerfenden Destruktivität
sowie den panoptischen Fesselungstendenzen der älteren Subjektphilosophien. Auf
dieser Linie hat die »Philosophie der Lebenskunst« ja über die französische Philosophie des späteren 20. Jahrhunderts ihre (wieder unausgesprochene) moralische Legitimität, ihren Geltungsanspruch als »emanzipatorisch(er)« als die für die Zeitstim-
mung davor prägenden »linken« (marxistischen oder kritisch-theoretischen) Konzepte gewonnen. Außerdem schien man mit der »Philosophie der Lebenskunst« die
zweifelhaft gewordenen präskriptiven Ethiken und die »Moral« im Sinne des nietz-
scheanischen »Moralin« hinter sich lassen zu können: Lebensweltlich den bürgerli-
chen Muff der 1950er Jahre, wissenschaftlich die Diskreditierung der Moral als Rationalisierung (Freud) oder als repressiver Überbau, der in Wahrheit nur dem Kapital
bzw. den Interessen der »herrschenden und besitzenden Klasse« dient (Marx, Kritische Theorie, 1968er etc.). An die Stelle schien die Ästhetik treten zu können. Und
das sogar mit traditionaler Absicherung – immerhin finden sich, seit in der Mitte des
17. Jahrhunderts in Spanien die Frage danach aufkommt, philosophisch immer wieder Verbindungen zwischen dem guten Geschmack und dem guten Leben gezogen.
Wer das *savoir vivre* sich zu eigen macht, ist auch ein guter Mensch – ohne dass »Moral« noch bemüht werden müsste.

Aber zum einen sind ästhetische Geltungsansprüche mitunter noch rigider als die
moralischen. Die neueren soziologischen Forschungen zur Lebensästhetik zeigen das;
die von Schulze (1993) empirisch erarbeiteten, lebensästhetisch konfigurierten Milie-
us finden den ihnen jeweils entgegengesetzten Stil schlankweg »unmöglich« und
bedenken sich wechselseitig mit verächtlichen Blicken. Mit Blick in die Geschichte
gesagt: Der höfische Anspruch der Stilvollmacht, der vorrangigen Geltung der darin
repräsentierten Lebensanschauung, wird nun von jedermann und jederfrau gestellt.

Zum anderen sind ästhetische Geltungsansprüche schlecht rationalisierbar und diskursivierbar. Die Legitimität eines Stils kann daher kaum intersubjektiv überprüft werden, Einigung auf Leitlinien für das Handeln über Grenzen hinweg ist auf dieser Basis schwer zu gewinnen. Ohne solche Einigung aber scheint mir die Differenz zu different: Ein gewisses Set an gemeinsamen Grundorientierungen benötigen wir, wenn wir in Fragen, die alle oder jedenfalls sehr große Gruppen betreffen, zu Antworten kommen wollen, in denen allen Betroffenen Gerechtigkeit widerfährt (ein Begriff freilich, der recht klassisch ethisch ist und wohl nicht ohne Rückbesinnung auf Ethik lebenskunstphilosophisch rekonstruiert werden kann). Wenn es zudem stimmt, dass das Sympathische einer »Philosophie der Lebenskunst« in ihrer unausgesprochenen subjektzentrierten Freiheitsoption liegt, dann stellt sich die Frage, ob man sie nicht (inklusive ihrer Kulturspezifität) explizit machen und ein ethisches Konzept wählen könnte, das ohne Rückfall in die instrumentelle Vernunft und den Panoptismus nochmals in Besinnung auf Subjektivität und Freiheit anzusetzen versucht.

Das ist daher der Weg, den ich vorschlagen möchte. Meines Erachtens lässt sich unser gemeinsames Anliegen aber darin ungeschmälert aufbewahren. Und um es nochmals zu sagen: Das hier argumentierte Konzept ist nur ein Vorschlag und kann gerade auch im Netz nur als solcher präsentiert werden. Ob es konsensfähig ist, muss sich faktisch erweisen – das kann niemand im akademischen Entwurf vorwegnehmen, ebenso wenig, wie die Antwort auf die Frage, ob nicht jemand ein noch besseres Konzept findet. Nun würde mich natürlich abschließend interessieren, ob Sie diesem Vorschlag generell konträr gegenüberstehen oder ob Sie ihn für fruchtbar halten.

R. C. Ihr Ansatz ist verlockend, um nicht zu sagen *verführerisch*, denn wir stehen damit auf der sicheren Seite, nämlich auf der Seite der abendländischen Metaphysik – auch und gerade, wenn Sie Ihre Subjektvorstellung als »postsubstanzialistisch« auffassen, eine Vorstellung, die spätestens an Hegel anknüpft. Ohne Zweifel hat eine solche Vorstellung von Freiheit und Subjektivität den Menschen nicht nur in Europa eine Möglichkeit des Existierens eröffnet, wovon wir bis heute alle *profitieren*, wenngleich einige mehr als andere. Dieser Ansatz hat im 20. Jahrhundert vielfältige Varianten angenommen, darunter die Umwandlung einer monologischen in eine dialogische Rationalität – wiederum in verschiedenen Formen von Jürgen Habermas über Niklas Luhmann bis Emanuel Lévinas – an die Sie anknüpfen, wenn Sie die gegenseitige Anerkennung auf der Basis gegenseitiger Achtung (Universalisierungsprinzip) ansprechen. Unabhängig von der Problematik der philosophischen Fundierung dieses Moralprinzips sind wir uns, glaube ich, einig, dass seine Entstehung, Aufstellung und Deutung eine bedeutende kulturelle Selbstbestimmung des Menschen als Subjekt von Rechten und Pflichten darstellt, hinter die wir nicht zurückkönnen, wollen wir nicht hinter unseren eigenen gewesenen Möglichkeiten zurückbleiben.

Gerade deshalb bleibt aber die Frage nach dem Ursprung des Sollens offen. Das, wovon Sie in Ihrem Ansatz *ausgehen*, ist, aus meiner Sicht, das wonach wir *suchen*. Natürlich hat diese Ausdrucksweise – negativ ausgedrückt: diese *petitio principii* – Augustinischen Anklang: *Sed quis te invocat nesciens te?* (Conf. I, 1) Und so wie Sie den Subjektbegriff desubstanzialisieren, so möchte ich wiederum eine Lanze für einen *angeletischen* Seinsbegriff und somit auch für eine *Angel-Ethik*, keine Engel-Ethik, brechen. Ich meine damit, dass wir immer schon die Angerufenen sind als diejenigen, die dem Ruf der *physis* – und in Zukunft vielleicht *auch* der Bio-*techne* – folgend, *zugleich* persönlich oder *namentlich* zur Welt kommen. Wir sind die von unserem Sein (verbal verstanden) her Angerufenen und auf Antwort hin bestimmt. Wir kommen auch zu spät, um diesen Anruf durch uns selbst *allein* zu begründen. Daher auch das fremd wirkende einer *jeden* Sollensmaxime, womit ich gerade diese nicht aus einem bestehenden Sein ableiten möchte, sondern aus dem sich mit unserer Fähigkeit zu antworten ergebenden ernsten oder heiteren Spiel.

So kommt uns die Freiheit der Wahl auch vor, wie Friedrich Schiller gegenüber Kant hervorgehoben hat. Wir können zwar nicht antworten, aber damit verfehlen wir uns selbst. Dass dieser Anruf uns nicht primär von einer jenseitigen göttlichen Macht oder von einer kosmischen Seinsordnung, sondern primär vom anderen Menschen her anspricht und anrührt, ist eine bedeutsame kulturelle Selbstentdeckung und -bestimmung, die zwar in Europa eine bestimmte philosophische Ausformung in der Aufklärung angenommen hat, von anderen Kulturen und in anderen Epochen aber sowohl *gelebt* als auch verschiedentlich thematisiert wurde. So gesehen thematisiert die Netzethik als *Angel-Ethik* die Spannung zwischen dem, was wir über uns entdeckt und selbstbestimmt haben im Sinne eines vom anderen Menschen ausgehenden Anrufs zur Achtung und positiven Zuwendung zu seinen konkreten materiellen Bedürfnissen und der *Sorge* um die durch die Weltvernetzung eröffneten Möglichkeiten des Miteinanderseins. Dem Ruf der *techne* folgend, sind wir digitale Kosmopoliten geworden, ohne aber aufgehört zu haben, den Bedingungen und dem Anruf der *physis* ausgesetzt zu sein. In diesem Sinne schließe ich mich in meinem Beitrag in dem vorliegenden Band der Kritik von Bernd Frohmann, ebenfalls in diesem Band, an einer körperlosen Ethik des Cyberspace an.

Wir können dann den Begriff *Netzethik* im Sinne eines *genitivus objectivus* und *subjectivus* verstehen. In der ersten Bedeutung meinen wir die Kritik an einer Ausformung unseres digitalen Seins, die von den realen Nöten der Menschen absieht, anstatt zu fragen, inwiefern das Netz bestehende Ungerechtigkeiten zementiert und sogar vertieft oder, positiv ausgedrückt, inwiefern die Globalisierung den Menschen konkrete Chancen bietet, sich in einer pluralen und komplexen Welt ein nach ihren eigenen Vorstellungen und Wünschen *besseres Leben* zu gestalten. Diese Problematik wird heute vor allem unter dem Stichwort *Digital Divide* thematisiert. Wir können von *digitaler Apartheid* sprechen. Die zweite Bedeutung bezieht sich auf die Art und Weise wie wir *im* Netz sind. Hier sehe ich die Chance für eine Netzethik im Rahmen einer Philosophie der Lebenskunst.

Wenn Wilhelm Schmid immer wieder auf die »Gefahr einer bloßen Unterwerfung des Selbst unter die technologischen Bedingungen« aufmerksam macht (vgl. Schmid 1998, 136 und Schmid 2000, 138), dann ist zu fragen, inwiefern die Unterscheidung zwischen den Massenmedien und dem Internet ausbleibt, die vermutlich die entscheidende Veränderung zwischen der Massenkultur des 20. Jahrhunderts und einer sich selbst organisierenden Kommunikationskultur in diesem zweifellos nicht undramatisch beginnenden 21. Jahrhundert bewirkt (vgl. Capurro 2000a). Wenn Misstrauen und nicht Gelassenheit am Platz ist, dann vor allem in Bezug auf jene »Schleusenwärter der Information«, die mittels einer hierarchischen Struktur (one-to-many), eine *Masse* durch eine universal ausgerichtete Botschaft neuerdings auch durch das Internet zu erreichen und ihre Aufmerksamkeit zu fesseln versuchen. Das Subjekt, wovon wir oben sprachen, ist ein historisches Gebilde, als *face-to-face*-Diskutierender, Leser, Zuschauer oder Zuhörer von massenmedialen Botschaften und – als *Sender* und Empfänger im digitalen Netz. Sie haben auch zurecht hervorgehoben, dass die moralischen und rechtlichen Bedingungen der Massenmedien nicht eins zu eins auf das Internet übertragbar sind, ohne damit die Chancen dieses Mediums für eine neue Form der Ausgestaltung unserer Freiheit aufzugeben. Das heißt wiederum nicht, dass wir im Internet keine rechtlichen und moralischen Normen brauchen, die zur Bildung eines *Cyberethos* allmählich führen können. Dabei stehen Informationsethik und Informationsrecht vor großen Herausforderungen, wie zum Beispiel (vgl. Capurro 2000 und Capurro 1998):

- der Spannung zwischen der Freiheit der Kommunikation und dem Schutz der Privatsphäre. Stichwort: informationelle Selbstbestimmung;
- der Spannung zwischen der digitalen Manipulation von Waren und Dienstleistungen und dem Recht auf Schutz der materiellen und geistigen Arbeit. Stichwort: Copyright;
- der Spannung zwischen den Informationsreichen und -armen. Stichwort: Informationsgerechtigkeit;
- der Spannung zwischen den Wirtschaftsinteressen des Informationsmarktes und dem demokratischen Recht auf einen ungehinderten Informationszugang. Stichwort: Informationelle Grundversorgung;
- der Spannung zwischen globalen und lokalen Informationsmärkten. Stichwort: »Glokalisierung«;
- der Spannung zwischen der *einen* Cyberkultur und dem Recht auf Bewahrung medialer Traditionen. Stichwort: Multikulturelle Mediengesellschaft.

Wenn ich Ihre prinzipiellen Ausführungen so auf den (meinen) Weg zu bringen versuche, komme ich zu einer Aporie, indem das, wovon wir *wissend* ausgegangen waren, eigentlich als *Frage* vor mir erscheint. Ein aporetischer Dialog ist aber keineswegs ein ausweigloser, sondern ein suchender. Wir können mit einem gewissen Erstaunen feststellen, dass es inzwischen eine beinah unübersichtliche Vielfalt von Foren weltweit gibt – wobei unser *International Center for Information Ethics* (ICIE) einen bescheidenen Beitrag leisten mag –, in denen informationsethische Fragen, unter welchem *label* auch immer, erörtert und in praktisches Handeln umgesetzt werden. Dazu zählen nicht nur internationale Konferenzen und Abkommen seitens der UN sowie internationale Verbände und Nicht-Regierungsorganisationen (NGOs), sondern auch viele »*grass roots*«-Aktivitäten, in denen neue Ausformungen menschlicher Freiheit in und durch die digitale Weltvernetzung ausprobiert werden. Diese gestalten sich oft als wirkungsvolle *pressure groups* gegenüber den Monopolen der Hard- und Software-Industrie. Auf der theoretischen Ebene, da sind wir uns einig, hat das Denken dessen, was der Anruf der Freiheit in der kategorialen Gestalt des Netzes verspricht, erst begonnen. Nach den konkreten Ausformungen von Freiheit zu fragen, heißt aber zunächst, auf die schreienden Ungerechtigkeiten in der *realen Welt* zu achten, nicht zuletzt, indem wir uns fragen, was sollen und können wir im Netz und mittels des Netzes tun, um eine Welt zu gestalten, die ökonomisch, militärisch, politisch, technisch, moralisch, religiös... zumindest *weniger gewaltsam* wird.

Das gemeinsame Nachdenken darüber, was wir Ethik nennen, ist sicherlich ein *schwaches* Mittel. Als solches kann es aber gerade dazu dienen, ein *pharmakon* zu einer Art von Praxis zu bieten, die unumstößliche Vorgaben verlangt, um ihre Ziele besser durchsetzen zu können.

I. TEIL

VON DER NOTWENDIGKEIT EINER INTERNETETHIK

Ausblendung von Ethik im World Wide Web

PETER LUDES

Die Produktion, Wahrung, Weitergabe, Interpretation, Nutzung und Normierung der Mittel, mit denen Menschen kommunizieren und sich zu orientieren suchen, steht in engem Zusammenhang mit der jeweiligen Erfüllung weiterer »Elementarfunktionen« (Elias 1983, 32-34). Hierzu gehören die Kontrolle gruppeninterner Gewalttätigkeiten und des Gewaltgebrauchs in der Auseinandersetzung der eigenen Gruppe mit anderen, die Versorgung mit Gütern und die Vermittlung von Selbstkontrollen an die jeweils neuen Gruppenangehörigen. Zur Erfüllung dieser »transkulturellen Universalien« werden in fast allen Gesellschaften SpezialistInnen-Gruppierungen (aus)gebildet – in multi-kulturellen und multi-modernen Gesellschaften professionalisiert. Damit entstehen in funktionsteilig organisierten multi-modernen Gesellschaften bereichsspezifische Ethiken, die sich teilweise diametral widersprechen können. Hervorzuheben ist hier die staatliche Legitimierung militärischer Gewalt in zwischenstaatlichen Konflikten – gegenüber dem Verbot des Einsatzes nicht staatlich legalisierter physischer Gewalt in anderen sozialen Beziehungen. Quer zu den Funktionsbereichen informieren, bilden, unterhalten Massenmedien Tag für Tag die überwiegende Mehrheit der jeweiligen Bevölkerungen. Oft mehr als zwei Drittel nutzen im Durchschnitt das Fernsehen Tag für Tag mehr als drei Stunden (zumindest in allen OECD-Ländern), ein beachtlicher Anteil darüber hinaus Druckmedien, Hörfunk und das Internet.

Kommunikations- und Medienethik bezieht sich zwar in erster Linie auf die professionellen KommunikatorInnen, also JournalistInnen, VerlegerInnen, Medienkonzerne und die medienspezifischen Teilöffentlichkeiten bzw. Teilmärkte. Hierzu kommen Institutionen der freiwilligen Selbstkontrolle, politische und rechtliche Regelungen usw.

Je jünger die Medien, je innovativer ihre Produktionskontexte und Nutzungssituationen, desto schwieriger wird aber die Übertragung berufsspezifischer Medienethiken oder professioneller Standards aus den je älteren Kommunikationskontexten. Dies bedeutet zugleich, dass zwar einerseits nach jeweils neuen Ethiken gesucht werden kann, deren Verbindlichkeit aber bei einer vorwiegend relativ geringen zeitlichen Verantwortung und externen Überprüfungsmöglichkeit geprägt wird durch medienübergreifende, allgemeinere Moralvorstellungen, die weiterhin gruppen- und kulturspezifisch verbreitet, interpretiert und sanktioniert werden. Deshalb sollen zunächst einige Unterschiede der Anfang des 21. Jahrhunderts dominierenden Kulturkreise skizziert werden, ehe diese auf die medienwissenschaftliche Perspektive der besonderen symbolischen Vernetzungen durch das World Wide Web reduziert werden. Daraufhin kann die Frage nach Verantwortungsmöglichkeiten im Rahmen dieser

Re-/Präsentationen gestellt und rückgekoppelt werden an Probleme der Überschaubarkeit und Multisensualität.

Kommunikation der Kulturen

»Große zeitgenössische Kulturkreise« werden spätestens seit Huntingtons »The Clash of Civilizations« (1996) in vielen Untersuchungen (vgl. z.B. Ben-Rafael/Sternberg 2001 oder Weede 2000) folgendermaßen unterschieden: (1) der sinische/chinesische Kulturkreis, größtenteils konfuzianisch und über die Volksrepublik China hinauswirkend; (2) der japanische; (3) der hinduistische, als Kern der indischen Zivilisation; (4) der islamische, mit vielen eigenen Kulturen oder Sub-Kulturen wie der arabischen, türkischen, persischen und malaiischen; (5) der westliche Kulturkreis, der hauptsächlich aus Europa, Nordamerika, Australien und Neuseeland besteht; (6) die lateinamerikanische, die sich in einer besonderen Mischung einheimischer amerikanischer Kulturen und europäischer, später auch asiatischer Einflüsse entwickelte und (7) die afrikanische, deren Norden allerdings zum islamischen Kulturkreis gehört. Hierzu wird (8) oft der orthodoxe Kulturkreis (eng verbunden mit dem byzantinischen und westlich-christlichen) ergänzend unterschieden, der großenteils durch die russisch-orthodoxe Kirche geprägt sei.

Anfang der 90er Jahre des zwanzigsten Jahrhunderts dominierten nach ihrer Bevölkerungszahl eindeutig die sinischen, islamischen und hinduistischen Kulturen vor den anderen; direkt politisch kontrolliert wurden westlich nur etwas mehr als 13 Prozent, sinisch 24 Prozent, hinduistisch und islamisch jeweils etwa 16 Prozent der Menschheit.

Gemessen am jeweiligen Anteil am Weltbruttosozialprodukt dominierte aber die westliche Kultur 1992 mit 48,9 Prozent weit gegenüber allen anderen. Auch wenn in den letzten zehn Jahren die Zuwachsraten vor allem in China, Indien und einigen lateinamerikanischen Ländern höher waren als in den westlichen, ist doch die ökonomische Dominanz des Westens weiterhin entscheidend für seine politische und militärische Vormachtstellung.

»Asien, mit der zweitgrößten und drittgrößten Volkswirtschaft der Welt in den 90er Jahren, wird bis zum Jahr 2020 wahrscheinlich vier der fünf größten und sieben der zehn größten Volkswirtschaften der Welt aufweisen.« (Huntington 1996, 157) »Ordnung, Disziplin, Familienzusammenhalt, harte Arbeit, Kollektivismus, Enthaltsamkeit –, gegenüber Hemmungslosigkeit, Faulheit, Individualismus, Kriminalität, minderwertiger Bildung, Missachtung der Autorität und ›geistiger Verknöcherung« (ebd. 165) kennzeichnen asiatische gegenüber westlichen Verhaltensmodellen aus asiatischer (vor allem Singapurer) Sicht, die den Aufstieg Asiens unausweichlich werden ließen. Allerdings gehen

»Asiaten bei der Verfolgung ihrer Ziele gegenüber anderen Menschen subtil, indirekt, scheibchenweise, auf Umwegen vor und vermeiden Urteile, moralische Appelle und Konfrontation« (ebd. 243). »Was für den Westen Universalismus ist, ist für den Rest der Welt Imperialismus« (ebd. 292).

»In der entstehenden Welt ethnischen Konflikts und kulturellen Kampfes krankt der Glaube an die Universalität der westlichen Kultur an drei Problemen: er ist falsch, er ist unmoralisch, und er ist gefährlich [...] Die notwendige logische Konsequenz des Universalismus ist Imperialismus. Abgesehen davon verfügt der Westen als eine ausgereifte Kultur nicht mehr über die wirtschaftliche oder demografische Dynamik, die er benötigte, um anderen Gesellschaften seinen Willen aufzuzwingen. Außerdem widerspricht jede diesbezügliche Bemühung den westlichen Werten der Selbstbestimmung und Demokratie« (ebd. 511).

Auch in den internationalen Institutionen aus der Zeit nach dem Zweiten Weltkrieg werden westliche Interessen besonders berücksichtigt – wie z.B. die Vetorechte im Weltsicherheitsrat verdeutlichen. Fraglich wird deshalb, ob die weltweiten kulturellen Verschiedenheiten nicht zu einem moralischen und kulturellen Relativismus führen müssen. Huntington (1996, 525) antwortet: »Kulturen sind relativ; Moral ist absolut.« Aber moralische Verhaltensmodelle müssen im Bewusstsein unterschiedlicher sozio-ökonomischer und kultureller Modernisierung und demokratischer Regimeperformanz gesehen werden. »Sozio-ökonomische Entwicklung erweitert Optionen, indem sie den Individuen mehr *Ressourcen* verleiht; kulturelle Modernisierung mobilisiert *Ansprüche*, die die Individuen nach Optionsvielfalt streben lassen; und Demokratie sichert Optionen durch rechtliche *Garantien*.« Wie Welzel, Inglehart und Klingemann (2001, 16-18) auf der Basis der Weltwertestudie für 80 Gesellschaften nachweisen, lassen sich signifikante Unterschiede für acht kulturelle Zonen (die größtenteils Huntingtons Kulturkreisen entsprechen) belegen: »These eight cultural zones capture 82%, 83% and 75% of the variants in *autonomy ressources*, *liberty aspirations* and *freedom opportunities* across eighty nations. Thus, even this rude classification captures relatively homogeneous zones« (ebd. 18).

Insgesamt variieren diese Indikatoren menschlicher Entwicklung kaum bei einem Vergleich der individuellen Ebene mit national, sub-kontinental oder kontinental spezifizierten Vergleichsebenen (ebd. 19; hierfür wurden Daten zu 56 613 Individuen aus 53 Nationen in den acht kontinentalen Zonen ausgewertet – vgl. ebd. 20, Tabelle 5.)

»Kulturkreise (cultural zones)« repräsentieren dementsprechend »reale« Einheiten, die substanzielle Auswirkungen auf die sie konstituierenden Nationalstaaten und deren Bürgerinnen und Bürger zeigen (ebd. 25). Ressourcen, Ansprüche und Garantien sind die Grundvoraussetzungen für individuelle Wahlfreiheiten; sie konstituieren menschliche Entwicklung und formen auch die Wahrnehmung individueller, nationaler oder kulturkreis-spezifischer Optionen und ihrer Bewertungen. Hierbei spielen Massenmedien eine besondere Rolle.

Symbolische Vernetzungen

Güter werden weit überwiegend innerhalb von Kulturkreisen, im Rahmen der O-ECD-Staaten auch zwischen Nordamerika, Westeuropa, Japan und einigen »Tigerstaaten« Asiens, ausgetauscht. Die ökonomische Globalisierung findet Anfang des 21. Jahrhunderts hauptsächlich innerhalb der OECD-Staaten statt, die Ende des 20. Jahrhunderts (bis auf Hongkong) die zehn wichtigsten Herkunftsländer der weltweiten Direktinvestitionen stellten; unter den wichtigsten Empfängerländern waren aber die Volksrepublik China und Brasilien. Unter den zehn Staaten mit der höchsten Kreditwürdigkeit (nach Umfragen bei den hundert führenden Banken der Welt zu-

sammengestellt) war kein Staat außerhalb Westeuropas und der USA (Fischer Weltalmanach 2002, 1095 und 1096).

»Die Zahl der Telefon-Hauptanschlüsse im Festnetz betrug Anfang 2001 weltweit
990,728 Mio. Anfang 1999 waren es 851,100 Mio., davon 298,274 Mio. in Europa
(einschl. Rußland), 261,969 Mio. in Asien, 261,187 Mio. in Amerika, 17,419 Mio. in
Afrika und 12,251 Mio. in Australien und Ozeanien« (ebd. 1251). Diese enorme
Bandbreite der technischen Voraussetzungen für symbolische Vernetzungen mit
Hilfe traditioneller und neuer Informations- und Kommunikationstechnologien gilt
auch bei der Verbreitung der Zugangsmöglichkeiten zum Internet. Diese betrugen im
August 2001 (vgl. http://www.nua.com, Zugriff: 19.11.2001) weltweit 513 Millionen.
Bezogen auf die Bevölkerungszahl lag mit weitem Abstand an erster Stelle Nordame-
rika (USA, Kanada) mit 181 Millionen, vor Europa mit 155 Millionen, Asien und dem
pazifischen Raum mit 144 Millionen. Lateinamerika hatte 25 Millionen Internet-
Anschlüsse, der Mittlere Osten fünf und ganz Afrika vier Millionen. Die Volksrepublik China hatte im Juli 2001 26,5 Millionen Internet-Anschlüsse – bei für die Volksrepublik China geschätzten 1, 261 Milliarden EinwohnerInnen 1999.

Sowohl innerhalb der Kulturkreise, als auch zwischen ihnen sind also wesentliche
Unterschiede in den informations- und kommunikationstechnologischen Vernetzungen zu beachten. Zwar gibt es allen Kulturen gemeinsame anthropologische Orientie-
rungsmuster, die hauptsächlich an Eigenarten des menschlichen Körpers orientiert
sind, wie Alfred Schütz und Mary Douglas zeigten. Aber Symbole vermitteln sinnliche Wahrnehmungen und Sinngebungsprozesse weitaus differenzierter und entsprechend stärker unterscheidend für: Kommunikation und Interaktion; die Weitergabe
von Wissen; Kontrolle und Steuerung; Ausdruck und Affekt; Beziehungen zwischen
Individuen, Kultur und Gesellschaft; Innovation und Interpretation und Verhaltens-
und Persönlichkeitsmodelle und Handlungsorientierungen (Hülst 1999, 349). »Multiple Symbolisierungen« lösen einheitlichere Symbolverständnisse in relativ homoge-
neren Kulturen zunehmend ab. Zugleich gewinnen über technisch verbreitete Symbole vermittelte Kommunikationen an Bedeutung auf Kosten unmittelbarer persönli-
cher Kommunikation oder sinnlicher Wahrnehmung.

Wie bereits Ulrich Beck (1986) nachwies, sind großtechnische Systeme auf eigens
entwickelte Detektor- und Sensortechniken angewiesen, die der kontinuierlichen
Beobachtung und Steuerung von Soll-Zuständen dienen. Weder Augen, noch Ohren,
Nase, Zunge, Haut können bestimmte ökologische Gefährdungen unmittelbar wahrnehmen. Moderne Risikogesellschaften sind vielmehr auf neuartige Detektorsysteme,
symbolische Wahrnehmungen und Kommunikation angewiesen.

»Aus ihren Kontexten isolierte Symbole können« aber »niemals irgendeinen Sinn
ergeben. Symbole fungieren als Bedeutungsträger (genau wie die Worte des Sprach-
systems) nur innerhalb eines umfassenden bedeutungsstrukturierenden Zusammenhangs, der eine Vielzahl von Symbolen und Vorstellungen enthält und miteinander in
Beziehung setzt« (Hülst 1999, 354). Dieser Zusammenhang ist hierarchisch, viel-
schichtig, »nicht kognitiv, sondern rituell und emotional verankert« (ebd. 355). »Alle
moralischen Prinzipien und Wertgesichtspunkte« aber, »sämtliche Glaubensvorstel-
lungen und religiösen Offenbarungen, alle Rechtfertigungen sozialer Ordnungen oder

eines speziellen Sozialsystems beruhen auf deren Leistungen des symbolischen Diskurses« (ebd. 357). Dementsprechend werden auch moralische Entscheidungen und übergreifende Ethiken rückgekoppelt an medientechnologisch symbolisch konstituierte Kommunikationszusammenhänge, die subjektiv sinnvoll interpretiert werden können. Selbst dort, wo diese Kommunikationen kulturübergreifend (u.a. über das Internet) erfolgen, formen anthropologische Kommunikationsvoraussetzungen und kulturspezifische Verhaltensstandards je aktuelle Auseinandersetzungen und Dialoge.

Unmittelbare, technisch vermittelte und utopische Kommunikation

In persönlichen Beziehungen, mit sich wiederholenden Interaktionen, werden (Aussagen über) Handlungsabsichten, Selbst-Beurteilungen oder Kommentare zu anderen wechselseitig erwartbar auf non-verbale Kommunikation, tatsächlich beobachtbare Verhaltensweisen und Auswirkungen von Handlungen bezogen. Aussagen, Absichten, Verhaltensweisen und Handlungswirkungen werden – wenn auch in dem kleinen Ausschnitt überschaubarer Interaktionen – wechselseitig überprüft. Diese immer wieder selbst überprüften Interpretationsrahmen konditionieren Glaubwürdigkeitszuschreibungen, Annahmen über Zuverlässigkeit und Vertrauen.

1995 waren weltweit noch 21 Prozent der Männer und 38 Prozent der Frauen über 15 Jahren Analphabeten. Je tausend Personen wurden 98 Tageszeitungen verbreitet und gab es 211 Fernsehgeräte, 133 Telefonanschlüsse im Festnetz, 28 Mobiltelefone und 50 PCs.

Trotz enormer Zuwachsraten bei den technischen Verbreitungsmedien lässt sich hieraus ablesen, dass ein beachtlicher Teil der Weltbevölkerung und weit überwiegend in den nicht-westlichen Kulturkreisen, sozio-ökonomisch nur einen begrenzten Zugang zu Druckmedien, dem Fernsehen oder dem Internet hat. Nur das Radio erreicht demgegenüber, aufgrund seiner relativ kostengünstigen Nutzungsmöglichkeit, fast weltweite Verbreitung, vor allem auch in Afrika. Allerdings ist z.B. in Brasilien und der Volksrepublik China die Zahl der Fernsehgeräte pro tausend Personen mit 289 bzw. 252 beachtlich höher als die der Radiogeräte mit 222 bzw. 161. (Alle Zahlen nach dem World Development Report 1998/99, 193 und 226f.)

Unmittelbare Kommunikation und ihre Einordnung von Verhaltensweisen in persönliche Erfahrungen spielen aber nicht nur in den kommunikationstechnisch weniger vernetzten Gesellschaften und Kulturkreisen eine herausragende Rolle. Massenmediale Kommunikation setzt persönliche Erfahrungen immer wieder voraus. Technische Verbreitungsmedien, Bücher, Zeitungen, Fotos, Filme, Radio, Fernsehen transformieren und begrenzen persönliche Kontrolle und Selbstkontrolle. Rechtliche Regelungen zur Verantwortung im Sinne des Pressegesetzes und professionelle Standards der Auswahl und Präsentation von Medieninhalten gewährleisteten aber (in diesem Rahmen) die allgemeinere Überprüfbarkeit und Zuverlässigkeit massenmedialer Medienbotschaften. Je besondere Kompetenzen im Umgang mit den Inhalten der verschiedenen, zahlenmäßig aber sehr begrenzt zugänglichen Druck- und Rundfunkmedien sichern gemeinsam konventionalisierte Erwartungen. Relativ wenige regionale und überregionale Tageszeitungen, Nachrichtenmagazine und Fernsehprogrammangebote können üblicherweise in ihrer »Seriosität« oder ihrem »Boulevard-Charakter« von der Mehrheit ihrer NutzerInnen eingeschätzt werden. Dadurch können wechselseitige Erwartungen von KommunikatorInnnen und MediennutzerInnen konventionalisiert werden.

Im Internet und seinem multimedialen Teilnetz, dem World Wide Web (das aber mehr als 99 Prozent des Angebots und der Nutzung des Internet ausmacht), fallen diese Interpretationsrahmen meist weg: non-verbale Kommunikation und Handlungsauswirkungen, juristisch eindeutige Zuordnungen und langjährige Erfahrungen mit Anbietern, Formaten, Auswahlkriterien oder Erzählmustern. Individuelle Verantwortlichkeiten, klare Abgrenzungen des Kompetenzbereichs der Anbieter werden durch – oft explizit außerhalb der eigenen Verantwortung liegende – Links verringert. Technische Standards und die Zuverlässigkeit technischer Verbindungen dominieren gegenüber Versuchen, explizit formulierte Verhaltensstandards für Internet-NutzerInnen bekannt zu machen, durchzusetzen oder gar verbindlich zu sanktionieren. Selbst die Erwartbarkeit von Konventionen und Sanktionen medienspezifischer Teilöffentlichkeiten und Märkte wird bei der Produktion, Präsentation und Nutzung von Internet-Inhalten nicht erreicht. Sie wird großenteils ersetzt durch Ad-hoc-Akzeptanzen auf Zeit. Diese je situationsspezifische symbolische Vernetzung wird als neue Flexibilität mehr gefeiert denn hinterfragt. Da empirische Untersuchungen der Verlinkung, z.B. in der Fachzeitschrift »New Media and Society«, weiterhin überwiegend nationale Vernetzungen zeigen (selbst bei wissenschaftlichen Netzangeboten meist mehr als 50 Prozent), müssen nationale, aber vor allem auch bereichsspezifische und generationentypische Symbolisierungskontexte als Rahmungen für individuelle Moralvorstellungen und universelle Ethikansprüche wechselseitig in einen Dialog eingebunden werden. Nur so können Voraussetzungen für Koordinationen geschaffen werden, die mehr sind als Übergeneralisierungen westlicher oder bereichsspezifischer Normen.

So sind die Betonung von Gleichheit, Freiheit, Gerechtigkeit, Autonomie, Solidarität und Identität zentrale Bestandteile des westlichen Projekts der Emanzipation und Modernisierung (vgl. Eisenstadt 2001, 31). Lateinamerika z.B. sollte demgegenüber erstens als Vielfalt unterschiedlicher Gesellschaften verstanden werden und zudem als Kulturkreis, der eigenständige Wege der Modernisierung aufgrund seiner im Vergleich zu Westeuropa und Nordamerika ganz unterschiedlichen Vergangenheiten, Voraussetzungen und zeitgenössischen Konkurrenz im Globalisierungswettbewerb gehen muss (vgl. Ortiz 2001, 126). Die Vorstellung einer Multi-Moderne bzw. multipler Modernisierungsprozesse führt zu mehr Verständnis nicht-westlicher Entwicklungsmuster; hierbei können diese teilweise durchaus in der Auswahl und kreativen Aneignung in den letzten Jahrhunderten entwickelter westlicher Techniken erfolgen (vgl. Arnason 2001, 137). Zudem macht Inkeles (2001, 172) besonders darauf aufmerksam, dass unterschiedliche Gesellschaften und Kulturkreise teilweise ähnlich auf weltweit verbreitete Herausforderungen reagieren und deshalb ähnliche Institutionen herausbilden. Hierfür bietet Inkeles eine Vielzahl von Beispielen vor allem aus dem Schul- und beruflichen Ausbildungsbereich, im Verfassungsbereich, aber auch bei konkreteren Vorschriften wie in der Hygiene-Kontrolle von Toiletten oder Restaurants – wobei hier sicher zwischen Vorschriften, ihrer Kontrolle und ihrer Einhaltung unterschieden werden müßte.

Galtung (2001, hier besonders 280f) interpretiert Globalisierung demgegenüber in erster Linie als Amerikanisierung und hebt hierfür die folgenden Tiefenstrukturen der US-amerikanischen Kultur hervor: die Vorstellung, ein auserwähltes Volk zu sein, mit besonders glorreichen Erfolgen bereits im 18. und 19. Jahrhundert, aber auch Traumata wie dem Bürgerkrieg 1861 bis 1865, dem Korea-Krieg oder dem Vietnam-Krieg, das Denken in dichotomischen Gegensätzen von Gut und Böse, wobei Gewalt als letzter Schiedsrichter anerkannt ist. Jahrhunderte alte, immer wieder transformierte kulturelle Tiefenstrukturen werden auch durch das Internet nicht einfach umgestoßen – dessen Nutzung muss zumindest teilweise an überlieferte Symbole und Verhaltensmodelle anknüpfen, auch wenn »post-symbolische Modi der Kommunikation« durch Internet-Icons hervorgerufen werden (vgl. Featherstone 2001, 525), was Implikationen für Wahrnehmungs- und Klassifizierungsmodi, Relevanzhierarchien und moralische Beurteilungen hat.

Abram de Swaan hat 1998 (hier zitiert nach dem Wiederabdruck 2001) eine politische Soziologie des Weltsprachensystems vorgelegt, aus der sich einige Lehren für die Kommunikation der Kulturen in multimedialen Vernetzungen ableiten lassen. Denn auch Anfang des 21. Jahrhunderts sind die meisten Medien weiterhin vorrangig national verbreitet und werden nationalsprachlich genutzt. Hierzu gehören großenteils Brief, Buch, Fernsehen, Heft/Heftchen, Plakat, Theater, Zeitschrift und Zeitung. Zu den Medien, die überwiegend für internationale Märkte produziert und in beachtlichem Umfang mit internationalen Orientierungen genutzt werden, gehören demgegenüber: Computer, Film, (Presse-) Foto, Telefon, Tonträger (Schallplatte, Kassette, CD) und Video. Zu den globalen Medien, deren Produktion, Präsentation und Nutzung interkontinentale Dimensionen erreicht und ein wesentlicher Bestandteil der Globalisierung im 21. Jahrhundert sind, gehören das Internet bzw. Online-Medien oder Multimedianetze und DVD-ROMs (vgl. Ludes 2001, 65).

Die Verbreitung, Nutzung, Reputation und ökonomische Bedeutung von Sprachen hängt von der Größe der jeweiligen Sprachgemeinschaft und deren ökonomischer Rolle im Vergleich zu anderen Sprachgemeinschaften ab. Unausweichlich bedeutet Spracherwerb eine mehrjährige zeitliche (und meist auch finanzielle) Investition, die nicht beliebig oft wiederholt werden kann. Sprachkenntnisse gehen ebenso unausweichlich mit durch die Sprache konstituierten Weltwahrnehmungen und symbolischen Vernetzungen einher. Jede Ausweitung der Sprachgemeinschaft erlaubt zusätzliche Verbindungen für alle diejenigen, die diese Sprache bereits beherrschen und nutzen. Konkret bedeutet z.B. die Übersetzung eines Dreihundertseiten-Buches etwa siebzehntausend US-Dollar, bei einer erwarteten Auflage von zweitausend kostet jedes Buch also mindestens acht Dollar fünfzig mehr als ein üblicher Preis von etwa 25 Dollar (vgl. de Swaan 2001, 221). Auch bei der Entwicklung von Computerprogrammen, Übertragungstechniken, Präsentationsformaten, den Kosten des Angebotes von Internet-Seiten usw. spielen ökonomische Fragen der Größenordnung der jeweiligen NutzerInnen-Kreise eine entscheidende Rolle – in wenigen Jahren wird Chinesisch die am meisten genutzte Sprache im Internet sein. Aber die weiterhin

wesentlich dichtere und ältere Vernetzung von (auch) englisch sprechenden *Netizens*,
die zugleich als potenzielle KonsumentInnen in ihren Surf-Gewohnheiten ausspio-
niert (vgl. Schulzki-Haddouti 2001) und damit zu »transparenten (Medien-) KonsumentInnen« werden, bietet eine »neue Übersichtlichkeit«, mehr für große Wirtschaftsunternehmen als für medienspezifische Öffentlichkeiten.

Weiter zu berücksichtigen ist – bei allen bereits aufgezeigten, signifikanten Unterschieden zwischen den verschiedenen Kulturkreisen, auch bei den Zugangsmöglichkeiten zum Internet – zudem, dass kaum eine schnelle ökonomische oder informationstechnologische Angleichung zu erwarten ist: Die 20 Prozent reichsten Menschen
der Erde verdienten 1997 74mal soviel wie die 20 Prozent ärmsten – dieser Unterschied, der an vor-revolutionäre Zeiten in früheren Jahrhunderten der europäischen
Geschichte erinnert, stieg von einem Verhältnis 60 zu 1 im Jahre 1990 und 30 zu 1
im Jahre 1960. Die Ungleichheiten zwischen den Staaten des reichen Nordens gegenüber dem armen Süden der Welt steigen also ganz außerordentlich – Globalisierungs-
gewinner waren bisher hauptsächlich die Länder des Nordens (wobei sich in diesen
auch die Ungleichheit ökonomischer Bedingungen und einst wohlfahrtsstaatlicher
Rechte verschärft hat; vgl. aber kritisch hierzu Weede 2000, v.a. 270f und 400). Es ist
kaum anzunehmen, dass die Verbreitung und Nutzung des Internet nicht nur im
Freizeitbereich, sondern auch in der Ausbildung, in kleinen, mittleren und großen
Unternehmen, in der Verwaltung und bei Massenmedien, bei der Produktion, Ver-
marktung und dem Zugang zu industriellen Gütern und Dienstleistungen, zumindest
in den nächsten Jahren ganz anders verlaufen wird.

Deshalb ist an die unausweichliche perspektivische Begrenzung aller Diskussionen über Informationsethik im Internet allein durch westliche oder gar nur deutsche
WissenschaftlerInnen zu erinnern (vgl. die Schlussfolgerungen von Krainer 2001, 328
und Leschke 2001, 374 mit Machill 2001). Mit dieser Einschränkung werde ich jetzt
drei Grundregeln für eine Ethik im Internet vorschlagen:

–   (1) Utopisch, aber unausweichlich notwendig für eine gleichberechtigte
    Kommunikation der Kulturen wäre die tatsächlich ähnliche Verbreitung na-
    tional, international und global genutzter Medien, dazu noch über einen
    längeren Zeitraum. Nur so entwickeln sich Chancen einer Mitsprache, die
    Verständigungsmöglichkeiten und Erkenntnisse gegenüber Missverständ-
    nissen, Ignoranz und Arroganz erst fördern.
–   (2) In den nächsten Jahren und Jahrzehnten verbesserte Übersetzungspro-
    gramme werden die Kommunikation mit Hilfe gesprochener und geschrie-
    bener Sprachen über bisherige Kulturkreise hinweg für mehr Menschen als
    die bisherigen, fremdsprachenkompetenten Minderheiten ermöglichen.
    Damit werden sich audio-visuelle Symbolisierungen entwickeln, die neuarti-
    ge Kommunikationskompetenzen für die jeweiligen Kontexte erfordern.
–   (3) Hierzu sind eigene Berufsgruppen für die Übertragung von kulturkreis-
    spezifischen Symbolen notwendig. Internationale Nachrichtenagenturen
    und JournalistInnen können diese Aufgabe nicht hinreichend erfüllen, weil

hierfür längerfristige Recherchen und über den Tag hinaus weisende Präsentationsformate entwickelt werden müssen.

Hier abschließend sei darauf hingewiesen, dass die Informationsangebote des World Wide Web weiterhin stark national orientiert sind (vgl. z.B. die Auswertung in Ludes 2001a, Kapitel 5 und die CD-ROM, die dies für die stärker verbreiteten Informationsangebote in den USA und der Bundesrepublik nachwies, aber auch Ludes 2001, wo langjährige kulturkreisspezifische Traditionen für China, Deutschland und die USA nachgewiesen werden). Würde tatsächlich in allen tages-, wochen- oder monatsaktuellen Informationsangeboten von Druckmedien, Rundfunkmedien und Internet, außer in (weiterhin angebotenen regionalen Nachrichten) kontinuierlich über die wichtigsten Entwicklungen und Ereignisse aller acht Kulturkreise weltweit berichtet, würden die westlichen Nachrichtenfaktoren, die seit Jahrzehnten journalistisches Handeln prägen und von einer Dominanz der »Ersten Welt« ausgehen, überwunden. Nur so könnte die Ausblendung von Ethik im World Wide Web selbst aufgeklärt werden.

Cyberethik. Bodies oder Bytes?

BERND FROHMANN

In seinem programmatischen Aufsatz »Ethical Challenges of the Information Society in the 21st Century« (vgl. Capurro 2000) erinnert Rafael Capurro daran, dass für Emmanuel Lévinas die Beziehung von Angesicht zu Angesicht die Grundlage der Ethik ist. Vermittlungsformen, die sich ja zwischen die Personen schalten, bringen, so Capurro, grundlegende moralische und ethische Fragen mit sich. Da es sich bei der elektronischen Informationstechnologie ja um Vermittlungsformen *par excellence* handele, liefere sie uns Musterbeispiele zur ethischen Reflexion.

Dieser Beitrag folgt Capurros Thema der Verbindung zwischen sozialen Beziehungen, ihrer Vermittlung durch elektronische Informationstechnologien und der damit verbundenen Ethik. Wenn man Lévinas' Diktum vorbehaltlos annimmt, dann scheint es laut Capurro zu implizieren, dass menschliche Beziehungen, wenn diese die Form des *Interface*, nicht Gegenwart oder *face to face*, annehmen, moralisch Bankrott gehen oder zumindest moralisch degradiert werden. Das Ausmaß dieser Degradierung wäre durch ethische Reflexion der Informationstechnologien zu bestimmen. Aber wenn die Ausübung moralischer Tugend anderen gegenüber absolut davon abhängt, dass man ihnen von Angesicht zu Angesicht gegenübersteht, dann führt das zu der fragwürdigen Folgerung, dass meine Beziehungen zu denen, die ich nie direkt sehe, die ich nie berühre, und mit denen ich nie direkt spreche[1], keine moralischen Obligationen tragen. Doch sicher kann argumentiert werden, dass die Kommunikationstechnologien, ob nun Rauchsignale, Brieftauben, das Buch, der Telegraf, das Telefon oder auch insbesondere die elektronischen Informationstechnologien des 21. Jahrhunderts, zwischen Personen vermitteln, indem sie sich nicht nur zwischen sie schalten, sondern auch menschliche Verbindungen schaffen, die sonst nicht existieren würden. Da wir dadurch ja auf mehr Personen aufmerksam werden, als wir je von Angesicht zu Angesicht kennen lernen könnten, und uns der Wirkung unserer Handlungen auf sie bewusst werden, erweitert und vertieft sich das Ausmaß und die Kom-

---

1   Die Benutzung des Adverbs »direkt« zeigt natürlich die Unterscheidung zwischen dem Gespräch mit denen, die sich in unserer unmittelbaren Gegenwart befinden und anderen Gesprächen (wobei das Adjektiv »unmittelbar« anzeigt, auf welch unsicherem Boden wir uns hier bewegen). Neuere Betrachtungen über Extensionen unserer Körper durch den Cyberspace deuten an, dass selbst Berührung bald ähnlich modifiziert werden muss. Vgl. de Kerckhove, Derrick (1997): Connected Intelligence. The Arrival of the Web Society, Toronto: Somerville House. Kapitel 3.

plexität unserer ethischen Obligationen anderen gegenüber, statt sich zu verringern. Capurro hat es wohl richtig erfasst: Eine der Hauptaufgaben der Informationsethik ist es, die Unterschiede zwischen Vermittlungsarten, zwischen den Arten menschlicher Beziehungen, die daraus hervorgehen, und zwischen den ethischen und moralischen Dimensionen dieser Beziehungen zu untersuchen.

Mein Ansatz widmet sich weniger den Unterschieden zwischen Vermittlungsarten und betont dagegen eher materialistische Aspekte. Indem ich Alasdair MacIntyres Gedanken der *erkannten Abhängigkeit* als Ausgangspunkt wähle (vgl. MacIntyre 1999), bewege ich mich zunächst zu Lévinas hin, der ja argumentiert, dass Ethik den Körper betrifft. Vielleicht nicht die Gegenwart von Angesicht zu Angesicht, doch mit Sicherheit den Körper. MacIntyre sieht unsere Abhängigkeit voneinander, eine Abhängigkeit, die auf unserer körperlichen und tierischen Natur beruht, als Grundlage der Ethik. Seine Frage ist: »Welchen Unterschied würde es in der Moralphilosophie machen, wenn wir die Fakten der Verletzbarkeit und Not und die damit verbundenen Fakten der Abhängigkeit als zentrale Gegebenheiten des menschlichen Zustands behandeln würden?« (ebd.) Warum ist seine Betrachtungsweise, die darauf besteht, dass der Körper in der Ethik eine wichtige Rolle spielt, für die Ethik der elektronischen Information des 21. Jahrhunderts wichtig? Weil wir heute viele technologische Versionen einer ganz alten Anschauung finden, nämlich dass das Menschsein aus Geist, Vernunft, Verstand, Bewusstsein, Absicht oder ähnlichen nicht-körperlichen Charakteristika besteht, und dass daher der Körper, was Ethik und Moral angeht, nur ein zufälliger Bestandteil des menschlichen Zustands ist.

Viele zeitgenössische Versionen dieser Anschauung beruhen auf der Vorstellung, dass Information abstrakt, selbstgenügsam und immateriell ist, so treffend von Geoffrey Nunberg beschrieben als »eine Art intentionale Substanz, die in der Welt vorhanden ist« (Nunberg 1996), einer Vorstellung, die sich immer wieder in verschiedenen Formen manifestiert, vom Bild des Menschen als Informationsprozessor, das in den 40er Jahren des 20. Jahrhunderts durch Forschung in den Bereichen der kognitiven Psychologie und der künstlichen Intelligenz entwickelt wurde (vgl. Edwards 1997 und Hayles 1999) bis hin zu extremen Formen wie z.B. Hans Moravecs futuristische Verherrlichung von heruntergeladenen menschlichen Hirnen (vgl. Moravec 1988). Mein Kontrast zu MacIntyre stammt nicht aus dieser Serie von Beispielen, sondern aus dem Werk Pierre Lévys, eines zeitgenössischen Theoretikers des Cyberspace, der die Ethik der Informationstechnologien des 21. Jahrhunderts in einem engelhaften, nicht-körperlichen Raum ansetzt. Die moralischen Schwächen von Lévys Vision und anderen ähnlichen Ansätzen, wenn man sie aus MacIntyres Perspektive betrachtet, erinnern uns an die inhärenten moralischen Gefahren aller Informationsstudien, die ähnliche nicht-körperliche Vorstellungen von Wissen, Bedeutung und Information beinhalten. Kurzum, ich vertrete den Standpunkt, dass Cyberethik mit Körpern zu tun hat, nicht mit Bytes.

Erkannte Abhängigkeit: Verkörperte Ethik

MacIntyre weist darauf hin, dass es in der Geschichte der westlichen Moralphilosophie schon immer unwesentlich war, den Körper ernst zu nehmen. Unser animalisches Wesen ist zwar allzu offensichtlich, doch ignorieren wir es leicht und halten uns für »Lockesche Personen oder cartesianische Geister oder sogar für platonische Seelen« (MacIntyre 1999, 83). Unsere Körper schaffen jedoch Netze der Abhängigkeit zwischen uns. »Meistens sind es andere,« erinnert uns MacIntyre, »denen wir unser Überleben verdanken, ganz zu schweigen von unserem Gedeihen, wenn wir mit körperlichen Krankheiten und Verletzungen, unzureichender Ernährung, geistigen Defekten and Störungen und menschlicher Aggression und Vernachlässigung zu tun haben« (MacIntyre 1999, 83). Zu dieser kurzen Liste könnte man noch die virulenteste Seuche in der Geschichte unseres Planeten hinzufügen, die in der Form der AIDS-Epidemie den afrikanischen Kontinent heimsucht[2], einen Kontinent, der jetzt unter Lebenserwartungsraten leidet, die es seit dem Mittelalter nicht mehr gegeben hat. Und man könnte hinzufügen, dass unter allen Nationen das höchste Verhältnis von Häftlingen zur Bevölkerung im reichsten Land der Welt vorkommt, einem Land, das 25% der Gefängnisinsassen unseres Planeten einkerkert und es gleichzeitig toleriert, dass jährlich über 30 000 Menschen an Schusswunden sterben und dass Milliarden Dollar öffentlicher Gelder in symbolische Raketenabwehrsysteme fließen, deren Sinnlosigkeit keiner weiteren Demonstration bedarf. Man könnte auch an die giftreichste Zone Europas denken, Baia Mare in Rumänien, wo »den Leuten die Zähne herausfallen, sie am ganzen Körper Beulen und Flecken haben, Nieren, Lebern und Nerven geschädigt sind«, wo der Rauch aus der Bleifabrik am Stadtrand so dick ist, dass die Leute davon regelmäßig ohnmächtig werden und ein siebenjähriger Junge tot umfiel, und wo die Vögel, die über der örtlichen Zyanidlache fliegen, leblos vom Himmel fallen (Monbiot 2000, 5). In diesen und den vielen anderen Beispielen von Verletzung, Krankheit, Folter und Mord, die man mit genügend Zeit, Anstrengung und innerer Stärke aufzählen könnte, sind die Netzstrukturen der Abhängigkeit zusammengebrochen. Und in all diesen Fällen beruht der Ernst und die Dringlichkeit der daraus entstehenden moralischen Fragen auf den Schmerzen, die den Körpern unschuldiger Menschen zugefügt werden.

MacIntyres thomistisches Verständnis der aristotelischen Ethik hat es zum Ziel, die Tugenden zu identifizieren, welche gebraucht werden, um die für unser Überleben benötigte soziale Struktur zu schaffen und zu erhalten. Diese Struktur brauchen wir nicht nur zum Überleben, sondern auch zum Gedeihen als unabhängig und praktisch denkende Menschen, als rationale, moralisch verantwortlich handelnde Wesen, die fähig sind, zum eigenen Wohl und zum Gemeinwohl zu handeln. MacIntyre bezeichnet diese Sozialstruktur als »ein Netz von Beziehungen des Gebens und

---

2   Ein im Sommer 2000 veröffentlichter Bericht der Vereinten Nationen schätzt, dass 24,5 Millionen der 34,3 Millionen Menschen, die HIV im Blut haben, im südlichen Afrika leben. Siehe McKie, R. (2000): Scientists denounce Mbeki's ›Aids error‹. In: Guardian Weekly. 163(2), 5.

Nehmens« (MacIntyre 1999, 99). Ohne dieses könnten wir nicht nur nicht überleben, sondern wären auch nicht in der Lage, als Menschen zu gedeihen. Wie MacIntyre es ausdrückt, »sind es diese Beziehungen, ohne die ich und andere nicht befähigt würden, unsere Ziele zu erreichen und zu halten. Es sind die begründenden Mittel zum Zweck unseres Gedeihens« (ebd.). Da das hier erwähnte Gedeihen sich nicht auf das Verfolgen eigennütziger Interessen bezieht, sondern auf die Entwicklung moralischer Fähigkeiten als Menschen, kommt er zu dem Schluss, dass »die Netzstrukturen des Gebens und Nehmens« der Allgemeinheit gehören; sie »können mir nur insofern gehören als sie auch anderen gehören« (ebd.). Doch die Netzstrukturen, die es uns erlauben, den Bedürftigen zu helfen und selbst Hilfe zu empfangen, wenn wir sie brauchen, sind die sozialen Beziehungen, die uns in unserer notwendigen, gegenseitigen Abhängigkeit erhalten. Und unsere Abhängigkeit begründet sich im Körper, in dessen Verletzbarkeit bei Krankheiten, Entstellung, Behinderung, Hunger, hohem Alter, Schmerzen und Gewalt – das heißt in den schwerwiegendsten und grundlegendsten Gefahren für das menschliche Gedeihen. Ein verantwortlich handelnder Mensch zu werden, heißt diejenigen Tugenden zu erlangen, die dazu nötig sind, die Netze der Abhängigkeit, des Gebens und Nehmens mitzuschaffen und mitzuerhalten. Da die Tugenden keine Leidenschaften sind, da sie aus einem rationalen Urteilsvermögen entstehen, ist es auch ein Verstandesprozess, unsere gegenseitige Abhängigkeit zu akzeptieren, nicht nur eine vorübergehende Gefühlsepisode wie z.B. Mitleid. Die Tugenden, die wir brauchen, sind daher diejenigen, die auf einem rationalen Wissen um körperliche Beschränkungen und Verletzbarkeit und das animalische Wesen des Menschseins beruhen. MacIntyre nennt sie die Tugenden der *erkannten Abhängigkeit*.

Diese knappe Zusammenfassung von MacIntyres Verbindung zwischen Ethik und dem Körper wird den von ihm vorgebrachten Feinheiten und seiner sorgfältigen Argumentation kaum gerecht. Deshalb ist es vielleicht hilfreich, noch kurz die Haupttugend unter den Tugenden der erkannten Abhängigkeit zu erwähnen, nämlich Thomas von Aquins Vorstellung von *misericordia*. Um als Menschen in Netzen des Gebens und Nehmens erhalten zu werden und zu gedeihen, ist es nötig, dass wir Dinge nicht nur aufgrund unserer unmittelbaren Beziehung zu Familie, Freunden und Gemeinschaft erhalten. Es ist nötig, so erklärt MacIntyre, »dass unseren dringenden und extremen Bedürfnissen, den der Behinderung eigentümlichen Bedürfnissen, proportional zur Bedürftigkeit und nicht zur Beziehung nachgekommen wird« (MacIntyre 1999, 124). Wir sind daher von denen abhängig, deren Tugend auf dem rationalen Urteil beruht, dass es »die Art und die Größe des Bedürfnisses ist, die vorschreibt, was zu tun ist, nicht wessen Bedürfnis es ist« (ebd.). So eine Tugend, welche sich für Aquin aus der Nächstenliebe ergibt, ist *misericordia*. Sie zu praktizieren, heißt das Netz des Gebens und Nehmens über die direkten Bande der Gemeinschaft hinaus zu erweitern, aufgrund der Erkenntnis, dass »dringende Bedürftigkeit eines anderen schon allein ein zwingenderer Grund zur Tat ist als selbst auf engsten Familienbeziehungen beruhende Ansprüche« (ebd. 125). *Misericordia* schließt *jeden* ein, der »unter beträchtlicher Not leidet« (ebd. 124) und erhält so das breiteste Gemeinwohl, indem sie eine Gemeinschaft verantwortlich handelnder Menschen schafft. Aufgrund ihrer Reichweite, die die Netze des Gebens und Nehmens grundsätzlich auf alle erweitert, die Not leiden, ist *misericordia*, wie MacIntyre erklärt, »entscheidend für das Leben in der Gemeinschaft« (ebd.). Da die schwerwiegendsten der beträchtlichen Übel, die wir erleiden können, in unserem animalischen Wesen begründet sind und den Körper betreffen, steht *misericordia* an erster Stelle unter den Tugenden der erkannten Abhängigkeit.

Die Körperlose Ethik der Engel

Pierre Lévy glaubt, dass der Cyberspace einen neuen »anthropologischen Raum« einleitet – den Wissensraum – , was für ihn eine neue Serie sozialer Beziehungen von großer evolutionärer Bedeutung bedeutet, und zugleich ein neues Stadium der »Hominisierung«, was für ihn einen mit dem Fortschritt vom paläolithischen zum neolithischen Zeitalter vergleichbaren Sprung in der menschlichen Evolution bedeutet. Daher hat er ganz andere Vorstellungen von der Grundlage der sozialen Netze einer neuen *virtuellen* Welt, am Rande derer wir seiner Ansicht nach jetzt balancieren (vgl. Levy 1997).

Der Cyberspace, Lévys neuer anthropologischer Raum, ist ein Netzwerk sozialer Beziehungen, das durch die Attribute *kollektiver Intelligenz* konfiguriert wird. Am wichtigsten darunter und der wesentliche Kontrast zwischen seiner und MacIntyres Ethik ist die *Körperlosigkeit*, die die kollektive Intelligenz in allen ihren Manifestationen – Politik, Wirtschaftswissenschaften, Ästhetik, Ontologie, Epistemologie und sogar ihrer Ethik – kennzeichnet. Der Weg zum wirklichen Verständnis der Körperlosigkeit in Lévys Denken führt, wie mir scheint, durch keine dieser Disziplinen, sondern durch das, was er in einem Untertitel zu einem »Die Choreographie von Engelskörpern« benannten Kapitel als »Atheologie kollektiver Intelligenz« bezeichnet.

Kollektive Intelligenz ist eine Atheologie, weil sie einen Gegensatz zur Theologie darstellt, besonders zur Angelologie nach al-Farabi aus dem 10. bis 12. Jahrhundert, einer persischen und jüdischen neuplatonischen, theologischen Interpretation des Aristoteles, die die Schöpfung der Welt aus dem Geist Gottes durch eine Abfolge separater Intelligenzen oder Engeln erklärt. In dieser Tradition erscheint Gott als reine Intelligenz, deren Tätigkeit darin besteht, sich ewig in selbstreflexiver Kontemplation des Wissens um die eigene Existenz als *sui generis* zu üben. Ausgehend von Gottes ewigem göttlichem Akt entsteht der Erste Separate Intellekt oder der Erste Cherub, aus dessen Kontemplation Gottes als sein Ursprung der Zweite Separate Intellekt oder der Zweite Cherub entsteht, und so weiter durch eine Hierarchie von Graden der Göttlichkeit, was schließlich zum Zehnten Separaten Intellekt oder dem Zehnten Cherub führt, der auch als *intellectus agens*, als tätiger Intellekt oder einfach als der Engel bekannt ist. Der Engel, so erklärt Lévy, »vermittelt direkt für die Menschheit« (ebd. 95) und verbindet die Menschen mit Gott, indem er sie zu allen von ihm erkannten und betrachteten Gedanken hinführt (ebd. 92). Dieser Engel ist unser Engel, weil von ihm »nicht die exklusive Aura eines Himmels, sondern die Verteilung, Explosion und Undurchsichtigkeit sublunarer Materie, die rauhe Substanz unserer niedrigen Welt« (ebd.) emaniert, und weil aus »der Kontemplation des Engels seiner selbst als Produkt der Neunten Intelligenz nicht die Motivform eines Gestirns, eines himmlischen Engels emaniert, sondern die Vielzahl menschlicher Seelen, deren starke sinnliche Vorstellungskraft die materiellen Körper bewegt« (ebd. 95). Aufgrund seiner engelhaften Ursache ist das Wesen des Menschlichen ohne Substanz, immateriell und körperlos. Da alle dem Menschen eigene Intelligenz vom Engel, d.h. dem tätigen Intellekt ausgeht, handeln wir nur, wenn wir von ihm erleuchtet sind. So ist unser größtes Glück unsere »Einheit mit dem tätigen Intellekt, die Fähigkeit, voll und ganz die Ausstrahlung des Engels zu erfassen« (ebd. 96). Und wir sind »nur deshalb aktiv intelligent, weil es den tätigen Intellekt gibt, den die gesamte Menschheit teilt, und der eine Art kollektives Bewusstsein darstellt« (ebd.).

Lévys atheologische Aneignung dieser farabischen Tradition besteht darin, das *transzendente* kollektive Bewusstsein der mittelalterlichen Angelologie durch eine *immanente* kollektive Intelligenz zu ersetzen, die durch elektronische Informations- und Kommunikationstechnologien (ICTs) realisiert wird. »Von jetzt an«, so sagt er, »werden wir keinen theologischen Diskurs mehr benötigen, sondern einen Mechanismus, der technologische, semiotische und sozio-organisatorische Elemente eng verbindet« (ebd. 97). Der hierfür benötigte Mechanismus, durch den »die ewige Göttlichkeit [...] in eine wünschenswerte Möglichkeit am Horizont der menschlichen Zukunft verwandelt wird«, überträgt »die engelhafte oder himmlische Welt« in »die Region virtueller Welten, durch die die Menschen kollektive Intelligenzen bilden« (ebd.). Der tätige Intellekt ist nicht mehr der von Gott ausgehende Engel, der uns miteinander verbindet, indem er jeden von uns mit Gott verbindet, sondern eine immanente, technologisch realisierte kollektive Intelligenz. Diese kollektive Intelligenz, eine autopoetische Ausstrahlung aus von uns geschaffenen und im Cyberspace bewohnten virtuellen Welten, ist ein Raum »des immanenten Himmels«, in dem man *cinemaps* oder »dynamische Beschreibungen der Welt dort unten« findet, welche wiederum »es den Intelligenzen ermöglichen, miteinander zu kommunizieren und Einzelnen und Gruppen dabei hilft, sich im kollektiven Wissen zurechtzufinden« (ebd. 98). Die kollektive, virtuelle Welt des Cyberspace, eine technologische Version des tätigen Intellekts, erleuchtet menschliche Intelligenzen analog zur Beleuchtung, die vom tätigen Intellekt der farabischen Tradition ausgeht. »Es wird der Menschheit kein von Gott herabströmendes intellektuelles Licht über den Himmel und überlegene Engel zugeführt«, schreibt Lévy, »sondern die virtuelle Welt, die als tätiger Intellekt dient, spiegelt das von menschlichen Gemeinschaften ausgehende Leuchten. Virtuelle Welten, die also Engelsbereiche einer neuen Art sind, werden auf diese Weise kollektive Intellekte ausstrahlen und ihre Existenz wird von den menschlichen Gemeinschaften, aus denen sie entstehen, abhängen« (ebd. 99f). Das Licht der farabischen Theologie schien auf die Menschheit von oben herab; das Licht von Lévys Atheologie scheint von unten herauf und wird dann nach unten zurück zu seiner Quelle reflektiert, weil das »Licht oder virtuelle Welten [...] die menschliche Existenz erleuchten und bereichern« (ebd. 100).

Da Lévy in seiner Vision die Intelligenz als nicht körperlich und rein geistig auffasst, ist es kaum verwunderlich, dass das Attribut der *Körperlosigkeit* seiner atheologischen Aneignung der mittelalterlichen Angelologie weiter besteht. Im Cyberspace sind menschliche Beziehungen nicht körperlich: »Ich begegne dem anderen Menschen nicht mehr als Fleisch und Blut, [...]. sondern als Engel, als aktive Intelligenz. (ebd. 102) Aus diesem Grunde ist es für die Aktionen meines Engels, eines »digitalen Boten«, der in »einem Raum der Kommunikation, der Aufrufe und Erwiderungen« (ebd. 108) existiert, nicht einmal erforderlich, dass mein Körper wach ist, denn selbst wenn ich schlafe, »wirkt mein Engel weiter in der virtuellen Welt« (ebd. 107). Wenn ich in den Cyberspace eintrete, lasse ich die materielle Welt zurück und damit auch die menschlichen Beziehungen, die auf den Körper angewiesen sind: »Wenn ein Mitglied der denkenden Gemeinschaft seinen Engelskörper annimmt, [...] befindet es sich sofort in einer sich ändernden intellektuellen Landschaft [...] Es entwickelt sich in einem Universum gemeinsamer Bezeichnungen und Probleme« (ebd. 108). Ja, das Attribut, das den technologischen *intellectus agens* von bloßen Kommunikationsmedien unterscheidet, die »schon eine Kontinuität in Raum und Zeit etabliert« haben, ist, dass die »Medienkontinuität bloß körperlich ist« (ebd. 108f). Und wenn die Technologien des Cyberspace nichts weiter als technische Fortschritte im sozialen Kontext der bestehenden ICTs darstellten, dann würden ihre moralischen Implikationen nicht weiter reichen als zu neuen Anwendungen existierender moralischer Imperative. Doch für Lévy kündigt der Mechanismus der kollektiven Intelligenz einen evolutionären Sprung in der Geschichte des Menschengeschlechts an, der auch gleichzeitig ein Umdenken nicht nur der Ethik, sondern auch der Politik, Wirtschaft, Ontologie, Epistemologie und Ästhetik erfordert. Er betont, dass »durch das Durchlaufen virtueller Welten, durch die Aneignung eines Engelskörpers die Seelen sich die Menschheit am besten vorstellen können« (ebd. 103). Die Körperlosigkeit und all ihre Implikationen spielen eine wesentliche Rolle in seinem Bild der Menschheit, die in dem von Cyberspace-Technologien geschaffenen anthropologischen und ontologischen Raum umgewandelt wird.

In Lévys Kapitel über die Ethik der kollektiven Intelligenz (ebd. Kap. 1) wird durch das Merkmal der Körperlosigkeit in den engelhaften sozialen Beziehungen, für die er im ganzen Buch eintritt, die Ethik in einen Bereich verlagert, in dem moralisch handelnde Wesen ihre körperliche Abhängigkeit voneinander nicht anzuerkennen brauchen, denn indem sie ihre Engelskörper angenommen haben, haben sie die Quelle dieser Abhängigkeit weit hinter sich zurückgelassen. Wenn MacIntyre Recht hat, dann fehlt sozialen Beziehungen, in denen der Körper keine Rolle spielt, jede ernste moralische Dimension. Und tatsächlich finden wir keine ernste moralische Dimension in Lévys *kollektiver Intelligenz*. Die Haupttugend der Ethik des Cyberspace ist laut Lévy die Gastlichkeit. Da der virtuelle Raum ein Raum sich ständig verschiebender Bedeutungen und Probleme ist, nehmen wir die Merkmale von *Nomaden* an, die ständig umherwandern, sich jedoch nie in stabilen Territorien niederlassen, so wie wir es in vergangenen anthropologischen Räumen taten. Doch da die Gründe für das Erweisen von Gastfreundschaft im Wissensraum keine körperlichen Attribute einschließen, fehlt ihr die Reichweite der *misericordia*, einer Tugend, die über die direkten Bande zwischen uns hinausgeht, auch über die durch ICTs ermöglichte, denn sie ist in unserem gemeinsamen körperlichen und animalischen Wesen begründet. Lévinas' ethisches Prinzip wird auf merkwürdige Weise umgekehrt: MacIntyres Betonung des

Körpers vertieft unsere moralischen Verpflichtungen, indem sie über Beziehungen von Angesicht zu Angesicht hinaus erweitert werden, wohingegen Lévys Einbeziehung der virtuellen Gegenwart in die unmittelbaren Beziehungen unsere moralischen Verpflichtungen schwächt. Die Netze des Gebens und Nehmens, von denen laut MacIntyre das Gemeinwohl abhängt und die seine tiefere moralische Dimension ausmachen, finden sich nicht in Lévys Ethik. Ein veranschaulichendes Beispiel, welches einen bezeichnenden Kontrast zu den Tugenden der erkannten Abhängigkeit liefert, erscheint in Lévys Diskussion der kollektiven Stimme, die die Angelegenheiten einer vorausgesehenen elektronischen Echtzeit-Demokratie leitet. Ihre Moral besteht aus »den Regeln zivilisierter Konversation«, was »bedeutet, dass wir nicht schreien, anderen zuhören, nicht wiederholen, was gerade gesagt worden ist, zur richtigen Zeit antworten und versuchen, je nach Gesprächszustand etwas Relevantes oder Interessantes zu sagen«(ebd. 68). Lévys Werk zeigt, dass die Ethik, wenn menschliche Interaktionen sich auf den Austausch von Darstellungen beschränken, zur Etikette höflicher Konversation reduziert wird.

Gibt es eine Informationsethik?

Lévys Werk ist nur ein Beispiel für die Ansicht, dass die durch ICTs herbeigeführten Veränderungen so tiefgreifend sind, dass sie einen völlig neuen Raum für ethische Reflexion schaffen. Die Cyberethik befindet sich dieser Ansicht nach in einer eigenen Welt, weil sie versucht, das Wohl von körperlosen Überbringern – von Engeln – und das Gemeinwohl einer virtuellen engelhaften Gemeinschaft zu erreichen. Mein Versuch, auf die Schwächen dieser Ansicht hinzuweisen, sollte nicht so verstanden werden, als ob ein Bestehen auf dem materiellen Kontext von ICTs sonst nicht im Schrifttum über Informationsethik vorkommt. Um nur ein Beispiel anzuführen: in Elizabeth Buchanans anschaulichem und mit zahlreichen Verweisen versehenem Überblick über die Informationsethik (Buchanan 1999) wird das Problem der Informationsungleichheit ganz klar in den Kontext materieller Ungleichheiten gestellt, indem u.a. die Warenform von Information, besonders im globalen Kontext erkannt wird. Was ich hier erstens und ganz allgemein vorschlagen möchte, ist, dass das Nachdenken über Informationsethik von zwei Arten theoretischer Reflexion profitiert: a) relevanter Theorie über Ethik und b) Theorie über allgemeine Merkmale der Information. Zweitens, wenn man die Wichtigkeit der Materialität für die Informationsethik voll erfassen will, dann liefert MacIntyre ein Beispiel für die Art Ethik, die wir brauchen. Drittens ist es eine Theorie über Information als Effekt der relevanten sozialen Praktiken verkörperter Wesen ist die Art Informationstheorie, die wir brauchen. Lévys Cyberethik ist ein Beispiel dafür, was in der Informationsethik passiert, wenn Information als abstrakt und immateriell betrachtet wird. Die geläufigste moderne Version dieser Sichtweise ist, wie ich schon am Anfang dieses Beitrags erwähnte, das Verständnis der Information als eine Art geistiger Substanz, eine Betrachtungsweise von vornehmer, kartesischer Herkunft. Von einem Dokument (im weitesten Sinne verstanden, einschließlich aller möglichen Medienformen) informiert zu werden, besteht darin, dass die Bedeutung eines Dokuments einem aufnahmefähigen Verstand gegenwärtig ist. In früheren Artikeln habe ich dargestellt, dass ein ganz anderer Ansatz sich auf die Philosophie Wittgensteins stützt, der die Benutzung der Sprache als soziale Konvention sieht, die daher in einer Form des Lebens und nicht in geistigen Prozessen begründet ist, und auf die Philosophie Foucaults, insbesondere seine Untersuchung der Bedingungen für das Bestehen von Aussagen, also der äußeren Merkmale im Gegensatz zu den inneren, wie Bedeutungen (vgl. Frohmann 1994).

Dass jedes Dokument erst informativ wird, wenn gewisse soziale Konventionen etabliert sind, wird jetzt in größerem Maße in Untersuchungen über Information erkannt. Das erste von zwei neueren Beispielen ist *The Social Life of Information* von John Seeley Brown und Paul Duguid (2000), welches darauf hinweist, dass »die Sprache der Information [...] die Menschen für gesellschaftliche und institutionelle Angelegenheiten blind machen kann [...] dass die Sprache eine Indifferenz der Information den Institutionen, Organisationen und materiellen Beschränkungen gegenüber andeuten kann« (ebd. 250). In der hier gemeinten Informationssprache wird Information als Inhalt eines Textes betrachtet, eine »edle Substanz, die der Umformung durch Medien gegenüber indifferent ist,« etwas, was »als eine Art reine Essenz freigesetzt und manipuliert werden kann« (Nunberg 1996, 107). Brown und Duguid liefern zahlreiche Beispiele für die verheerenden Folgen, die sich aus solchen Annahmen ergeben. Sie verweisen auf die Stärke der durch die Materialität der Information auferlegten Beschränkungen, welche sich sowohl aus ihren körperlichen Eigenschaften als auch aus der Trägheit der wertvollen gesellschaftlichen Praktiken ergibt, in die sie eingebettet ist. Im Hinblick auf solche Beschränkungen bemerken sie noch, dass »es wichtig ist, bevor man eine scheinbare Beschränkung abtut, sich zu überlegen, welche gesellschaftlichen Ressourcen die Menschen vielleicht darum herum entwickelt haben« (Brown/Duguid 2000, 244) Das zweite Beispiel ist *The Nature of the Book* von Adrian Johns, dessen sorgfältige akademische Arbeit darstellt, welch außergewöhnlich schwierige Aufgaben bewältigt werden mussten, bevor Leser das gedruckte Buch als Wissensquelle akzeptierten (vgl. Johns 1998). Johns' Werk erinnert uns daran, dass wir Bücher auch deshalb als Informationsbringer oder -erzeuger ansehen, weil die schwere Arbeit, die erforderlich war, um gesellschaftliche Praktiken zu stabilisieren und letztendlich *Vertrauen* zu Büchern zu erzeugen, nicht mehr sichtbar und in Vergessenheit geraten ist. Zu der Zeit, als diese Arbeit geleistet werden musste, war es heiß umstritten, ob Bücher Informationen übermitteln oder nicht. Wenn man glauben will, dass die Information als »pure Essenz« freigesetzt und manipuliert werden kann, muss man völlig die gesellschaftlichen Praktiken ignorieren, von denen die Entstehung der Information abhängt. Wenn Information umgeht, dann geschieht dies nicht aufgrund ihrer eigenen inhärenten Eigenschaften, sondern wegen der gesellschaftlichen Netzwerke, ohne die sie nicht existieren könnte. »Eine zu starke Konzentration auf die Information selbst«, sagen Brown und Duguid, »führt dazu, dass man den sozialen Kontext übersieht, mit Hilfe dessen man besser versteht, was diese Information bedeuten könnte und warum sie wichtig ist« (Brown/Duguid 2000, 5).

Wenn man Information in gesellschaftliche Praktiken und diese wiederum in die Imperative des Körpers einbetten will, dann führt dies zu verschiedenen Konsequenzen für die Informationsethik. Erstens muss die relevante Moraltheorie diese körperlichen Imperative anerkennen, wobei MacIntyres Theorie ein Beispiel dafür darstellt. Zweitens muss die relevante Informationstheorie die zweifache Materialität der Information erkennen: ihre körperlichen Eigenschaften und die institutionalisierten gesellschaftlichen Praktiken, die die notwendigen körperlichen Bedingungen für ihr Entstehen liefern. Drittens gibt es keine Informationsethik. Damit meine ich, dass die moralische Reflexion über Information nicht grundlegend anders ist als moralische Reflexion ganz allgemein. Ohne Lévy nahe treten zu wollen, gehören unsere sozialen Beziehungen und moralischen Tugenden doch vernunftbegabten Wesen an, nicht Engeln, ob wir uns nun von Angesicht zu Angesicht, telegrafisch, telefonisch, über das Internet oder mit Rauchzeichen verständigen. Da Informationen uns immer auf materielle und gesellschaftliche Praktiken verweisen, kann ein so wichtiges Problem in der Informationsethik wie das des Zugangs nicht so aufgefasst werden, als ob es nur um Zugang einer Sache namens »Information« ginge. Zugang zu Information leitet uns zum *Zugang zu gesellschaftlichen Praktiken*. Das Problem für die Armen, die Marginalisierten, die Außenseiter[3] ist nicht, dass sie keine Laptops haben, sondern dass sie zu Unrecht aus den sozialen Netzwerken ausgeschlossen sind, die unbedingt erforderlich sind, um Vertrauen zu Dokumenten, Äußerungen, Darstellungen und Texten jeder Art zu haben, kurz gesagt, um ihnen überhaupt *Information* möglich zu machen. Ungerechtigkeiten in Bezug auf Information weisen daher auf dieselben Ungerechtigkeiten, die ganz allgemein moralischen Fragen zugrunde liegen: Ungleichheit der Möglichkeiten, Ernährung, Wohnung, Gesundheit, Bildung, Fürsorge und Justiz. Wenn es an der Informationsethik etwas Besonderes gibt, so leitet sich das von der Besonderheit der für spezifische Öffentlichkeiten zur Verfügung stehenden Informationsdienste ab. Sie ist daher analog zur juristischen Ethik, medizinischen Ethik, zahnärztlichen Ethik oder der Ethik von Klempnern. Wie bei diesen anderen Gebieten besteht das, was die Informationsethik einzigartig macht, darin, moralische Prinzipien auf die jeweils geleisteten Dienste anzuwenden. Dieser Anwendung sollten, so meine ich, eine Ethik der erkannten Abhängigkeit und zugleich eine materialistische Informationstheorie zugrunde liegen. Wenn wir die materielle Welt zugunsten einer geisterhaften Sphäre der Engel verlassen, wo reine Information von Geist zu Geist strömt, gewinnen wir vielleicht die Befriedigung, eine uns allein gehörende ethische Zone zu bewohnen, doch wir verlieren die Tugenden, die wir beim Ringen mit ernsten moralischen Fragen benötigen.

(Übersetzung: Anne Lausch)

3   Die Informationswelten von Außenseitern untersucht das Werk von Elfreda A. Chatman: (1987): The information world of low-skilled workers. In: Library and Information Science Research, vol. 9, 265-283; dies. (1990): Alienation theory. Application of a conceptual framework to a study of information among janitors. In: RQ, vol. 29/2, 355-368; dies.(1991): Life in a small world. In: Journal of the American Society for Information Science, vol. 42(6), 438-449; Chatman; Pendleton (1995): Knowledge gap, information seeking, and the poor. In: Reference Librarian (49/50), 135-146; (1996): The impoverished life-world of outsiders. In: Journal of the American Society for Information Science, 47. Jg., 3, 193-206.

II. Teil

Zugänge zur Grundlegung der Internetethik

Existenzontologie:
Operari sequitur esse. Zur existenzial-ontologischen Begründung der Netzethik

RAFAEL CAPURRO

Der Mensch ist »weltbildend« (Heidegger 1983). Genauer: Weltbildend ist »das *Dasein im* Menschen«. Heidegger schreibt: »Das Dasein im Menschen bildet die Welt: 1. Es stellt sie her; 2. Es gibt ein Bild, einen Anblick von ihr, es stellt sie dar; 3. Es macht sie aus, ist das Einfassende, Umfangende« (Heidegger 1983, 414).

Das »Dasein im Menschen« ist jene *Unbestimmtheit* oder Weltoffenheit, die *uns* ermöglicht, alles, was ist, auf das Sein hin zu entwerfen – in dem wir die Dinge *als* so und so seiend auslegen und dabei ihrem Sein entsprechen oder es verfehlen – , und diese Weltentwürfe zu verändern. Die Spannung zwischen Offenheit und Bestimmtheit oder zwischen dem Möglichen und dem Faktischen bildet den Ausgangspunkt für die Ethik, sofern damit ein Vorgreifen auf Handlungsgründe mit ausdrücklicher Rücksichtnahme auf die anderen Handelnden gemeint ist. Ein solcher Vorgriff kommt in der »Goldenen Regel« – zum Beispiel bei Konfuzius: »Was du selbst nicht wünschst, das tue auch nicht anderen Menschen an« – zum Ausdruck (Küng 2001, 84).

Aber nicht nur der Mensch, sondern auch die sonstigen Lebewesen haben Anteil an der Weltoffenheit, oder, genauer, an der *Offenheit* in einer spezifischen Weise des »Offenseins für«, indem sie von einem »Umringtsein« zugleich enthemmt und gehemmt sind, und ihr »Benehmen« dadurch bestimmt wird (Heidegger 1983, 369ff). Das Ineinandergreifen von unterschiedlichen Formen der Teilnahme an der (Welt-)Offenheit – ohne zu vergessen, wie Heidegger ebenfalls bemerkt, dass das menschliche Dasein »in sich ein eigentümliches Versetztsein in den Umringzusammenhang des Lebendigen« ist, ja dass »die lebendige Natur« uns »als Menschen in einer ganz spezifischen Weise gefangen« hält (Heidegger 1983, 403-404) – ist die Grundlage für das, was nicht erst seit Mitte des 20. Jahrhunderts *Ökologie* genannt wurde, wie Heidegger mit Bezug auf Hans Driesch und Jakob von Uexküll betont (Heidegger 1983, 379ff). Heidegger spricht von der »Weltarmut des Tieres«, die aber keineswegs eine »minderwertige oder niedere Stufe« gegenüber dem menschlichen Dasein ist, denn: »Vielmehr ist das Leben ein Bereich, der einen Reichtum des Offenseins hat, wie ihn vielleicht die menschliche Welt gar nicht kennt.« (Heidegger 1983, 371-372)

Demgegenüber ist »das Materielle« »weltlos«. »Weltlosigkeit«, »Weltarmut« und »Weltbildung« sind drei Codes, die es möglich machen, in einem groben Umriss menschliches Sein nicht nur, wie in der kurz zuvor erschienenen Fundamentalontologie von »Sein und Zeit«, gegenüber dem »Zuhandenen« und dem »Vorhandenen«

abzugrenzen, sondern in einem Spannungsverhältnis zu den klassischen Sphären des Anorganischen und des Organischen zu denken. Wir sind nicht nur in *einer* Welt, *mit uns geschieht Welt*.

Als diejenigen, die der Weltoffenheit ausgesetzt sind, sind wir ursprünglich die Orientierungsuchenden. Wären wir es nicht, würden wir keine Welt bilden, um dadurch *bestimmte* Verbindlichkeiten unseres Daseins auf unterschiedliche Weise zu (be-)gründen. Wir tun das, indem wir uns mit Rücksicht auf vorgegebene oder *natürliche* Möglichkeiten richten und dabei das (natürlich) Seiende (›*physis*‹) auf seine Strukturen und Prozesse hin entdecken, auslegen und auf der Grundlage eines »*freien Sichentgegenhaltens* zu dem, was da als Seiendes gegeben ist« uns von ihm binden lassen (Heidegger 1983, 496). Ferner, indem wir Vereinbarungen miteinander treffen, die dem Miteinandersein eine konkrete *bestimmte verbindliche und uns so (ver-)bindende* Gestalt, eine Moral oder ein *Ethos* also, geben. Was sich als Ethos oder in Form des positiven Rechts niederschlägt, ist *deshalb* nicht unveränderbar, aber auch nicht beliebig, denn es hat seine Wurzeln in vorausgehenden Entwürfen. Wir können daraus schließen, dass es eine Spannung zwischen Ethik, Moral und Recht gibt. Den Vorrang der Moral gegenüber Ethik und Recht nennen wir Fundamentalismus. Den Vorrang des Rechts gegenüber Ethik und Moral nennen wir Legalismus. Den Vorrang der Ethik gegenüber Moral und Recht nennen wir (ethischer) Rigorismus. Es macht das Eigentümliche unseres Handelns aus, dass wir zwar diese *Sphären* jeweils überschreiten können, ohne aber dadurch aufzuhören, uns im Kreise zu bewegen:

»Das ist das Zeichen, daß wir im Bereich der Philosophie uns bewegen. Überall ein *Kreisen*. Dieses im Kreise Sichbewegen der Philosophie ist wieder etwas, was dem vulgären Verstande zuwider ist. Er will gerade nur ans Ziel kommen, so, wie man der Dinge im Handgriff habhaft wird. Im Kreis gehen – das führt zu nichts. Vor allem aber macht es schwindlig, und Schwindel ist unheimlich. Man kommt sich vor, als hänge man zwischen dem Nichts. Daher ja nicht diese Kreisbewegung und so auch kein Zirkel! Das sagt doch schon eine Regel der allgemeinen Logik. Daher ist es der Ehrgeiz einer wissenschaftlichen Philosophie, ohne diesen Zirkel auszukommen. Aber – wenn bei einer philosophischen Frage noch nie der Schwindel gefaßt hat, der hat noch nie philosophierend gefragt, d.h. ist noch nie im Kreis gegangen« (Heidegger 1983, 266-267).

Über die besondere Art des philosophischen Kreisens und in Bezug auf Kant schreibt Heidegger an einer anderen Stelle:

»Man hat bei Kant wie bei keinem Denker sonst die unmittelbare Gewissheit: er schwindelt nicht. Und es ist die ungeheuerste Gefahr, die in der Philosophie selbst liegt, zu schwindeln, weil alle Bemühung nicht den massiven Charakter eines naturwissenschaftlichen Experiments oder einer geschichtlichen Quelle hat. Aber wo die größte Gefahr des Schwindelns ist, da ist auch die höchste Möglichkeit der Echtheit des Denkens und Fragens. Das Bedürfnis für diese Echtheit zu wecken und wachzuhalten ist der Sinn des Philosophierens« (Heidegger 1977, 431).

So wie Kant und Heidegger den kritischen Blick auf die Metaphysik jeweils in eine besondere Richtung *gedreht* haben – und es lässt sich leicht feststellen, dass es vielen Zeitgenossen und auch nicht wenigen späteren Kritikern dabei schwindlig wurde, so dass sie verständlicherweise manchmal auch an Schwindeln dachten —, haben wir die Aufgabe vor uns, eine Drehbewegung auf jenes technische Weltverhältnis zu vollziehen, das sich heute anschickt, die Welt *digital und netzwerkartig* zu entwerfen (vgl. Capurro 1993).

Ein solcher *existenzialer Konstruktivismus* behauptet, dass *wir* es zwar immer sind, die eine Welt bilden, ohne aber zu meinen, dass dies ein zureichender Grund für das *Sichöffnen* des Möglichen oder der Weltoffenheit selbst ist. So unschön auch der Ausdruck »Geworfenheit« sein mag, er weist auf die Abkünftigkeit oder die *Faktizität* des menschlichen Konstrukteurs samt seiner Konstruktionen hin. Die Transzendentalphilosophie sprach vom *intellectus ektypus* im Gegensatz zum göttlichen Intellekt als *intellectus archetypus*. Kants *transzendentaler Konstruktivismus* nimmt stets Rücksicht auf diesen Unterschied. Hegel und Nietzsche werden auf je eigene Weise die Kantischen Kategorien dynamisieren und selbst einem Bildungsprozess unterziehen. Heidegger wird in Anschluss an Nietzsche und gegen die Hegelsche *absolute* Geschichtskonstruktion – ›absolut‹ sowohl im Sinne einer vom Absoluten ausgehenden Konstruktion als auch im Sinne einer abgeschlossenen Struktur – eine andere Struktur des Geschichtlichen entwerfen, die auf der Unabgeschlossenheit oder dem Sich-Schicken von Sendungen basiert. Mit der *Ereignishaftigkeit des Geschichtlichen* ist das Offenbleibende unserer kontingenten Weltentwürfe gemeint. Weltbilder sind zwar immer Herstellungen des Menschen, sie finden aber keinen zureichenden Grund in unseren Absichten und Wünschen allein. Der Raum des Möglichen verleitet uns zwar zur Annahme, die Welt wäre eine von uns und *nur von uns* hergestellte und gestaltbare Offenheit. Eine Selbsttäuschung mit u.U. tödlichen Folgen für den Entwerfer und für das, was in dieser so gestalteten Offenheit im Rahmen eines *vor-gegebenen* Seinsentwurfs zu erscheinen vermag. Die Verfestigung eines Weltentwurfs prägt ganz besonders die »Zeit des Weltbildes«, die für Heidegger den Grundzug der Neuzeit ausmacht (vgl. Heidegger 1972).

Von hier aus ist die Frage zu stellen, inwiefern der *digitale Weltentwurf*, der sich heute deutlich in Gestalt der globalen Vernetzung, jenseits der hierarchischen Strukturen der Massenmedien (vgl. Capurro 2001), zu erkennen gibt, eine Überbietung der modernen Subjektivität und ihres Anspruchs bedeutet, der notwendige und zureichende Grund für die Herstellung und für die Darstellung von Welt zu sein, so dass das »Dasein im Menschen« nicht mehr zum Vorschein kommt. Wo ist der Ort der heutigen Reflexion über die Grenzen des digitalen Weltentwurfs im allgemeinen und der Weltvernetzung im besonderen? Wo und wer sind wir, wenn wir *über* das Internet sprechen? Wie lässt sich eine Informationsethik oder *Netzethik* existenzialontologisch begründen?

Die Antwort auf diese Fragen setzt voraus, dass wir uns zunächst auf das Phänomen des *digitalen Weltentwurfs* einlassen, sofern nämlich dieser Entwurf, und davon soll in diesem Beitrag ausgegangen sein, unser heutiges In-der-Welt-Sein prägt. In einem zweiten Schritt sollen die Konsequenzen in Bezug auf die Gründung einer Informationsethik gezogen werden. Eine These dieses Beitrags zur existenzialontologischen Begründung einer Informationsethik besagt, dass eine solche Begründung in einer im digitalen Medium sich selbst reflektierenden *artifiziellen Hermeneutik* zu finden ist. Das bedeutet aber zugleich, so die zweite These, dass eine Netzethik sich nicht paradoxerweise mit den Grenzen des digitalen Weltentwurfs deckt oder *nur* auf diesen Entwurf zurückgreifen kann. Dies setzt voraus, dass der digitale Weltentwurf in seiner spezifischen Begrenztheit erfasst wird. Damit ist lediglich der Rahmen für eine existenzial-ontologisch fundierte informationsethische Reflexion gegeben, nicht aber diese selbst in Auseinandersetzung mit vergangenen Informationsmoralen sowie eine Erörterung der anstehenden Herausforderungen durch die digitale Globalisierung ausgearbeitet (vgl. Capurro 2000).

Umriss des digitalen Weltentwurfs

Wir leben in einer global *digitalisierten* Welt. Die Rede von der Globalisierung ist inzwischen selbst global und – trivial geworden. Sie ist nicht nur der Ort, an dem sich alle treffen, die gern darüber sprechen und schreiben, sondern auch jene Kreuzung selbst, an der sich drei Wege (›*tri-viæ*‹) kreuzen, um in Form einer einzigen Sendung oder eines ganzheitlichen Ereignisses zu emergieren, nämlich abendländische Metaphysik, moderne Wissenschaft und digitale Technik. Dass wir global, d.h. *sphärisch* denken, zeigt Peter Sloterdijk in seinem *opus magnum* (1998, 1999), wobei eine Pointe dieses Ansatzes darin besteht, zu zeigen, dass Sphären immer wieder platzen und – sich immer wieder neu bilden.

Drei große sphärologische Projekte prägen maßgeblich unsere Geschichte. Da ist zum einen die Globalisierung der Vernunft (*nous*) in der griechischen Philosophie. Wir nennen dieses Projekt die *metaphysische* Globalisierung. Es ist jene Globalisierung, die über die Natur (*physis*) hinausgeht, indem sie sie geistig umfängt und im Reich des Göttlichen aufhebt. Sie fasst, von Aristoteles bis Hegel, das Göttliche selbst sphärisch oder selbstbezüglich, als das sich selbst denkende Denken (*noesis noeseos*), auf. Diese Sphäre platzt mit dem Aufkommen der modernen Wissenschaft, indem diese den noetischen Ansprüchen des sich widerspiegelnden Denken die freche Widerlegung durch den Einzelfall entgegenzustellen wagt. In diesem ungleichen Kampf siegt der mit der kleinen Kugel ausgestattete David. Von diesem Platzen profitiert im 20. Jahrhundert jene Form des kritischen Rationalismus, die zwar ständig auf die Falsifizierbarkeit eines All-Satzes pocht, zugleich aber die regulative Idee einer Annäherung an die nie erreichbare Wahrheit behält. Die zweite Globalisierung ist die *terrestrische*. Sie findet ihren Ausgang im Europa des 15. Jahrhunderts und erstreckt sich bis zur Mitte des 20. Jahrhunderts. Die Vorstellung eines runden Planeten Erde sowie die Versuche die Weltmeere zu durchkreuzen, besser, zu umrunden, sind zwar älter, aber für das selbstbewusste und mit imperialen Ambitionen sich wähnende sphärologische und sphärokratische Subjekt zahlt es sich aus, zumindest vorläufig und für dasjenige Subjekt, das sich als Mittelpunkt dieser Sphäre begreift, *ent-schlossen* dieses Denken in die Tat umzusetzen. Die dritte Globalisierung schließlich, ist die *digitale*. Sie hat ihre Vorläufer im Spätmittelalter (Raimundus Lull, Nikolaus von Kues) und in der frühen Neuzeit (Pascal, Leibniz), bis sie schließlich im 20. Jahrhundert im Form eines globalen und digitalen Netzes jene raum-zeitlichen Grenzen aufhebt, welche die terrestrische Sphäre kennzeichneten.

Dass Sphären platzen, bedeutet nicht, dass wir aufhören sollten oder könnten, ganzheitlich zu denken, sondern dass jede Form von Globalisierung nicht ein Problem, sondern etwas *Problematisches* darstellt. »Problematische Begriffe« sind, so Kant, diejenigen »vom Objekt, welches einer Idee korrespondiert« wovon wir »keine Kenntnis« haben können (Kant 1974a, KrV A 339). Für die sich daraus ergebenden Fragen gibt es für Kant wohl keine Lösung, sondern eine »Auflösung«: Globale Begriffe sind regulative Ideen. Die Trennung zwischen dem Empirischen und dem Transzendentalen ist die Art und Weise, wie Kant eine *scheinbare* empirische Totalität platzen lässt, indem er den Sprung vom empirischen zum reinen Gebrauch der Vernunft zeigt. Den Grund für unser Misstrauen gegenüber dem globalen Denken und Handeln finden wir aber nicht nur erkenntnistheoretisch, sondern existenziell, in unserem In-der-Welt-Sein im Sinne einer *gebrochenen* Globalisierung. In der Sprache von »Sein und Zeit« ist dies der Zusammenhang zwischen unserem »Ganzseinkönnen« und der »Sorge«, jener Struktur also, die das Ganzsein*können* vom Ganz*sein* selbst trennt (vgl. Heidegger 1976). Heideggers Formel für die durch die Daseinsanalytik zum Platzen gebrachte metaphysische Globalisierung lautet »das Seiende im Ganzen«. Die Daseinsanalytik bedeutet, mit anderen Worten, die *Falsifizierung* jener metaphysischen These, die besagt, dass alle Seienden sich in ihrem Sein am Maßstab der Anwesenheit zu messen haben, wobei das höchste (göttliche) Seiende das ständig Seiende (*aei on*, *nunc stans*) ist. Die Grenze unserer existenziellen raum-zeitlichen Totalität oder das, wodurch unser In-der-Welt-Sein *ständig* platzt, ist unser »Vorlaufen zum Tode«, ob wir dies *eigentlich* wahrhaben wollen oder nicht. Die Wahrnehmung dieses Unterschiedes, nämlich des Unterschiedes zwischen der Vorstellung einer metaphysischen Totalität und der Offenheit des Daseins – Heidegger nennt ihn bekanntlich die »ontologische Differenz« – ermöglicht eine andere Sicht auf die existenziellen Möglichkeiten und auf die sie ermöglichenden Weltentwürfe selbst. Diese Sicht ist die Basis einer existenzial-ontologischen Ethik, deren Kernpunkt also die Offenlegung jener Risse oder die *Ent-schlossenheit* ist, wodurch wir auf die Sorge, die aus dem Unbestimmten stammt, zurückgeworfen werden. Es lässt sich sagen, dass das, was die Sphären zum Platzen bringt, nicht mehr und nicht weniger als die Entschlossenheit zum Handeln ist. Das bedeutet, dass Sphären nicht nur, wie Sloterdijk hervorhebt, Raumhorizonte sind, sondern dass sie uns im Bann der Jetzt-Zeit umringen, und dass erst im »Augenblick« (Kierkegaard), in dem »der Blick des Daseins in den drei Richtungen der Sicht« sich (uns) *ent-schließt* und dabei die Weltoffenheit neu erschließt – »mit dem Blick der Entschlossenheit zum Handeln in der jeweiligen Lage« (Heidegger 1983, 226) – dieser Bann gebrochen wird.

Der Mensch ist ein »Wesen der Ferne« (Heidegger 1973, 54). Das bedeutet, dass wir zwar *in* Ganzheiten leben, indem wir ent-fernen, zugleich aber entwerfen wir uns immer *über* Grenzen hinaus. Dieses *In-Über-Verhältnis* (Przywara 1962) verstehen wir in diesem Zusammenhang nicht im Hinblick auf eine transzendente Sphäre im Sinne einer absoluten *persönlichen* Transzendenz. Es ließe sich sagen, dass eine solche Transzendenz gerade dasjenige wäre, welches das Platzen aller immanenten Sphären möglich macht. Ob eine solche Aussage aber letztlich ebenfalls ein sphärologisches Projekt ist, *sofern* es uns nämlich in einem Letzten versichert und dabei die Sorge abnimmt, die aus dem Überschreiten selbst entspringt, bleibe dahingestellt. Demgegenüber gilt: Wir sind die Orientierung*suchenden*. Wären wir es nicht, wäre die *philosophi-*

sche, d.h. offen bleibende Frage nach Orientierung sinnlos. Wir trennen methodologisch die Frage nach einer philosophischen von der nach einer theologischen Ethik. Ein zugleich philosophischer und religiöser Ansatz, der durch den Bezug auf den ganz Anderen oder den Unendlichen das Denken in Totalitäten durchbricht, stellt das Werk von Emmanuel Lévinas dar (vgl. Lévinas 1987, Capurro 1991).

Wodurch zeichnet sich der heutige digitale Weltentwurf aus? *Erstens* dadurch, dass er einen entscheidenden Ursprung in der abendländischen Metaphysik hat. Es ist hier nicht der Ort, diesem Ursprung im Einzelnen nachzugehen (vgl. Capurro 2001a, Eldred 2001). Nur soviel: Die griechische Metaphysik in ihrer klassischen platonischen und aristotelischen Ausformung zeichnet sich wesentlich durch den Vorgang des Trennens (*chorízein*) aus. Die Genese von Mathematik und Geometrie zeigt die *Herauslösung* oder *Abstraktion* von Zahlen und Punkten aus dem Zusammenhang mit den natürlich Seienden (*physis*). Diesem Sachverhalt ist Heidegger in der *Sophistes-Vorlesung* nachgegangen (vgl. Heidegger 1992). Er zeigt, wie die Zahlen für Aristoteles ein Herausgenommenes aus den natürlichen Dingen (*physei onta*) sind, wenngleich der Mathematiker für Aristoteles, im Unterschied zu Platon, das Getrennte an keinen himmlischen Ort (*tópos ouranós*) bringt. Während das natürlich Seiende durch Einheit, Ort und Setzung gekennzeichnet ist, wird die Einheit (*monás*), durch Ortlosigkeit (*átopos*) und Ungesetztheit (*áthetos*) charakterisiert. Der Punkt (*stigmé*) wiederum bildet die Mitte in diesem Vorgang, indem er durch Ortlosigkeit (*átopos*), aber durch Setzung (*thetós*) und Berührung (*synechés*) bestimmt wird. Wir haben also:

–   das natürlich Seiende (*physei onta*): bestimmt durch Einheit, Ort und Setzung,
–   den Punkt (*stigmé*): bestimmt durch Ortlosigkeit, Setzung und Berührung,
–   die Einheit (*monás*): bestimmt durch Ortlosigkeit und Ungesetztheit.

Wir können, mit anderen Worten, Zahlen unabhängig von ihrem Ort unterscheiden, nicht aber Punkte. Während aber für Aristoteles dieser Vorgang sich im Falle geometrischer aus Punkten bestehender Figuren in der Wahrnehmung (*aisthesis*) und im Falle der Zahlen im *logos* bzw. im *nous* abspielt (vgl. Heidegger 1992, 117), zeichnet sich der heutige digitale Weltentwurf, *zweitens*, dadurch aus, dass Zahlen und Punkte *technologisch* und zwar im elektromagnetischen Medium *eingeprägt* werden, was sich ideengeschichtlich als *In-formation* auffassen lässt (vgl. Capurro 1978). Das elektromagnetische Medium ist jener platonischen Prägemasse (*chora*), die »Amme des Werdens«, vergleichbar, die die Formen der Dinge aufgrund der demiurgischen Tätigkeit, so Platon im »Timaios«, annimmt (Tim. 52b).

Wenn, wie Heidegger meint, der gewöhnliche Sinn von Sein *Anwesenheit* ist, und wenn dieser Seinssinn die abendländische Metaphysik prägt, dann ist der digitale Weltentwurf ein höchst metaphysischer Entwurf, denn, alles was ist, wird hier in Form einer *ständigen* digitalen Verfügbarkeit vorgestellt. Der ontologische Name für diese Verfügbarkeit ist Virtualität. Diese lässt sich von der aristotelischen Potentialität (*dynamis*) dadurch unterscheiden, dass es sich hier nicht um einen Prozess des Werdens, sondern um eine bestimmte technologische Art von *ständiger* Anwesenheit, also um Aktualität (*energeia*) handelt. Mehr noch, der digitale Weltentwurf hält nicht nur das Seiende digital in Form beständiger Anwesenheit, sondern die Welt selbst im Sinne der Totalität dessen, was in ihrem Sein erfasst werden kann, wird auf ihre Digitalisierbarkeit hin entworfen. Die in Anlehnung an Berkeleys *dictum* »Their *esse* is *percipi*« (Berkeley 1965, 62) gebildete Aussage »*esse est computari*« (Capurro 1999) bedeutet weder eine *Stellungnahme* zugunsten des digitalen Weltentwurfs, noch soll damit ausgesagt werden, dass zum Beispiel die Seienden in ihrer Materialität keinen Bestand (mehr) haben oder dass der digitale Weltentwurf so etwas wie die digitale Version des philosophischen Idealismus wäre. Man würde damit den Sinn eines existenzial-ontologischen Weltentwurfs verfehlen, indem man die Aussage: ›Nur das, was digitalisierbar ist, *ist*‹ als eine ontische anstatt einer ontologischen Aussage verstünde. Der Unterschied besteht darin, dass der digitale Weltentwurf eine Weise ist, wie wir Seiende in ihrem Sein *verstehen*. Existenzial-ontologische Entwürfe sind Entwürfe unseres Seinsverständnisses: Wir glauben, etwas in seinem Sein verstanden zu haben, wenn ... »*Esse est computari*« ist, mit anderen Worten, keine Aussage, die sich auf eine bestimmte Art von Seienden, nämlich die Digital-Seienden, bezieht. Es wird damit auch nicht behauptet, dass alle Seienden digital sind, im Sinne also einer digitalen Metaphysik. Und es ist, schließlich, auch keine bloße erkenntnis*theoretische* Aussage, sondern sie betrifft die Art und Weise wie wir uns in der Welt zu uns selbst und zu den Dingen verhalten. Es handelt sich also um einen Weltentwurf im Sinne der Bestimmung eines Weltverhältnisses.

Meine These lautet, dass seit dem Aufkommen des Computers, aber vorbereitet durch vielfältige Entwicklungen – ich nenne als Beispiel Leibniz' *mathesis universalis* –, unser Seins- und Weltverständnis *umgeschlagen* ist, dass also ein neuer Weltentwurf entstanden ist. Dieser Umschlag ist dem vom idealistischen zum materialistischen Seinsverständnis im 19. Jahrhundert vergleichbar. Das bedeutet nicht unbedingt, dass alle Menschen oder eine bestimmte Gruppe, etwa alle Naturwissenschaftler oder alle Informatiker, sich mit diesem Weltentwurf identifizieren. Es ist vielmehr so, dass ein neues Weltverständnis sich zunächst kaum bemerkbar macht und erst allmählich sich bis hin zu einem *banalen* nicht mehr hinterfragten generalisierten Vorverständnis entwickeln *kann*. »Die stillsten Worte sind es, welche den Sturm bringen. Gedanken, die mit Taubenfüßen kommen, lenken die Welt«, heißt es in Nietzsches *Zarathustra* (1976, 675). Ich behaupte aber, dass der digitale Weltentwurf nicht nur ein neues Seinsverständnis darstellt, sondern dass es sich inzwischen, d.h. in einer relativ kurzen Zeitspanne, zu einem generalisierten *Vorverständnis* entwickelt hat. Das mag einen Grund im Einfluß von Naturwissenschaft und Technik auf die Gesellschaft haben sowie in der digitalen Globalisierung selbst, die zugleich Gegenstand und Medium dieses Seinsverständnisses ist. Wenn wir heute etwas *verstehen* wollen, dann meinen wir in den unterschiedlichsten Wissenschaften, aber auch in einer diffusen Weise im Alltag, dass wir das entsprechende Phänomen *digital erfassen* müssen. Damit meinen wir nicht nur, wie im modernen mathematischen Entwurf der Natur, die Mathematisierung der Phänomene, sondern *ihre entsprechende technische Kodierung auf der Basis von Punkt und Zahl im elektromagnetischen Medium*. Das heißt dann nicht, dass alle Phänomene *digital sind*, sondern dass wir sie *als* digitalisierbar auslegen. Das bedeutet: Was nicht digitalisierbar ist, fällt durch die Maschen dieses *existenzial-ontologischen Rasters oder*

Vorverständnisses durch. Dass es sich dabei um ein *mögliches* Verhältnis des Menschen zur Welt handelt, wird aber von diesem sowenig wie von einem anderen Weltentwurf thematisiert. Für einen Materialisten des 19. Jahrhunderts – und für frühere und spätere Materialisten vielleicht auch! – stand außer Frage, dass alles was ist, Materie ist. Dafür hatten und haben sie gute Gründe, nämlich dass die Phänomene auf ein bestimmtes Vorverständnis – von den Atomen des Demokrit bis zur Quantentheorie – in einer entsprechenden Form *antworten*. Wir können aber Weltentwürfe *als* solche erkennen, weil wir nicht nur Seiendem, sondern dem Sein, d.h. der Weltoffenheit und ihrer Unbestimmtheit ausgesetzt sind. Das ist der Sinn der von Heidegger ausgearbeiteten »ontologischen Differenz«.

Die Frage, die sich dann unmittelbar stellt, ist nämlich: Wie hängen die verschiedenen Weltentwürfe zusammen? Und ferner: Was gibt Anlass zu solchen Umschlägen? Dazu nur soviel: Da die Phänomene offensichtlich unterschiedlich antworten, wäre es, *erstens*, töricht von unserer Seite *die* Wahrheit *eines* Weltentwurfs zu postulieren. *Zweitens* wäre es kaum plausibel einen wie auch immer gearteten Fortschritt zu konstruieren, sofern wir nämlich Weltbildner aber keine Weltschöpfer sind. Das bedeutet nicht, dass wir uns nicht um Kohärenz innerhalb eines *Paradigmas*, wie wir wissenschaftliche Weltentwürfe seit Thomas Kuhn nennen (vgl. Kuhn 1970), bemühen, oder dass wir nicht *Übergänge* zwischen den Paradigmen suchen sollten. Das Gesagte ist, mit anderen Worten, kein Plädoyer für Beliebigkeit, sondern lediglich für Nüchternheit. Diese stellt sich aber erst dann ein, wenn wir existenzial-ontologische Weltentwürfe *als solche* betrachten, das heißt, wenn wir die ontologische Differenz und mit ihr die Weltoffenheit nicht nur theoretisch, sondern vor allem praktisch zum Vorschein kommen lassen und dabei den sphärologischen Schein durchschauen und *durchqueren*. Existenzial-ontologische Weltentwürfe stellen nicht nur eine theoretische, sondern eine praktische Herausforderung dar. Sie entspringen nämlich aus der Sorge, uns in der Welt zu orientieren. Ich meine, dass *das Zum-Platzen-bringen der digitalen Sphäre*, zur Kernaufgabe einer Netzethik gehört.

Zur existenzial-ontologischen Begründung der Netzethik

Vor diesem Hintergrund lautet nun meine These, dass der digitale Weltentwurf seinen Sinn in nicht mehr und nicht weniger als der Seinsverfassung des Daseins selbst hat. Hinter dieser Aussage verbirgt sich die von Heidegger vertretene Auffassung, dass das, im verbalen Sinne des Wortes, *Wesen* der Technik nichts Technisches ist, sondern eine Weise unseres Weltverhältnisses darstellt (vgl. Heidegger 1967). Daseinsanalytik und Weltvernetzung hängen eng zusammen.

Wir verstehen, was ein Weltentwurf ist, wenn wir das Seiende, das wir selbst sind, in seinem spezifischen Wie, als Weltbildner also, auslegen, so dass die *existenzial-ontologische* und, sofern Ontologie nicht das Seiende, sondern das Sein als die Weltoffenheit denkt, zugleich die *ethische Differenz* sichtbar wird. Mit *ethisch* ist hier die dem Menschen *eigene* Weise in der Welt zu sein, gemeint. Heidegger spricht im *Humanismusbrief* von einer »ursprünglichen Ethik«:

»Soll nun gemäß der Grundbedeutung des Wortes ἦθος der Name Ethik dies sagen, daß sie den Aufenthalt des Menschen bedenkt, dann ist dasjenige Denken, das die Wahrheit des Seins als das anfängliche Element des Menschen als eines eksistierenden denkt, in sich schon die ursprüngliche Ethik« (Heidegger 1954, 109).

Für die in Anschluss an und zusammen mit Heidegger von Medard Boss entwickelte »Daseinsanalyse« stellt die in *Sein und Zeit* ausgearbeitete Differenz zwischen »Besorgen« und »Fürsorge« – und in Bezug auf die letztere wiederum die zwei »extremen Möglichkeiten« der Fürsorge, nämlich die »einspringend-beherrschende« und die »vorspringend-befreiende« (Heidegger 1976, 122) – die, jetzt im engeren Sinne, *ethische oder zwischen-menschliche* Grundlage des ärztlichen und, wie ich meine, auch des *digital-vernetzten Handelns* dar (vgl. Boss 1975, 1977). Die Grundfrage der Netzethik lautet dann: Wie kommt die ethische Differenz, d.h. der nicht-totalisierbare oder *abgründige Grund* der zwischenmenschlichen Fürsorge im digital-vernetzten Handeln theoretisch und praktisch so zum Vorschein, dass der sphärologische Charakter dieses Weltentwurfs gesprengt wird?

Eine erste Antwort auf diese Frage ergibt sich aus der umrisshaften Freilegung dieses Entwurfs. Es wurde dabei sichtbar, dass Punkt und Zahl vom natürlich Seienden (*physis*) abstrahiert oder herausgelöst und im elektromagnetischen Medium eingeprägt werden. Dadurch gerät das natürlich Seiende *als solches* aus dem Blick und wird nur aus der Perspektive seiner Digitalisierbarkeit sichtbar. Dieser Ausschluss kommt in Bernd Frohmanns pointierter Formulierung: »Cyber Ethics: Bodies or Bytes?« zum Ausdruck (Frohmann 2000), wenngleich es sich hier insbesondere um die menschliche Leiblichkeit handelt, die Frohmann an der körperlosen Netz-Anthropologie und der sich daraus ableitenden Netzethik von Pierre Lévy dingfest macht (vgl. Lévy 1997). Eine »disembodied ethics of angels« (Frohmann 2000, 428) ist aber, wie Kant in der *Metaphysik der Sitten* (Tugendlehre, A 2) bemerkt, ein Widerspruch:

»Der *Pflichtbegriff* ist an sich schon der Begriff einer *Nötigung* (Zwang) der freien Willkür durchs Gesetz; dieser Zwang mag ein *äußerer* oder ein *Selbstzwang* sein. Der moralische *Imperativ* verkündigt, durch seinen kategorischen Anspruch (das unbedingte Sollen) diesen Zwang, der also nicht auf vernünftige Wesen überhaupt (deren es etwa auch *heilige* geben könnte), sondern auf *Menschen* als vernünftige *Naturwesen* geht, die dazu unheilig genug sind, daß sie die Lust wohl anwandeln kann, das moralische Gesetz, ob sie gleich dessen Ansehen selbst anerkennen, doch zu übertreten und, selbst wenn sie es befolgen, es dennoch *ungern* (mit Widerstand ihrer Neigung) zu tun, als worin der *Zwang* eigentlich besteht« (Kant 1977, 508).

Es gibt keine Engel-Ethik, wohl aber eine Botschaftsethik oder eine *Angel*-Ethik, sofern mit dem Begriff der Botschaft (*angelía*) ein Grundphänomen *menschlichen* Seins angesprochen ist, das auf der Grundlage der digitalen Vernetzung zur Signatur einer global-vernetzten Gesellschaft geworden ist (vgl. Capurro 2000, 2001b). So gesehen ist Information, wie Frohmann mit Recht betont, ein soziales Phänomen, d.h. es bezieht sich auf soziale Praktiken mit all ihren leiblichen Dimensionen: »ethics concerns the body« (Frohmann 2000, 424). Frohmanns naturalistische oder *materialistische* Ethik stellt zwar, in Anschluss an MacIntyre (1999), den Leib als *terminus ad quem* der Ethik fest, nimmt aber den Anlass für moralisches Handeln in der aristotelischthomistischen Vorstellung eines rationalen und moralischen Agenten, der seine Handlungen auf persönliche und soziale Güter hin ausrichtet, in deren Mittelpunkt die Tugend der Barmherzigkeit (*misericordia*) steht.

Eine digital-vernetzte Weltgesellschaft ist keine Gesellschaft von reinen Vernunftwesen. Sie ist aber auch keine Gesellschaft von idealisierten rationalen und moralischen Agenten, die lediglich kontrafaktisch eine »ideale Kommunikationsgemeinschaft« bilden (vgl. Habermas, 1995, Apel 1976, Capurro 2001, 1996). Ein solches Ideal stellt eine säkularisierte Version der *communio sanctorum* dar und liegt auch Kants »Achtung fürs moralische Gesetz« zugrunde, sofern diese in der Zugehörigkeit der Person zur »intelligiblen Welt« (*homo noumenon*) ihren wahren Anlass findet, dem sich das *Naturwesen* Mensch (*homo phænomenon*) als Träger dieser Person unterwerfen muss. In der »Kritik der praktischen Vernunft« (A 158) schreibt Kant:

»So ist die echte Triebfeder der reinen praktischen Vernunft beschaffen; sie ist keine andere, als das reine moralische Gesetz selber, so fern es uns die Erhabenheit unserer eigenen übersinnlichen Existenz spüren lässt, und subjektiv, in Menschen, die sich zugleich ihres sinnlichen Daseins und der damit verbundenen Abhängigkeit von ihrer so fern sehr pathologisch affizierten Natur bewusst sind, Achtung für ihre höhere Bestimmung wirkt« (Kant 1974b, 211-212).

Demgegenüber gilt es zunächst anzudeuten, inwiefern die Bildung der digitalen Weltvernetzung durch die besondere Weise unseres leiblichen Im-Raum- und In-der-Zeit-Seins ermöglicht wird. In »Sein und Zeit« hebt Heidegger unsere Seinsart im Raum vom bloßen Vorkommen eines »Körperdings« an einer Stelle im »Weltraume«, sowie vom »Zuhandensein an einem Platz« hervor (Heidegger 1976, 104ff). Das Im-Raum-Sein des Menschen wird durch die Charaktere der »Ent-fernung» und der »Ausrichtung« bestimmt. »Ent-fernung« meint unsere »Tendenz auf Nähe«. Heidegger schreibt: »Mit dem «Rundfunk» zum Beispiel vollzieht das Dasein heute eine in ihrem Daseinssinn noch nicht übersehbare Ent-fernung der »Welt« auf dem Wege einer Erweiterung der alltäglichen Umwelt« (Heidegger 1976, 105). Dies ist der Wortlaut der gegenüber dem Original von 1927 unverändert erschienenen 13. Auflage. Der im Rahmen der Gesamtausgabe erschienene Text, der dem der siebten Auflage entspricht, enthält allerdings den Zusatz: »auf dem Wege einer Erweiterung und Zerstörung der alltäglichen Umwelt« (Heidegger 1977a, 141). Dies deutet zwar auf die Ambivalenz der modernen *Ent-fernungs*-Technologien hin, ändert aber nichts bezüglich der phänomenologischen Ausarbeitung des Unterschieds zwischen der Art und Weise, wie zum Beispiel ein Wagen rechnerisch »Kilometer frisst« und der »umsichtigen« »Ent-fernung« beim alltäglichen Spaziergang (ebd.). Die Brille ist mir abstandsmäßig näher als ein Bild an der gegenüberliegenden Wand. Dieses ist mir aber existenziell näher, sofern ich es *ent-fernend* in die Nähe bringen *kann*. Das bedeutet, dass wir zwar immer räumlich hier, aber *zugleich dort* sind. In der Weise des Ent-fernens sind wir ein »Wesen der Ferne« (Heidegger 1973, 54). Wir können im »Umkreis« unserer Entfernungen »nicht umherwandern«, sondern wir können sie »immer nur verändern« (Heidegger 1976, 108). Indem wir ent-fernen, orientieren wir uns immer schon in eine bestimmte Richtung, die mit Hilfe eines »Zeichens« angegeben werden kann (a.a.O.). Heideggers Beispiele zeigen nicht nur das Im-Raum-Sein des Daseins als die existenzial-ontologische Bedingung der Möglichkeit für die aufkommenden *Entfernungstechnologien*, sondern auch die besondere Problematik, die diese mit sich bringen und zwar sowohl beim »Besorgen« als auch beim »fürsorglichen« zwischenmenschlichen Verhältnis. Menschliche Leiblichkeit wird von Boss in Anschluss an Heidegger in ihrer Andersartigkeit gegenüber der »Körperhaftigkeit« ausgelegt. Wir sind nicht nur leiblich, sondern wir »leiben« sozusagen unsere Existenz. Boss schreibt:

»Die Grenzen meines Leibseins decken sich, mit anderen Worten, mit denen meiner Weltoffenheit. Sie sind mit ihnen identisch. Sie verändern sich darum aber auch ständig entsprechend der unablässig sich wandelnden Weitung oder Verengung meines jeweiligen Welt-Verhältnisses« (Boss 1975, 278).

Leibliche Schmerzen deuten darauf hin, so Boss, dass wir in die »Sphäre« des »gestörten Da-seins« geraten sind (vgl. Boss 1975, 283), wodurch zum Beispiel jeweils bestimmte Möglichkeiten der zwischenmenschlichen Beziehungen beeinträchtigt werden (vgl. Boss 1975, 426). Auch das menschliche In-der-Zeit-Sein hat einen ontologisch-existenzialen Charakter, der uns zum Beispiel von der »Jetzt-Zeit« eines Uhrzeigers unterscheidet. Menschliche Zeitlichkeit ist nach den drei Zeitdimensionen, Vergangenheit, Gegenwart und Zukunft, gegliedert, wobei eine Pointe dieses Ansatzes darin besteht, dass diese Dimensionen *gleichursprünglich* sind (vgl. Boss 1975, 253ff.). Dadurch wird das Primat der Anwesenheit als Leitfaden für den metaphysischen Weltentwurf *falsifiziert* (vgl. Capurro 1993), indem es nämlich nachgewiesen wird, dass das Sein *dieses* Seienden, sich nicht in Gegenwart ausschöpft, sondern sich auf Vergangenheit und in die Zukunft ausstreckt, und dass sogar die Zukunft ein gewisses Primat hat, sofern *Ek-sistieren* als ethische Sorge um das *Zu-sein* ein Antworten auf (gewesene) Möglichkeiten ist. Der Mensch ist das Wesen, das sich zu seinem Sein so verhält, dass es ihn stets um dieses Sein »je selbst geht« (Heidegger 1975, 42). Diese *Selbstzweckhaftigkeit* des Daseins entspricht in gewisser Weise dem, was seit Kant die *Würde des Menschen* genannt wird, sofern nämlich der Unterschied zwischen Ding und Dasein, dem zwischen »Preis« und »Würde« korrespondiert. Allerdings gründet die Würde des Menschen für Kant letztlich in unserer Teilhabe an einer *noumenalen* Welt, dem »Reich der Zwecke«.

Aufgrund dieser an anderer Stelle ausführlicher durchgeführten existenzial-ontologischen Analyse lässt sich zeigen, inwiefern sie die Grundlage für die heutige Weltvernetzung bildet und zugleich Möglichkeiten und Grenzen des digitalen Weltentwurfs zum Vorschein bringt (vgl. Capurro 1986). Wie und wo sind wir, wenn wir im Netz sind? Punkte und Zahlen, herausgelöst aus dem natürlich Seienden (*physis*) und eingeprägt im elektromagnetischen Medium, bilden die Basis der digitalen Weltvernetzung. Das Einräumen des Daseins sowie unser In-der-Zeit-Sein stehen vordergründig im schroffen Gegensatz dazu. Gleichwohl gilt, dass unser zugleich Hier-und-dort-Sein jene Herauslösung von Punkten und Zahlen aus den ort- und zeitgebundenen Seienden möglich macht. Das gilt ebenso sehr für den *logos*, nicht nur sofern dieser sich ebenfalls vom natürlich Seienden trennen und *setzen* lässt — wie in Platons Dialog »Cratylos« mit Bezug auf die *physei-thesei*-Debatte ausgeführt wird —, sondern auch, sofern dieser sich in der Schrift vom Erzeuger herauslösen lässt, wie die platonische Schriftkritik ebenfalls zeigt. Im digitalen Weltentwurf wird aber die Welt nicht auf den *logos* hin, also *onto-logisch*, sondern auf der Basis von Zahl und Punkt, sozusagen *onto-arithmetisch*, vorgestellt und schließlich technisch hergestellt.

Wenn wir also im Netz sind, sind wir gewissermaßen ort-, zeit- und leiblos. Andreas Greis hebt mit Recht hervor, dass »Entörtlichung«, »Entzeitlichung« und »Entkörperlichung« die Strukturmerkmale des Virtuellen im Internet darstellen (vgl. Greis 2001, 217). Das erklärt, warum Pierre Lévy eine *engelische* Anthropologie des *Cyberspace* und eine ›Ethik‹ für reine Vernunftwesen entwickeln konnte. Die Ort-, Zeit- und Leiblosigkeit der digitalen Weltvernetzung bildet den Grund für die *Geisterhaftigkeit* virtueller Erfahrungen (Capurro 1999a). Dabei ist auch zu bedenken, dass die »Entzeitlichung« das metaphysische Primat der Anwesenheit in Form der ständigen virtuellen Verfügbarkeit im Medium des Digitalen wiederherstellt. Frohmann bringt durch seine Kritik diese aus der *physis* herausgelöste Sphäre zum Platzen. Er tut dies unter Berufung auf den *menschlichen Leib*, d.h. auf diejenige Dimension, wovon der digitale Weltentwurf absieht, mit der Möglichkeit der Erweiterung oder Zerstörung der »alltäglichen Umwelt«, die wir leiblich mit den anderen teilen. Diese Kritik lässt sich auf die *physis* insgesamt ausweiten. Mit anderen Worten, eine Netzethik, die keine bloße Bereichsethik sein will und den doppelten Genitivus bedenkt, hat die Aufgabe, nicht nur die Besonderheiten dieses *Ethos* zu erfassen, sondern zugleich das Verhältnis des digitalen Weltentwurfs sowohl in Bezug auf die *physis* als auch auf die Weltoffenheit selbst freizulegen.

Wenn *wir* diejenigen sind, die im Netz sind, dann heißt dieses Im-Netz-Sein immer schon ein zugleich Hier-und-dort-Sein, wenngleich die Weise des *digitalen Entfernens* nicht dieselbe wie die des *leiblichen Ent-fernens* ist. Medard Boss hat überzeugend dargestellt, dass die Weisen des Hier-und-dort-sein-Könnens oder -Gewesenseins, also das Gedächtnis und die Geschichtlichkeit des Menschen, nicht im Sinne von intrapsychischen Abbildern einer Außenwelt im Inneren einer »Psyche-Kapsel« aus phänomenologischer Sicht gedeutet werden können, sondern auf unserem offenständigen In-der-Welt-Sein beruhen (vgl. Boss 1975, 299ff). Eine ähnliche Kritik der Bewusstseinsphilosophie wurde zum Beispiel aus der Sicht des Pragmatismus von Richard Rorty geübt (vgl. Rorty 1982). Das Offenständigsein ist auch die Basis, so meine These, für das ort- und zeitlose Hier-und-dort-Sein im Netz. Mit anderen Worten, wir können uns im Netz aufhalten, weil wir die Ent-fernenden sind. Das Einräumen des Daseins steht nur *vordergründig* im Gegensatz zur Ort- und Zeitlosigkeit des Digitalen. Zugleich aber gilt, dass die Art und Weise dieses Im-Netz-Seins eine Erweiterung oder eine Zerstörung der alltäglichen Umwelt mit sich bringen kann. Daraus lässt sich eine ethische Grundorientierung für eine Netzethik ableiten, sofern nämlich die Verhältnisse des »Besorgens« und der »Fürsorge« auf soziale Praktiken mit ihren leiblichen Dimensionen auszurichten sind. Ich meine hiermit den nicht nur digitalen, sondern auch *physischen Ausschluss* ganzer Gesellschaften, sofern sie nicht nur nicht vernetzt sind, sondern auch im Falle ihrer Vernetzung letztlich im Hinblick auf die leibliche Existenz und die damit verbundenen Leiden und Nöte der Mehrheit ihrer schwächsten Mitglieder nichts davon haben. Das ist die Grundproblematik dessen, was zwar *digitale Spaltung (Digital Divide)* genannt wird, ohne aber zu bemerken, dass dieser Spaltung eine *physische Spaltung*, d.h. eine Spaltung vom *Physischen* vorangeht, die mit einer vermeintlichen *Überwindung* des *Digital Divide* u.U. vertieft wird (vgl. Capurro 2001c). In Anschluss an Vattimos »schwaches Denken« sollten wir eher von einer *Verwindung*, d.h. von einem sich *gegenseitig* abschwächenden Verhältnis zwischen der *physis* und dem Digitalen, sprechen (vgl. Vattimo 1990). Wir können in diesem Zusammenhang mit Bezug auf Heideggers »Ereignis« auch von einem »schwingenden« Verhältnis sprechen (Heidegger 1976, 25-26), wobei der Bereich, in dem diese Sphären zum Schwingen kommen, jene Weltoffenheit ist, die stets Differenzen aus sich entlässt und in Bezug zueinander hält. Das soll dazu führen (können), dass wir als Mitspieler in diesem *ethischen* Spiel, ein *Wohnen* lernen, das auf Absolutheitsansprüche – sei es, wie in der klassischen Metaphysik, auf der Seite der *physis*, sei es, wie in der digitalen Ontologie, auf der Seite des Digitalen –, verzichtet und uns als *Mit*spieler *gelassen* auf dieses *erscheinende* oder *ästhetische* Spiel einlassen. Dies kann auch die Möglichkeit gewaltloser Emanzipation eröffnen (vgl. Sützl 2001, Capurro 2001). Im Klartext: Eine netzethische Reflexion muss fragen (lernen), wie sich digitale Handlungen im Netz *auch und vor allem* auf das leibliche Miteinandersein der Menschen auswirken, unabhängig davon, ob die Betroffen einen geografischen Ort oder eine gemeinsame Kultur in ihrem leiblichen Alltag teilen oder nicht. Und umgekehrt: Sie muss auch fragen (lernen), wie sich verfestigte und voneinander abgeschottete Strukturen in der *physischen* Welt aufgrund der digitalen Vernetzung öffnen können, auch wenn die Möglichkeit eines leiblichen Miteinanderseins damit nicht erfüllt ist.

Das Dasein ist ursprünglich vernetzt, d.h. wir sind immer schon innerhalb von *Bedeutungs- und Verweisungszusammenhängen* eingebettet, die wir *miteinander teilen*. Heidegger nennt die Struktur der Welt, worin das Dasein schon ist und womit es vertraut ist, die »Bedeutsamkeit« (Heidegger 1975, 87). Es macht das Besondere des Im-Netz-Seins aus, dass bestehende geografische oder kulturelle Grenzen sozialer Vernetzungen überschritten werden, so dass die digitale Vernetzung ein Überschreiten von gegebenen sozialen Sphären bewirkt. Dabei entsteht eine neue Form von alltäglichen Vertrautheit, die auf dem digitalen Miteinandersein basiert und sich (relativ) unabhängig vom gewöhnlichen raum-zeitlichen *Leiben* vollzieht, wenngleich diese Vollzüge ebenso sehr in der Weltoffenheit gründen. Damit haben wir eine ethische Doppelbewegung, nämlich das Überschreiten der alltäglichen Umwelt im Cyberspace und die Resituierung der ort- und zeitlosen Netzerfahrung im Hinblick auf die leiblichen zeit- und ortabhängigen Bedürfnisse. Sofern das Im-Netz-Sein sich als eine Flucht vor der alltäglichen Umwelt und der Fürsorge um das Miteinandersein, einschließlich der eigenen Leiblichkeit manifestiert, ist dies ein Anzeichen für ein Sich-Verschließen des Daseins im digitalen Weltenwurf. Und umgekehrt: Eine Abschottung in der alltäglichen Umwelt verhindert den Prozess des (digitalen) *Ent-fernens*, d.h. des Erweiterns jener Bezüge, die, losgelöst vom natürlich Seienden, im Medium der digitalen Weltvernetzung möglich sind. Dies gilt ganz besonders für den menschlichen (mündlichen und schriftlichen) *logos* in all seinen ästhetischen und rationalen Dimensionen. Es gilt aber um so mehr für die Digitalisierung der Produktion und des Austausches von Waren, also für die digitale Ökonomie im Sinne einer sich verselbständigten

Sphäre (Capurro 2001a, Eldred 2001). Eine Netzethik umfasst somit sozial- und wirtschaftsethische Aspekte und stellt sich kritisch gegenüber einem *Fetischismus* des Digitalen auch im ökonomischen Bereich.

Als Weltbildner haben wir eine auf das physische und digitale *Wohnen* ausgerichtete *ethische* Aufgabe bei der semantischen und pragmatischen Konstruktion des Netzes. Ich nenne diese Aufgabe *artifizielle Hermeneutik*. Die digitale Ontologie basiert zwar auf Punkt und Zahl und ihrer Einprägung im elektromagnetischen Medium, aber sie ermöglicht dadurch die Entfaltung jener semantischen und pragmatischen Räume und Strukturen – von den persönlichen Websites, über die Suchmaschinen, bis hin zu (multimedialen) Diensten wie E-mail, Newsgroups, Internet-TV, Internet-Radio, Internet-Telefonie oder Video-Konferenzen –, die eine digitale Offenheit erst zu einer *menschlichen* digitalen *Welt*offenheit machen. Sowohl die philologische als auch die philosophische Hermeneutik haben bisher weitgehend versäumt, besser: versagt, die Kunst des *hermeneuein* im Medium des Digitalen zu thematisieren. Wir haben eine »Hermeneutik im Rückblick« (Gadamer 1995), aber kaum eine im Vorblick (vgl. Capurro 1986, Capurro 2000c, Gander 2001). Gadamers Hermeneutik spielt das *face-to-face* gegen das *interface* aus. Das »Abrufen von Daten aus Datenbanken« wird der »verklärenden Zaubermacht des Erinnerns« gegenübergestellt (ebd. 220). Wahr ist, dass die digitale Weltvernetzung die traditionellen Machtverhältnisse der »Gutenberg-Galaxis« (MacLuhan) und die Oligopole der Massenmedien *fragwürdig macht* und sie *abschwächen kann*, wobei neue Machtkonstellationen und digitale Gefahren – von Viren bis zu *Cyberwars* – entstehen. Mit anderen Worten, das Internet ist keine *uneigentliche* Struktur des »Man« (Heidegger) – das trifft eher für die Massenmedien zu – sowenig wie es als ein Raum für die Verwirklichung *eines* weltweiten »herrschaftsfreien Diskurses« (Habermas) aufgefasst werden kann, wenngleich »Teilöffentlichkeiten« mit unterschiedlichen diskursiven Standards möglich sind (vgl. Debatin 1998). Das Netz ist ein Beitrag zur »semantischen Welterschließung« (Rorty 2001, 462). Darüber hinaus bietet die weltweite Vernetzung einen Raum für das *digitale Handeln* und für den *digitalen Handel*. Sie stellt damit einen Beitrag zur pragmatischen Welterschließung dar. Ich nenne diese Art des digitalen ort- und zeitunabhängigen Handelns *actio digitalis in distans*. Was ist die weltweite Vernetzung? Sie ist die vorherrschende Struktur unseres gegenwärtigen In-der-Welt-Seins. Wir haben ein *existenzial-ontologisches digitales Vorverständnis*. Das ist der Sinn des Ausdrucks *digitaler Weltentwurf*. Eine solche das Verhältnis von Mensch und Welt bestimmende Struktur lässt sich durchaus im Sinne des Heideggerschen »Ge-Stells« auffassen (Heidegger 1976a). Dieses wird erst zu einem »*Vorspiel*« und zu einem »bedrängenden Aufblitzen des Ereignisses«, wenn wir ein Zusammenspiel mit der *physis* in der Weltoffenheit »schwingen« lassen (ebd. 25-27).

Eine Hermeneutik, die sich dem Phänomen der digitalen Weltvernetzung stellt, muss die drei von Günter Figal (1996) genannten Traditionen berücksichtigen, nämlich:

(1) Die Hermeneutik des wirkungsgeschichtlichen Geschehens, die auf der Kontinuität von Traditionen basiert. Das Verstehen vollzieht sich aus der Geschichte als Überlieferung und auf sie hin. Ihre Grenze findet sie darin, dass das Verstehen als Erkunden der eigenen Überlieferung diese »niemals wirklich aneignen und als ganze zur Durchsichtigkeit bringen« kann (ebd. 24).

(2) Die Hermeneutik perspektivischer Integration: Sie verzichtet auf die Vorstellung einer umgreifenden Tradition und richtet ihr Augenmerk auf die Gegenwart. Sie versucht das Übriggebliebene im gegenwärtigen Leben einzuverleiben. Was zählt ist die zeitlose Präsenz. Diese wird aber »ausschließlich durch den zeitlichen Vollzug des Lebens gebildet und offen gehalten« (ebd. 26), womit auch ihre Grenze angezeigt ist, nämlich, dass sie nicht sagen kann, in welchem Zusammenhang etwas verständlich sein soll.

(3) Die Hermeneutik sich ereignender Konstellationen: Sie nimmt ihren Ausgangspunkt beim Bruch mit der Tradition. Die Möglichkeit des Verstehens, die weder im Text noch im Interpreten allein angelegt war, taucht plötzlich im Augenblick ihrer Begegnung auf. Dadurch entgeht ihr aber der Sinn der von Traditionen eröffneten Freiräume.

Eine *artifizielle Hermeneutik* muss dementsprechend zeigen,

- inwiefern die digitale Weltvernetzung neue Formen von Traditionen möglich macht, und wie sie sich zueinander verhalten;
- inwiefern die digitale Virtualität eine besondere Form zeitloser Präsenz darstellt und wie das in einer digitalen Teilöffentlichkeit erstrebte oder erreichte Verständnis mit anderen Perspektiven integriert werden kann;
- wie die unvorhersehbaren Verstehens- und Nicht-Verstehens-Konstellationen, die sich lokal oder global im Netz ereignen (oder nicht ereignen), artikulieren, und wie sie sich auf entsprechende Freiräume von Traditionen beziehen (oder nicht).

Entscheidend und Voraussetzung dafür scheint mir aber die Einsicht zu sein, dass Hermeneutik als Kunst des Verstehens auf dem Phänomen der Verkündung oder des Bringens einer Botschaft (gr. *angelia*) basiert. Ich spreche von *Angeletik* als Gegenstück zur Hermeneutik. Eine solche *Theorie der Botschaft* liegt in Ansätzen vor (Capurro 1999, 2000b, 2001b). Jean-Luc Nancy schreibt in einer hier *in extenso* wiedergegebenen weil besonders *denk-würdigen* Stelle:

»Gleichsam auf der äußersten Spitze des hermeneutischen Denkens – eine Spitze, die so fein ist, daß dieses Denken sie oft selbst vergißt, obwohl es darauf zuläuft und auch dort ankommt – gibt es freilich etwas, das der Interpretation trotzt und sie von innen her zerreißt. Gezeigt hat sich das insbesondere in der ›Deutung‹ der ›Bedeutung‹ des griechischen *hermeneuein*, die Heidegger vorschlägt; er bietet als den neuesten Sinn dieses Wortes seinen ältesten an und versteht ihn als den Sinn der Übermittlung einer Botschaft, der Ankündigung einer Neuigkeit. Der Bote ist nicht die Bedeutung der Botschaft, er interpretiert sie auch nicht, er gibt ihr keinen Sinn und gibt ihr nicht den Sinn – während in einem anderen *Sinne* die Haltung des Boten, sein Stil, sein eigenes Verhältnis zum Inhalt der Botschaft (den er nicht unbedingt kennen oder verstehen muss) die Bedeutung derselben begleiten bzw. befallen, das Signifikat durch die Art und Weise seiner Präsentation gleichsam vom Rande her angreifen kann. Und darin bestünde der erste Wert der ›Vorstellung‹: Die Philosophie erschafft keinen Sinn, vermittelt keine Bedeutungen (oder zumindest ist das keine Beschäftigung, die ihr eher zukäme als anderen Diskursen), sondern stellt den Sinn vor; und sie stellt ihn vor, weil der *Sinn des Sinns*, vor aller Bedeutung, vor allem darin liegt: präsentiert zu werden, sich zu präsentieren. Die ›Botschaft‹ – ein Begriff, der lange die Idee eine reichen, an Motiven und Entwürfen überreichen Bedeutung konnotiert hat und aus diesem Grunde jedesmal ins Spiel gebracht wurde, wenn in der Moderne die literarische Funktion in Frage stand –, die Botschaft ist eine Bedeutung *mit einer Adresse*, das heißt einer Bestimmung und einer Präsentation. (Diese von Heidegger herausgearbeitete Grenze der Hermeneutik entspricht gewiss in etwas Wesentlichem der Benjaminschen Idee der Über-setzung, wie sie andererseits auch mit dem Wittgensteinschen Motiv des Zeigens im Gegensatz zum Erklären zusammenhängt)« (Nancy 2001, 94-95).

»The medium is the message« (MacLuhan 1964, 23). Wir scheinen inzwischen zu wissen, was Medien sind. Was ist aber eine *message*? Die digitale Weltvernetzung hat zwei Seiten, eine angeletische und eine hermeneutische. Wir leben in einer *message society* (Capurro 2000).

Ausblick

Diese existenzial-ontologische Begründung der Netzethik hat eine *schwache Botschaft*. Sie stützt sich nicht auf ewige oder universale Prinzipien und sie zielt nicht primär auf die Aufstellung von ethischen Normen. Sie bewegt sich in einem *lebensweltlichen* Vor-feld, bei dem es um Hinweise geht, wie im Rahmen des digitalen Weltentwurfs das Verhältnis von Mensch und Welt so *gebildet* werden kann, dass die *Kontingenz* mensch-lichen Miteinanderseins in der Welt zum Vorschein kommt. Zu dieser Kontingenz gehört zweifellos unsere *physis*. Denn wir sind zwar Weltbildner, aber wenn wir mit einem Weltentwurf anfangen wollen, stellen wir *faktisch* fest, dass wir uns immer schon *in* einem vorgegebenen und *von sich aus wachsenden* natürlichen Lebens-Prozess befinden, dessen Regeln und Möglichkeiten wir gerade aufgrund unserer Faktizität niemals völlig durchschauen können. Zugleich sind wir einem Horizont von *Un-Bestimmtheit* ausgesetzt, der uns ermöglicht, uns so in der Weltoffenheit einzurichten, dass wir den Unterschied zwischen Bestimmtheit und Unbestimmtheit *wahr-nehmen* können. Eine existenzial-ontologische Begründung der Netzethik zielt dementspre-chend auf die Wahr-nehmung dieses Unterschieds im Hinblick auf die von der Digi-talisierung eröffnete Perspektive auf das »Seiende im Ganzen«. Dieses Ziel konnte im Rahmen dieses Beitrags nur ansatzweise erreicht werden.

Dieser Ansatz unterscheidet sich von Luciano Floridis »information ethics« (Flo-ridi 2000) u.a. dadurch, dass seine »onto-centric view« der klassischen auf dem Begriff der In-FORM-ation basierenden Metaphysik entspricht, während hier die »ontologi-sche Differenz« den Ausgangspunkt bildet. Das bedeutet aber keineswegs einen Anthropozentrismus. Denn die Pointe der existenzial-ontologischen Analyse besteht gerade in der *faktischen* Dezentrierung menschlichen Seins. Wir haben diese Faktizität mit dem Ausdruck der *Orientierungssuche* gekennzeichnet. Dementsprechend hat unse-re *ethische*, d.h. auf das menschliche *Wohnen* in der Welt ausgerichtete Reflexion einen weniger normativen oder imperativen und mehr indikativen Charakter, der im Rah-men einer »Philosophie der Lebenskunst« (Schmid 1998, 133ff; vgl. Capurro 1995, 1996a) zu reflektieren ist.

In einer berühmten von Karl Rahner (1957) ausführlich kommentierten *quæstio* der »Summa Theologica« (ST I, 89, 1) fragt Thomas von Aquin, ob die Seele getrennt vom Leib erkennen kann, und antwortet, dass sie es zwar kann, dass dies aber, solange sie mit dem Leib verbunden ist, nur in der Hinwendung zum sinnlich wahrnehmbaren Seienden geschehen kann (»nisi convertendo se ad phantasmata«). Allgemeiner ausgedrückt: »modus operandi uniuscujusque rei sequitur modum essendi« (a.a.O.). Die Art des Handelns ergibt sich aus dem, was die Dinge jeweils sind. Was *wir* sind, hängt aber nicht nur von unserer *physis*, sondern *auch* von unserem Seinsverstehen ab. Wir entwerfen auf der Grundlage unserer Faktizität, was und vor allem wer wir in der Welt sind. Mit anderen Worten, unser Handeln ist nicht nur und auch nicht primär auf Seiendes, sondern auf Sein hin orientiert. Dadurch entsteht paradoxerweise unsere Orientierungs*suche* nach einer Seins*bestimmung*, die aufgrund unseres vorgängigen In-der-Welt-Seins sowie der uns bedingenden *physis* selbst nicht beliebig sein kann. Was unserem Sein geschichtlich, d.h. weder beliebig noch logisch ›folgt‹, sind unsere jeweiligen existenziellen Weltentwürfe, die zusammen mit der *physis* um einen Ab-Grund kreisen. Eine existenzial-ontologische Reflexion hat die Aufgabe genau diese Spannung freizulegen. Sie tut dies in diesem Fall am Leitfaden des digitalen Weltentwurfs, der sich in seiner Bestimmtheit zeigen kann, wenn er im Spannungsverhältnis zur Unbestimmtheit menschlichen Handelns sowie zur uns bedingenden *physis* entdeckt wird. Die primäre Aufgabe eine Netzethik besteht dann aus existenzial-ontologischer Sicht darin, unser Im-Netz-Sein im Kontext von Weltoffenheit und *physis* sehen zu lassen. Sofern menschliches Sehen ein von der *Sorge* um die eigene Existenz geleitetes Sehen ist, kann diese Reflexion eine *ethische* genannt werden. Die Anforderungen an eine Netzethik wachsen dementsprechend aus der Fürsorge für unser leibliches Miteinander sowie für die uns *mit*bedingende Natur. Unser sphärologisches Im-Netz-Sein muss dauernd sich den Herausforderungen unseres *physischen* Miteinanderseins stellen und dabei, im doppelten Sinne des Wortes, *endlich* platzen.

Anthropologie und Symboltheorie I: Die Anthropologie des Medialen. Zur anthropologischen Selbstaufrüstung des *animal symbolicum*

Matthias Rath

Jede Zeit hat ihr eigenes Bild von der Welt und vom Menschen. Einige Menschenbilder lassen sich über Jahrhunderte hinweg verfolgen, andere entstehen plötzlich unter neuen, auch wissenschaftlich-technischen Gegebenheiten, z.B. das Modell des *L'homme machine* aus den Erfolgen der neuzeitlichen Physik. So auch heute: Die Frage, ob der Mensch unter den Bedingungen einer medial verfassten Gesellschaft neu zu bestimmen sei, bewegt die Gemüter, Sonderhefte und Reader sprießen, allemal jetzt, wenn auch verschiedene Autoren dieses Thema schon früher und in prämultimedialen Zeiten aufgegriffen haben (z.B. Flusser, Innis und MacLuhan).

Die Frage, was den Menschen von anderen Dingen der Welt unterscheidet, ihn gar auszeichnet, ist jedoch so alt wie die Philosophie selbst. An ihren abendländischen Anfängen, der ionischen Naturphilosophie, begann zugleich eine Abgrenzungsbewegung des selbstreflektierenden Geistes, der das Wesen des Menschen in einer Definition zu fassen versuchte. Diese Definition bestimmte, zumindest im nicht-theologischen Denken[1], den Menschen ambivalent, nämlich durch die Ähnlichkeit mit anderem Weltlichen und zugleich die nähere Bestimmung der Ungleichheit. Diese Selbstverständlichkeit des Ähnlichen, ein Lebewesen unter anderen zu sein, griechisch *zoon* oder lateinisch *animal*, wird durch die nähere Bestimmung des Unterschieds gebrochen. Was unterscheidet den Menschen als Lebewesen von anderen Lebewesen? Ist es seine Gesellung als *zoon politikon*, seine Sprachfähigkeit als *zoon logon*

---

1 Im christlichen Kontext ist diese Ambivalenz zunächst nicht gegeben, denn der Mensch definiert sich von einem Anderen her, insofern er als Ebenbild Gottes, als *imago Dei* gedacht wird. Erst im Akt der bewussten Abwendung, dem Sündenfall, wird die Selbstdefinition des Menschen ambivalent: Der Mensch verstellt sich dem Bildsein durch die Sünde, die willentliche Abkehr von der göttlichen Ordnung. Diese Ambivalenz ist also eine vom Menschen selbst verursachte, ja geleistete. In diesem Sinne ist die Bestimmung des Menschen als ein autonomes Wesen erst in der Schaffung dieser Ambivalenz möglich. Allerdings lässt sich eine theologische Reflexion auf das Selbstbild vom Menschen, auch unter Berücksichtigung der medialen Verfasstheit dieses Wesens, nicht notwendig nur aus dieser Ambivalenz leisten, vgl. Wunden; Kos (2000) und Pirner (2001), vor allem aber die literarische Anthropologie von Huizing (2000).

echon oder sein Vernunft als *animal rationale?* Und bezeichnen diese Unterscheidungen eine Fähigkeit oder auch eine Bedürftigkeit?

Im 20. Jahrhundert fanden diese Definitionen ihre Erweiterung in der modernen Anthropologie, die den Menschen als »exzentrische Positionalität« (Plessner), also das Wesen, das zu sich in Distanz stehen kann, als »Aktsubstanz« (Scheler), als der Kern dessen, was eine Handlung ausmacht, oder durch einen offensichtlichen Mangel bestimmte, der sich in der Phylogenese zur Tugend mauserte: der Mensch als »physiologische Frühgeburt« und »sekundärer Nesthocker« (Portmann), als instinktreduziertes, als »Mängelwesen« (Gehlen).

Der selbstreferente Charakter dieser Frage nach dem Menschen macht ihre Antwort zu einer historisch relativen *Selbstdefinition.* Jedoch unabhängig davon, welche *inhaltliche* Bestimmung des Menschen wir präferieren, die philosophische Tradition stellt einen nicht nur für die Neuzeit paradigmatischenBegriff im Zusammenhang mit dem Selbstsein des Menschen bereit: den Begriff der »Person«[2]. Für die Gegenwart ist allerdings ein eher sozialwissenschaftlicher Begriff in den Fokus der Reflexion gerückt, nicht zuletzt unter dem Aspekt der medialen Sozialisation, und dies ist der Begriff der »Identität« (vgl. Keupp/Höfer 1997, Greis 2001).

Fetz (1988) hat diesen Terminus als Epochenbegriff der Gegenwart charakterisiert und gezeigt, dass der klassische philosophische Personbegriff all jene Bestimmungstücke umgreift, die im sozialwissenschaftlichen Identitätsbegriff anklingen, nämlich die subjektive, lebensweltliche, soziale und eben personale Rückgebundenheit des Individuums an sich selbst und das reflexive Vermögen der Person, eben diese Rückgebundenheit für sich selbst in den Blick zu nehmen. Interessant ist dabei der Verweis auf die klassische Unterscheidung zwischen einer generischen und einer numerischen Identität, d.h. die Zugehörigkeit des Individuums zu einer Gattungen (generisch) sowie die Identifizierbarkeit des Individuums als es selbst (numerisch) (vgl. Fetz 1988, 88-90). Beides, die generische Bestimmung des Menschen als Gattungswesen sowie die numerische Identifizierung eines Individuums als an diesem Raum-Zeit-Punkt mit einem Individuum an anderen Raum-Zeit-Punkten identisch, sind *notwendige* Bedingungen der Bestimmung des Individuums als Person und damit als Zielgröße für eine ethische, auch medienethische, Beurteilung. Sie sind jedoch nicht hinreichend. Beide Identitäten sind basal, d.h. sie gelten für alles, was als Einzelding auftritt, sie sind für ein Bild vom Menschen jedoch nicht konstitutiv. Für den Menschen kommt zusätzlich der Aspekt ins Spiel, sich *selbst* als identisch zu *identifizieren.* Diese »Selbstidentifizierung« (ebd. 90) spricht sich in der Fähigkeit aus, sich selbst

---

2   Zur langen, weit vor die moderne Diskussion zurück reichenden Geschichte dieses Terminus vgl. den ausführlichen Artikel zu diesem Stichpunkt im Historischen Wörterbuch der Philosophie (Scherner 1989).

mit »ich« anzusprechen. Erst mit dieser Fähigkeit ist das gegeben, was Fetz mit Habermas »natürliche Identität« (ebd.) nennt.[3]

Wie aber könnte eine Anthropologie aussehen, die diese Selbstidentifizierung des Individuums als identische Person auffängt? Dazu möchte ich einen Gedanken von Manfred Frank (1988) aufgreifen, der, ausgehend von der These vom Verlust und Verschwinden des Subjekts, die anthropologischen Kategorien »Subjekt«, »Person« und »Individuum« diskutiert. Vor allem der Ich-Bezeichnung des Individuums gilt seine Aufmerksamkeit. Angesichts der Veränderungen, denen ein Individuum trotz aller »lebensgeschichtlichen Kontinuität« (ebd. 21) unterliegt, bedarf diese Ich-Bezeichnung der ständigen *Selbstauslegung* durch das Individuum. D.h., so Frank (1988, 22) wörtlich: »Es gibt keinen festen Kern, keine fixe Identität eines Individuums.«

Diese Feststellung führt somit nicht zu einer klassischen, inhaltlich fixierten generischen Wesensdefinition des Menschen, z.B. *animal rationale*, noch zu einer biografisch mit dem Abschluss der Identitätsentwicklung zur konventionellen oder autonomen Identität festgelegten Personnatur im Sinne von Fetz, sondern zu einer »Hermeneutik des Selbstverständnisses« (Frank, 1988, 28), die auf jene andauernde, vom Ich-sagenden Individuum zu leistende Selbstauslegung verweist.

Damit ist eine anthropologische Konstante des Menschen benannt, die für die aktuellen Fragen nach dem »Wesen« des Menschen und den ethischen Leitlinien seines Handelns fruchtbar gemacht werden kann, die *hermeneutische* Fähigkeit, sich selbst und seine Welt zu verstehen und auszulegen. Diese Welt und wir in ihr sind uns nicht direkt, im Sinne einer Repräsentation von Wirklichkeit zugänglich, sondern nur als zu deutende *Symbole*. In dieser Hermeneutik wird die Welt allererst aufspannen, in der die Frage nach einer Ethik überhaupt sinnvoll ist. Diese anthropologische Konstante fomuliert zu haben, kann Ernst Cassirer für sich in Anspruch nehmen.

Das *animal symbolicum* ...

Ernst Cassirer suchte einen Zugang zum Menschen, der seine Besonderheit erfasst und zugleich den ganzen Reichtum menschlicher Welt- und Selbstgestaltung zulässt, ja erklärt. In seiner zwischen 1923 und 1929 erschienenen »Philosophie der symbolischen Formen« (Cassirer 1953; 1964; 1954) bricht Cassirer mit einer selbstverständlichen Voraussetzung der klassischen Erkenntnistheorie, die ein unveränderliches Sein des Seienden postuliert, das der menschlichen Erkenntnis prinzipiell zugänglich sei. Danach könnte die Welt unserem Erkenntnisvermögen wie einer *tabula rasa* als Abbild eingeprägt werden. Demgegenüber hätten wir in der Neuzeit lernen müssen, dass das Erkennen der Welt prinzipiell vorgeprägt ist, und zwar nicht durch die zu erkennende Welt, sondern vielmehr durch uns selbst. Wir formen die Welt je schon vor,

---

3   In einer Anwendung der Piagetschen und Kohlbergschen Theorien der kognitiven Entwicklung entwirft Fetz, worauf ich hier nicht eingehen will, eine personale Entwicklungstheorie, von der natürlichen über die konventionelle hin zur autonomen Identität.

die Begriffe, Kategorien und Theorien des Menschen über sich und die Welt sind »selbstgeschaffene intellektuelle *Symbole*« (Cassirer 1953, Herv. im Orig.).

Doch anders als Kant meinte, ist diese Vorprägung nicht intersubjektiv für jedes Individuum, sofern es ein »vernünftiges Wesen« ist, überzeitlich gleich, sondern diese Symbole unterliegen einem Wandel, einem Wandel, der als Ganzes die Kultur einer Zeit und einer Gesellschaft ausmacht. Die im und durch das Symbol geleistete Erfassung der Welt ist nicht eine »Gestaltung [...] *der* Welt«, sondern eine »Gestaltung *zur* Welt« (ebd. 11, Herv. im Orig.). Die Welt ist keine der »bloßen Eindrücke«, sondern »des reinen geistigen *Ausdrucks*« (ebd. 12, Herv. im Orig.) – mithin ein Produkt des Menschen.

Diese symbolische Hervorbringung von Welt ist jedoch nicht beliebig, sondern wird für die jeweilige Kulturstufe durch eine »Grundform des Geistes« (ebd. 13) geprägt, die mit einem absoluten Anspruch auftritt. Diese Grundformen nennt Cassirer »symbolische Formen«. Soweit die Grundstruktur seiner Kulturtheorie.

In seinem Werk »Versuch über den Menschen« aus dem Jahr 1944 wendet Cassirer seine »Philosophie der symbolischen Formen« ins Anthropologische und bestimmt die Symbolisierung von Welt als das eigentliche Charakteristikum des Menschen, als seine Bestimmung, ja sein Wesen. Programmatisch überschreibt er das kurze, aber zentrale zweite Kapitel des »Versuch über den Menschen« mit »Ein Schlüssel zum Wesen des Menschen: das Symbol« (Cassirer, 1996, 47). Die symbolische Hervorbringung von Welt gilt auch für den Menschen selbst, sofern er sich reflexiv in den Blick nimmt. Auch er, als Teil seiner eigenen Welt, produziert sein Selbstverständnis im Zuge der Selbstauslegung seiner symbolischen Präsentation. Mit dieser Interpretation der Selbstidentifizierung des Menschen gewinnt Manfred Franks hermeneutische Deutung des individuellen Selbstverständnisses eine anthropologische Basis.

Die grundsätzliche Symbolhaftigkeit, oder wie ich sagen möchte, diese anthropologisch begründete *Medialität* der Welt, drückt sich aus in einem sozial und kulturell vermittelten »Symbolsystem« (ebd. 49). Die symbolische und begriffliche Vermittlung der Menschenwelt ist die Folge dieses Symbolsystems, das nicht dem Menschen per Gattung zukommt, sondern als ein »Gespinst menschlicher Erfahrung« (ebd. 50) zu verstehen ist. »Der Mensch lebt nicht mehr [wie das Tier, MR] in einem bloß physikalischen, sondern in einem symbolischen Universum« (ebd.). Ja mehr noch, selbst in der praktischen und theoretischen Auseinandersetzung mit Welt hat es der Mensch statt mit den Dingen (was immer das auch sei) »ständig mit sich selbst zu tun« (ebd.). Er ist das Wesen, das sich seine Welt symbolisch erschließt, ja dem die Welt nur und ausschließlich in Symbolen erscheint. Er ist das *animal symbolicum*.

Die Leistung des *animal symbolicum*, das Ganze seiner Welt als eine je schon gedeutete vorzustellen und in diesem Sinne sich die ganze Welt und sich selbst jeweils zu schaffen, läuft auf kulturell tradierte Beschreibungen dieser »Welten« hinaus, die von den Menschen im Zuge der Sozialisation gelernt werden. Diese Weltinterpretationen sind es, die Cassirer mit dem Ausdruck »symbolische Formen« belegt und die einen grundlegenden Formcharakter, d.h. Interpretationsrahmen für die Mitglieder einer kulturell tradierten symbolischen Form bereitstellen.

Ernst Cassirer war nach 1945, seinem Todesjahr, weitgehend in Vergessenheit geraten. Doch seine symboltheoretische Anthropologie hat gerade in unserer heutigen, medial geprägten Zeit wieder Konjunktur. Die grundsätzliche »Medialität« menschlicher Welterfassung ist zugleich die jeweilige Kennmarke einer spezifischen Kultur, in der Menschen leben. Das Symbol und die Medialität der Welt wird zum anthropologischen Datum, das sich zwar unter den Gegebenheiten der jeweiligen Kultur wandelt, aber als Faktum unhintergehbar ist (vgl. Rath, 2001).

... als Nullwort ...

Was heißt dies aber, nochmals auf unser eigenes Unterfangen gewendet, die Bestimmung des Menschen in seinem Wesen? Wenn der Mensch als *animal symbolicum* bestimmt werden muss und kann, in wie weit kann dann diese Bestimmung selbst den Anspruch erheben, eben dieses Wesen zu bestimmen? Wenn der Mensch alles, seine gesamte Welt, nur in Symbolen vermittelt erfasst, welche Folgen hat dies für den Menschen selbst, sofern er sich, als Teil seiner Welt, selbst in den Blick nimmt? Ist seine Selbstbestimmung nicht auch Ergebnis einer (Selbst-)Konstruktion des Menschen? Ist damit die Grenze zwischen einer primären, auf die Seinsweise des Menschen abhebenden, und einer sekundären, historisch-rezeptiven, Selbstdefinitionen in ihrer Genese rekonstruierenden Anthropologie aufgelöst? Welchen Erkenntniswert hat die Wesensbestimmung des Menschen als *animal symbolicum* noch?

Sie ist, eben dort, wo sie berechtigt ist, selbst relativ, Symbolbegriff, also Begriff als symbolische Konstruktion. Das heißt aber – nehmen wir die These Cassirers ernst –, die Bestimmung eines Wesens des Menschen verfällt generell unter das Diktum der *Selbstreferenz*. Als *animal symbolicum* ist jede Selbstdefinition des Menschen selbst symbolisches Konstrukt. Im Sinne einer »ontischen« (vgl. Heidegger 1979, 8-15) Bestimmung des Menschen ist diese Definition ein *Nullwort*. Denn es bleibt damit nicht mehr über dieses *animal symbolicum* zu sagen, als dass es, als Objekt seiner Reflexion, ebenfalls nur als mediales, d.h. symbolisch vermitteltes Objekt zu denken ist. Damit führt die oben formulierte These von der »anthropologisch begründeten *Medialität* der Welt« zur selbstreferenten These über den Menschen selbst, nämlich dass er, als was er auch immer zu definieren sei, immer nur als *mediales, (d.h. im Medium der Symbole sich selbst und die Welt konstruierendes) Wesen* bestimmt werden kann: das *animal symbolicum* ist dann jenes Wesen, zu dessen Weise der Welterfassung es gehört, alles, was er erfasst, schon vor dem Hintergrund eines symbolisch vermittelten Weltverständnis deuten zu müssen. Dies ist nicht falsch, wie mancher Rekurs auf diese Deutung des Menschen beweist (vgl. z.B. aktuell Wiegerling 1998, 233-235; Kübler 2001), aber wenig originell.

... und seine Geschwister

Was bedeutet dies für den inzwischen gängigen Rekurs auf Cassirers *animal symbolicum* in ontischer Deutung? Nun ist selbst bei oberflächlicher Betrachtung die Passung dieses Bestimmung des Menschen als *animal symbolicum* im Hinblick auf die mediale

Realität der Gegenwart augenfällig. Aber ist es nicht genauso möglich und sinnvoll, andere Bestimmungen des Menschen, also Selbstdefinitionen, aufzugreifen, um von da aus die Frage nach dem Menschen in der medial verfassten Gegenwart zu stellen?

Vor allem zwei Vorstellungen vom Menschen bieten sich hierzu an, eine, die dem Warencharakter der Medien Rechnung trägt, die aus der Wirtschaftswissenschaft entlehnte Bestimmung des Menschen als *homo œconomicus*, und eine, die die soziale Bedingt- und Vermitteltheit medialer Angebote berücksichtigt, der Homunkulus der Sozialwissenschaften, der *homo sociologicus*.

Der *homo œconomicus* ist ein Streitpunkt seit langem. Verschiedene Variationen dieses Menschenbildes können unterschieden werden (vgl. Kirchgässner 2000; Matthiessen 1995), ihnen gemeinsam ist die Orientierung am eigenen Interesse des *homo œconomicus* und die Rationalität seiner Entscheidungen. »Rational« heißt in diesem Fall nur, dass er nicht dezisionistisch entscheidet, also willkürlich, ohne Gründe für das eigene Verhalten angeben zu können. Vor dem Hintergrund dieses Menschenbildes wird die mediale Nutzung zum Spielball der »gratifications«, der subjektiven Vorteile, die aus der Mediennutzung resultieren. Diese Handlungen können, mit Kant gesprochen, zwar der Sittlichkeit entsprechen, sie sind aber selbst nicht sittlich, da die Zufälligkeit der individuellen Präferenzen eine Bedingung sittlichen Handelns nicht erfüllt, die Stetigkeit oder Kontinuität, die allererst aus der Prinzipiengeleitetheit der Handlungen resultieren. Damit wird zugleich deutlich, wo der medienethisch problematische Punkt dieser anthropologischen Verortung des Menschen als medialem Wesen sitzt: in der allein aus der konkreten Handlung interpretierbaren Motivationsstruktur des Handelnden. Damit entschlägt sich eine solcherart argumentierende Medienethik der Differenzierung zwischen Gründen und Motiven, also der an Prinzipien orientierten, argumentativen Legitimation einer bestimmten Handlung und den letztlich nur unter psychologischen Gesichtspunkten versteh- und erklärbaren Neigungen des Individuum. Eine darüber hinaus reichende Interpretation des *homo œconomicus* muss dagegen von dieser handlungstheoretischen Betrachtungsweise ablassen und versuchen, den Menschen als Ganzen wieder zum moralischen Subjekt zu machen. Die Moralität des Subjekts liegt dann nicht mehr in der Handlung selbst, sondern in der *Anerkennung* des Subjekts als einem moralischem Subjekt. Ein Versuch, dies zu leisten, finden wir z.B. bei Birger P. Priddat (1998), der die Moralität des *homo œconomicus* aus der Beurteilung der Handlungsfolgen in die Person des handelnden Subjekts zurück verlegt. Notwendig muss daher ein Ort aufgesucht werden, der in der Konstruktion des *homo œconomicus* nicht vorgesehen ist, nämlich die Identität der handelnden Person. Solange diese ausgeblendet bleibt, ist jede ethische Diskussion von vorne herein unmöglich.

»Die Unterscheidung zwischen Handlung/Person ist hilfreich, um das Verhältnis von Moral und Ökonomie zu klären. Wenn wir von ›rationalen Handlungen‹ reden, ist das Individuum zwar Träger der Handlung, ansonsten aber irrelevant, da die Rational-Choice-Theorie Selbstreferenz nicht thematisiert. Anerkennungsvorgänge können nur über die Bewertung von (erfolgreichen) rationalen Handlungen erfolgen. Wenn wir aber [...] die Person-Identität als konstitutives Moment der Moral nennen, wäre die Moral schlecht beraten, ihre identitätsstiftende Rolle abhängig zu machen von den kontingenten Handlungserfolgen rational agierender ökonomischer Akteure« (Priddat 1998, 26).

Ein zweites Menschenbild bietet sich an, der *homo sociologicus*, der perfekt an das soziale System angepasste Homunkulus, der Institutionsverwirklicher, der nur aus der sozialen Anerkennung durch das soziale System definierbar ist. 1958 erstmals von Ralf Dahrendorf (1977) entfaltet, bezeichnet dieser Typus den Menschen, sofern er Träger einer oder mehrerer sozialen Rollen ist. Die gesellschaftlichen Rollenerwartungen werden unter den Bedingungen der Mediengesellschaft mehr und mehr medial vermittelt, so dass auch dieser Typus Relevanz erhalten könnte. Dahrendorf betont, dass *homo sociologicus* einen bestimmten Aspekt des realen Menschen wiedergibt, nämlich den »Menschen im Angesicht der ärgerlichen Tatsache der Gesellschaft« (Dahrendorf 1977, 18). Dahrendorf betont die Ausschnitthaftigkeit dieser Typologie, wenn er zum Verhältnis von realem Menschen und realer Gesellschaft feststellt: »Am Schnittpunkt des Einzelnen und der Gesellschaft steht *homo sociologicus*, der Mensch als Träger sozial vorgeformter Rollen. Der Einzelne *ist* seine sozialen Rollen, aber diese Rollen *sind* ihrerseits die ärgerliche Tatsache der Gesellschaft« (ebd. 20).

Die Deutung des Menschen ausschließlich als Rollenträger, ja als Inbegriff dieser sozial vorgeprägten Rollen[4], bleibt für Dahrendorf ein »wissenschaftliche Konstruktion« (ebd. 21). So wie der *homo oeconomicus* allein das rational (d.h. nicht dezisionistisch, subjektiv erfolgsorientiert) urteilende Subjekt thematisiert und zur Beurteilung allein die *instrumentelle* Sinnhaftigkeit der Handlung in Anschlag bringen kann, so kann der *homo sociologicus* nur allein auf die Rollenrealisierung durch das individuelle Handeln abheben und zur Beurteilung allein die *instrumentelle* Adäquatheit dieses Handelns in Anschlag bringen. In beiden Fällen wird die Dienlichkeit oder Tauglichkeit des Handelns gegenüber einem faktischen, vorgegebenen Zweck (subjektive Erfolgsvorstellung bzw. soziale Rollenerwartung) zum Maß der Handlungsbeurteilung. Die Zwecke selbst werden keinem argumentativen Legitimationsverfahren unterzogen, warum auch, geht es doch zunächst um die Beschreibung eines Modells vom Menschen (um genau zu sein: um die Beschreibung eines Modells des Handelns des Menschen) auf dem Wege wirtschafts- bzw. sozialwissenschaftlicher Theoriebildung.

Für unsere Frage nach dem ethischen Sinn medialen Handelns und seine anthropologische Rückbindung an ein Menschenbild wird eine solche »praxeologische« (vgl. Rath 1990) oder handlungstheoretische Betrachtung relevant, weil in ihr die Handlungsformen zwar unter einem Effizienzgesichtspunkt betrachtet werden können, diese instrumentelle Beurteilung jedoch von einer eigenen, normativen Reflexion legitimiert werden muss. Den beiden Modellen des *homo oeconomicus* und des *homo*

---

4   Es ist besser, in diesem Zusammenhang nicht den Ausdruck »Träger« zu verwenden, den dieser könnte die Idee konnotieren, es gäbe im sozialwissenschaftlichen Menschentypus einen unter den Rollen liegenden Bestand rollenunabhängigen Seins, eine »eigentliche« (Heidegger) »Aktsubstanz« (Scheler), die als »Person an sich« *soziologisch* angesprochen werden könnte. Genau dies ist nicht der Fall. Der Mensch *ist* Rollengefüge und nichts mehr oder anderes.

sociologicus fehlt die theoretische Kraft für den Sprung vom empirischen Handlungsmodell zum normativen Handlungsmodell.[5]

Ontologische Deutung

Was können uns dann diese Modelle im Hinblick auf das *animal symbolicum* lehren? Sie
können uns die Gefahren einer »Reifizierung« (Dahrendorf 1977, 105), also Verding-
lichung dieser Modelle vor Augen führen, die Grenzen einzelwissenschaftlicher Menschenbilder und ihrer forschungsspezifischen Bedingungen (vgl.Mikos 2001) deutlich
machen und uns helfen, die Beziehung zwischen einzelwissenschaftlichen Aussagen
über den Menschen und philosophisch-anthropologische bzw. ethischen Aussagen
über den Menschen zu klären.

Vor allem Dahrendorf hat die Gefahr der Reifizierung deutlich gesehen. Er warnt
klar vor dem »Paradox des ganzen Menschen unserer Erfahrung und des rollenspie-
lenden *homo sociologicus*« (ebd. 53), der »weder lieben noch hassen, weder lachen noch
weinen« könne, ein »blasser, halber, fremder, künstlicher Mensch« (ebd. 82). Würden
wir den Menschen mit diesen Typologien gleich setzen, so entginge uns die moralische, oder besser: sittliche Seite des Menschen, sowohl als empirisches Faktum wie
auch als normativ zu fordernde Haltung. Einzelwissenschaftlichen Konstrukte, egal
ob nun wirtschaftswissenschaftlicher, soziologischer, psychologischer (»psychological
man«) oder andere Provenienz, bilden Typen nach dem Bilde ihrer empirischen Me-
thodik, zum Zwecke der statistischen Prognostizierbarkeit. Und dies heißt nicht nach
dem Bilde eines verantwortlichen und daher notwendig freien Individuums, das Subjekt seiner Handlungen und damit *moralisches* Subjekt sein kann.

Die Grenzen dieser Menschenbilder sind daher u.a. in eben dieser *Moralresistenz*
zu suchen, die sie zumindest für die ethische Reflexion auf die anthropologischen
Bedingungen menschlichen Handelns und Unterlassens blind machen. Dieses »Defizit« – das nur aus Sicht einer Ethik als Defizit erscheint, die sich fälschlicherweise auf
einzelwissenschaftliche Vorstellungen vom Menschen zum Behufe der ethischen
Prinzipienreflexion verlässt – nimmt den Einzelwissenschaften nicht ihre Bedeutung,
aber weist ihre ethischen und anthropologischen Grenzen auf. »Was wir in der soziologischen Theorie auf keinen Fall vom Menschen erfahren, ist seine moralische Qualität« (Dahrendorf 1977, 113). Das heißt nicht, dass gesellschaftlich als moralisch
angesehenes Verhalten nicht Objekt einzelwissenschaftlicher Forschung und Theoriebildung sein kann (vgl. z.B. Kirchgässner 2000, 157-200). Aber die Reflexion auf
die ethische Legitimation bestimmter handlungsleitender Gründe (nicht Motive) ist in
den und durch die Einzelwissenschaften nicht zu leisten.

Welche Beziehung kann dann zwischen diesen Modellen des Menschen und der
anthropologischen Frage nach dem Menschen hergestellt werden? Vor allem einmal
eine negative. Diese Modelle sind »zunächst und vor allem ein Mittel zum Zweck der

---

5   Die polnische Schule der Praxeologie sprach in diesem Zusammenhang zu Recht von einer
    »Effizienzaxiologie« (Pszczolowski 1980, 307 f.), die eine solche Betrachtung ergänzen müßte.

Rationalisierung, Erklärung und Kontrolle eines Ausschnitts der Welt, in der wir leben« (Dahrendorf 1977, 71). Sie sind also, in unserer oben im Sinne Heideggers eingeführten Terminologie, *ontischer* Natur. Sie sind, wie die ontische Deutung des *animal symbolicum*, eine aus der Realität abgeleitete Typisierung, die in anthropologischer und ethischer Hinsicht als Zielgröße menschlichen Handelns und Seins keinen Beitrag leisten können. Ganz im Gegenteil, »wenn diese Anthropologie sich auf soziologische, sozialpsychologische oder ethnologische Forschungen beruft, um sich als ›wissenschaftlich‹ zu etablieren, dann liegt darin absichtliche oder ignorante methodische Täuschung« (Dahrendorf 1977, 115). Für die Ethik zumindest ließe sich eine solche methodische Täuschung terminologisch fassen, nämlich als »naturalistischer Fehlschluss« (vgl. Rath 2000).

Diese Modelle lehren uns also in Bezug auf das *animal symbolicum*, das im Moment in medienethischen Diskussionen so *en vogue* geworden ist, dass es wie die klassischen Homunkuli *homo œconomicus* und *homo sociologicus* als anthropologische Basis, zumindest im Sinne einer ontischen Beschreibung des Menschen, nicht taugt. Die Entwicklung der Selbsterkenntnis des Menschen von einem einheitlichen, metaphysischen Standpunkt aus hin zu einem aus verschiedenen positiven Einzelwissenschaften, zuletzt der Soziologie, Psychologie oder Biologie, gespeisten Bild vom Menschen verwirrt. Denn die Selbstdefinition des Menschen ist durch die Jahrtausende und unabhängig, wie diese Selbstdefinition konkret aussah, mehr als nur ein Beschreibungsmodell des Menschen von sich selbst. Jede Selbstdefinition des Menschen ist auch ein Entwurf, eine Vor-Bild, eine normative Bestimmung dessen, was den Menschen »eigentlich« ausmacht. Eine letztlich willkürliche, der jeweiligen Leitdisziplin der menschlichen Welterklärung folgende Selbstdefinition des Menschen kommt, wie wir gesehen haben, mit sich in zweifacher Weise über Kreuz: Zum einen verfällt sie dem Naturalistischen Fehlschluss, nach dem aus empirischen Sätzen keine normativen Sätze folgen können, d.h., die Bestimmung des menschlichen Hier und Jetzt reicht nicht aus, um eine Definition des Menschen zu formulieren, die zugleich Zielbestimmung des Menschen sein kann. Zum anderen wird der Mensch als Hypostasierung einer einzelwissenschaftlichen Perspektive eben diesem Hier und Jetzt nicht gerecht. Diese Erkenntnis war auch Ernst Cassirer nicht fremd. Er hat diese zweite Problematik im Auge, wenn er im Hinblick auf die anthropologischen Entwürfe des 19. und frühen 20. Jahrhunderts schreibt:

»Jeder Denker entwirft sein eigenes Bild von der Natur des Menschen. Alle diese Philosophen sind entschiedene Empiristen; sie wollen uns die Tatsachen und nichts als die Tatsachen zeigen. Doch ihre Deutung des empirischen Materials enthält von Anbeginn eine willkürliche Annahme – und diese Willkür tritt in dem Maße, wie die Theorie fortschreitet, wie sie ausgebaut und verfeinert wird, immer klarer zutage. Nietzsche proklamiert den Willen zur Macht, Freud stellt den Sexualtrieb in den Vordergrund, Marx hebt den ökonomischen Trieb auf den Thron. Jede Theorie wird zum Prokrustesbett, auf dem die empirischen Tatsachen so zugerichtet werden, dass sie in einen vorgefertigten Rahmen passen« (Cassirer, 1996, 43 f.).

Wollen wir Cassirers *animal symbolicum* jedoch als anthropologische Basis der hermeneutischen Selbstauslegung (Frank) des Menschen fruchtbar machen, so müssen wir diese Bestimmung als *ontologische* Aussage deuten, d.h. als Verständnis der diese mediale Seinsweise des Menschen konstituierenden *Medialität des Menschen*.

M.a.W.: die *Medialität des Menschen* meint nicht nur eine momentane, an den medialen Möglichkeiten der Gegenwart orientierte Lebenspraxis des Menschen (*Medienpraxis*), noch eine aufgrund bestimmter grundsätzlicher Eigenschaften definierbare (generische und ontische) Wesensbestimmung des Menschen (*mediale Verfasstheit*), sondern, für eine ethische Fragestellung von besonderem Interesse, eine Weise der Interpretation der Welt als und durch Symbole, was auch vor dem Menschen selbst als Objekt der Selbstreflexion nicht Halt macht. Die Cassirer'sche Definition des Menschen als *animal symbolicum* muss daher als *ontologische* Reflexion darauf verstanden werden, was diese Symbolvermitteltheit der Welt konstituiert, nämlich seine *Medialität*. Die *Medialität* des Menschen, nicht verstanden als realen Umgang mit Medien, sondern als Selbstverständnis des Menschen als eines generell nur vermittelt Welt erfassenden Wesens, stellt die konkreten Medienangebote in doppelter Weise in einen ethischen Fokus. Zum einen ist diese mediale Struktur der gegenwärtigen Welterfassung und Auseinandersetzung dem Menschen nicht »wesensfremd«, sondern nur eine neue, andere Realisierung der Medialität des Menschen. Damit verbietet sich jeder bewahrpädagogische Impuls, der bestimmte Formen der Welterfassung und Auseinandersetzung als anthropologisch (und das heißt hier auch ontologisch) ausgezeichnet ausgibt. Es ist ein ontischer Unterschied, ob ich *face to face* kommuniziere oder via Medien. Ontologisch ist dieser Unterschied jedoch nur marginal. *Das animal symbolicum kommt nicht in einen neuen, anderen Kontext der Realitätsversicherung (und Realitätsverunsicherung via Virtualität), sondern rüstet medial auf.* Zum anderen ist die konkrete Gestalt der medial vermittelten Realität (und Virtualität) ethisch hoch relevant, da wir vor dem Hintergrund einer ontologischen Deutung des *animal symbolicum* keinen archimedischen Punkt eigentlicher Welterfassung mehr angeben können, von dem aus die medial vermittelte Realität als ontologisch »echt« oder »unecht« qualifiziert werden könnte. Das heißt nicht, dass es nicht möglich wäre, z.B. zwischen einer Autofahrt in einem Simulator und einer realen Fahrt auf einer Landstraße zu unterscheiden. Der erste Unfall wird uns schnell diesen Unterschied deutlich vor Augen führen. Aber die Realität der »echten« Autofahrt ist uns als Ereignis nur in Form einer symbolisch vermittelten Deutung der Welt zugänglich. Das, was für uns ein Ereignis konstituiert, ist zugleich auch eine Deutung dieses Ereignisses als »gelingend« (vgl. Rath 1988).

Sofern also überhaupt eine anthropologische Deutung des Menschen Grundlage einer medienethische Reflexion auf das, was als »menschengerecht« (Arthur Rich) gelten kann, dienen soll, muss diese Deutung sich bescheiden als ontologische (Selbst-)Interpretation des Menschen vor dem Hintergrund seiner Medialität. Ob diese Leistung das Konstrukt des *animal symbolicum* Ernst Cassirers leisten kann, mag dahingestellt sein. Die wissenschaftliche Auseinandersetzung mit dieser *Medialität* (ob einzelwissenschaftlich, philosophisch-anthropologisch oder ethisch) fordert aber zumindest eine Klärung dessen, was wir meinen, wenn wir von der medialen Verfasstheit des Menschen in der Gegenwart sprechen, was das heißt, den Menschen als *homo medialis* zu begreifen (Ehrhart/Rath [in Vorbereitung]).

Anthropologie und Symboltheorie II: Medienethik als Symbolphilosophie. Handeln im Zeitalter virtueller Welterzeugungen und Weltordnungen

Klaus Wiegerling

Die Rede über virtuelle Realitäten greift insbesondere in feuilletonistischen und populärwissenschaftlichen Publikationen um sich. Wie immer wenn Begriffe aus einem spezifischen Anwendungsfeld in die Bildungssprache und zuletzt in den populärsprachlichen Gebrauch wandern, geht damit ein Verlust an Präzision einher.

Die zunehmende Popularität und Vagheit des Ausdrucks weist allerdings auf ein ernstes Problem hin, was nicht zuletzt etwas mit einer neuen Unsicherheit der Realitätsbestimmung und damit einer Krise des Handelns zu tun hat; denn Handeln ist auf eine lebensweltlich-relative Bestimmung von Realität angewiesen.

Die Frage, die hier erörtert werden soll, lautet: Gerät Handeln als das Vermögen des Menschen, das ihn befähigt, seine Welt und sein Leben bewusst zu verändern und das allein Anlass zu einer ethischen Erörterung geben kann, in eine Krise, wenn die tradierte und gewohnte Ordnung der Realität auseinanderfällt, wenn Welten künstlich – d.h. mit Hilfe medialer Apparaturen erzeugt und geordnet werden?

Der vorliegende Diskurs ist also ein metaethischer, insofern er die Bedingung einer ethischen Erörterung betrifft, nämlich das Problem, was Handeln überhaupt ermöglicht. In einem anderen Sinn kann man ihn durchaus als einen ethischen im engeren Sinn verstehen, insofern eine Krise des Handelns immer auch zu konkreten ethischen Konflikten führt.

Zur systematischen Klärung des umschriebenen Problems soll zunächst folgende Frage bearbeitet werden: *Welche methodischen und systematischen Voraussetzungen muss ein so exponierter metaethischer Diskurs machen; an welche philosophische Tradition knüpft er an und in welchem Verhältnis steht er zu einer allgemeinen Philosophie der Medien?*

Wie in allen populären Feldern philosophischen oder theoretischen Erörterns glauben wir den Gegenstandsbereich einer Disziplin, die sich Medienphilosophie nennt, zu kennen. Meine Absicht ist nun, diese Vorstellung nachhaltig in Frage zu stellen und zu klären, ob es sich bei dem, was man Medienphilosophie nennt, tatsächlich um eine Bereichsphilosophie handelt, eine Spezifizierung der Kultur- oder Technikphilosophie etwa; oder ob sich hinter dem Titel Medienphilosophie etwas Grundsätzlicheres verbirgt, das die Perspektive der Philosophie in ihrem gesamten disziplinären Spektrum verändert.

Es gibt heute einige verdienstvolle Versuche, die um die Sichtung historischen und zeitgenössischen Materials zur Begründung einer Medienphilosophie bemüht sind. Die meisten dieser Versuche kranken aber daran, dass sie methodisch unzureichend sind, oft, einer postmodernen Diktion folgend, nur rhapsodisch agieren und vor allem immer wieder von einer vermeintlichen Krönung medialen Denkens in der gegenwärtigen Netzzeit ihren Ausgang nehmen. Ohne die Besonderungen gegenwärtiger Entwicklungen zu übersehen, entsteht in diesen Ansätzen, positiv gesehen, meistens nur eine anregende Beschreibung gegenwärtiger medialer Symptome, negativ gesehen aber eine neue Mythologisierung, die oft in Feuilletonismen und begrifflichen Unschärfen mündet. Der vorherrschende Essayismus in diesen Versuchen mag seine Berechtigung haben in Bezug auf die Beschreibung unabgeschlossener Entwicklungen, weil im Essayistischen möglicherweise das Prozessuale einer sich überschlagenden Entwicklung am besten gefasst werden kann. Dennoch scheint in diesen Versuchen für eine philosophische Aneignung des Medialen bisher wenig gewonnen zu sein, obwohl zugestanden werden muss, dass es gute Gründe gibt, Medienphilosophie nicht in einer akademischen Disziplinierung einzuengen. Schließlich weiß jeder, der kritisch den akademischen Betrieb begleitet, dass Disziplinierungszwänge den Blick auf die Dinge oft verstellen und nicht selten zu Tautologien führen. Kunst und Literatur weisen uns immer wieder auf diese Missstände hin. Dennoch wird heute auf dem Feld der Medien all zu oft gescheite Essayistik als Wissenschaft oder Philosophie verkauft, was niemandem gut tut, nicht der Essayistik, nicht der Wissenschaft und nicht der Philosophie.

Bevor nun die entscheidende Fragestellung einer Medienphilosophie exponiert wird, soll eine Darstellung des gemeinwissenschaftlichen Verständnisses dieser Disziplin versucht werden. Unter Medienphilosophie wird gemeinhin ein Zweig der Philosophie verstanden, der sich mit medialen Trägersystemen beschäftigt, also materiellen Einrichtungen und Apparaturen zum Zwecke der Übertragung und Speicherung von Informationen. Eine genauere Betrachtung dieser knappen Definition lässt schon Probleme erkennen. Lassen sich Informationen einerseits und materielle Einrichtungen und Apparaturen andererseits denn wirklich ohne weiteres voneinander scheiden? Lassen sich mediale Trägersysteme allein durch ihren hyletischen Bestand erklären? Lassen sich die Funktionen wirklich auf Übertragung und Speicherung reduzieren?

Greifen wir zunächst die letzte Frage auf. Ist eine zentrale Funktion der Medien nicht einfach die Zentrierung von Informationen auf einen für das menschliche Bewusstsein fassbaren Bestand? Medien sind Selektionsapparaturen. Sie dienen dem Zweck, Informationen zu bündeln und zu fokussieren, sie dem menschlichen Auffassungsvermögen zugänglich zu machen, indem sie Konzentrationsangebote machen, beispielsweise etwas auf eine überschaubare Oberfläche, einen Bildschirm, eine Leinwand oder eine Schriftseite projizieren. Medien fokussieren einen Gegenstand aber auch, indem sie ihn monografisch zur Darstellung bringen. Medien sind desweiteren Filterungssysteme. Schallplatten oder Disketten bündeln und richten Töne und sondern sie von anderen Geräuschen ab. Ohne diese Bündelungen und Richtung von

Tönen hätten wir kein musikalisches Erlebnis. Mit Übertragung und Speicherung sind die Funktionen des Mediums also offenbar nur unzureichend benannt.

Versuchen wir nun eine vorläufige Definition des Medienbegriffs zu geben. Reinhart Margreiter kennzeichnet den Begriff des Mediums durch drei Kategorien (vgl. Margreiter 1999, 1999a), die sich in etwa mit den drei in meiner Medienethik von 1998 genannten Ideen decken, die der Begriff des Mediums in sich vereint, nämlich die der Zentrierung, die der Vermittlung und die eines Trägersystems geistigen Ausdrucks (vgl. Wiegerling 1998, 7). Margreiter nennt als erstes die Kategorie der Mitte, deren Ort in der philosophischen Tradition die Topik ist, zweitens die Kategorie des Mittels, deren Ort die Technik ist, und drittens die Kategorie der Vermittlung, deren Ort in der philosophischen Tradition die Erkenntnistheorie ist. Diese Kennzeichnungen zeigen, dass eine Philosophie der Medien in unmittelbarer Weise an die philosophische Tradition angebunden werden kann. Dabei überwindet oder beseitigt sie nicht die Philosophie, sondern justiert philosophische Forschungsfelder neu in einer Zeit, in der die traditionelle Wahrheits- und Wirklichkeitsdiskussion angesichts der Dominanz des medialen Scheins, obsolet erscheint. In Margreiters Bestimmung nimmt die Kategorie der Vermittlung, die mit dem deutschen Idealismus eine zentrale Epoche der Philosophie bestimmte, eine gewisse Sonderstellung ein. Seit Kant wird ja das Wahrheitsmotiv an der Frage nach dem Vermittlungscharakter der Erkenntnis von Realität abgearbeitet.

Die Bedeutung einer Philosophie, die sich mit Medien beschäftigt, ist nicht zuletzt deshalb gewachsen, weil die Vermittlung von Welt und Wirklichkeit in einer medial erschlossenen Gesellschaft zu einem Schlüsselproblem geworden ist. Dies heißt, der Wahrheitsanspruch der vermittelten Welt ist in eine Krise geraten. Und die Krise dieser Vermittlung artikuliert sich nicht zuletzt in praktischen Problemen. Denn wenn wir handelnd in dieser Welt bestehen wollen, sind wir auf lebensweltlich-relative Bestimmungen von Wirklichkeit angewiesen. War der Wahrheitsanspruch schriftlicher Vermittlungen lange Zeit, nicht zuletzt durch den Anspruch der schriftfundierten Offenbarungsreligionen, unbestritten, so scheinen mediale Wahrheitsansprüche in unserer Zeit generell obsolet geworden zu sein. Gerade die unsere Zeit dominierenden visuellen Medien werden in völliger Abkehr vom einst dokumentarischen Anspruch fotografischer Bilder zunehmend als Manipulationsapparaturen erkannt.

Dies heißt nun, dass es eine zentrale Frage ist, wie etwas, das den Geltungsanspruch von Wirklichkeit hat, vermittelt ist. Wie also kommt Wirklichkeit und damit die reale Ordnung der Welt für uns in den Blick; und zwar nicht in den Blick für die Wissenschaft, sondern wie kommt sie für jedermann in den Blick, der handelnd in sie eingreifen muss, um sein Leben meistern zu können.

Die besondere Fragestellung einer Medienphilosophie ist also die nach der Wirklichkeit, ihrem Geltungsanspruch, ihrer weltordnenden und handlungsdisponierenden Bedeutung. In dieser Fragestellung unterscheidet sich Medienphilosophie auch von spezielleren Medientheorien, die zwar ebenfalls auf dieses Kernproblem bezogen sind, es aber nicht in ihrer denkgeschichtlichen Dimension beleuchten. Medienphilosophie kann bei der Reflexion des Apparativen der medialen Vermittlung nicht stehen bleiben, sondern hat den Anspruch die Medialität des Denkens im Ganzen zu thematisieren (vgl. Orth 2000, 13ff und 29ff).

Als Marksteine in der Entwicklung einer Medienphilosophie, die das Wahrheitsmotiv an der Frage nach dem Vermittlungscharakter der Erkenntnis von Realität abarbeitet, nennt Margreiter die kopernikanische Wende bei Kant, das Vermittlungsdenken Hegels, den *linguistic turn* bei Wilhelm von Humboldt und Wittgenstein und schließlich das, was er den *symbolic turn* bei Autoren wie Ernst Cassirer und Nelson Goodman nennt.

Margreiters Auffassung der Anbindung einer modernen Medienphilosophie an die genannte philosophische Tradition muss uneingeschränkt zugestimmt werden.

Insbesondere kann die Entfaltung einer modernen Medienphilosophie tatsächlich in unmittelbarem Anschluss an die klassische Symboltheorie vorgenommen werden.

Unter symboltheoretischen Prämissen kann der Begriff des Mediums von der Vorstellung reiner Werkzeughaftigkeit befreit und in eine grundlegende Kategorie der Weltordnung und nicht zuletzt des Verstehens transformiert werden. Symbolizität und Medialität fokussieren ein und dasselbe Phänomen und sind auf die gleiche anthropologische und kulturelle Struktur bezogen. Während Symbolizität stärker die Erscheinung ins Zentrum rückt, hebt Medialität den Systemzusammenhang und den Vermittlungsaspekt hervor. Streng genommen handelt es sich hier um zwei Perspektiven, die den gleichen Sachverhalt beschreiben. Insbesondere lässt sich eine das Technische und Apparative thematisierende Medientheorie systematisch an Cassirers Symboltheorie anschließen. Weiterhin kann mit Hilfe der Symboltheorie der Blick auf spezifische Verknüpfungs- und Ordnungsleistungen medialer Trägersysteme gerichtet werden, womit ein wertvoller Beitrag zur funktionalen Differenzierung unterschiedlicher Trägersysteme erbracht werden könnte. Nicht zuletzt verspricht ein symboltheoretischer Ansatz das Feld des Medialen wirklich auch methodisch zu erschließen.

Schauen wir auf einige Grundlagen von Cassirers Philosophie der symbolischen Formen. Erkenntnis ist für Cassirer, wie er in seinem Hauptwerk *Philosophie der symbolischen Formen* (Cassirer 1994) ausführt, eine symbolische Fixierung von Verknüpfungszusammenhängen, ein symbolvermittelter aktiver Prozeß. Sie lenkt den Blick auf die schöpferische Leistung des Subjekts, die sich in einer symbolbildenden Kraft artikuliert. Die funktionale Betrachtung versucht die Gesetzmäßigkeit des Bildens symbolischer Formen herauszuarbeiten, denn alles Gegebene ist für Cassirer nur im Rahmen einer sich immer schon vollziehenden symbolischen Formung.

Ausdrücklich wird bereits in *Substanzbegriff und Funktionsbegriff* (Cassirer 1910) betont, dass die mathematisch-naturwissenschaftliche Erkenntnisform nicht die einzige ist, die Wirklichkeit logisch konstituiert. Und an diesen Gedanken knüpft die Philosophie der symbolischen Formen an.

Cassirers Anliegen ist es, Kants Transzendentalphilosophie kulturphilosophisch zu erweitern, d.h. aus den erkenntnistheoretischen Fesseln einer zu engen Anbindung an die Mathematik und Naturwissenschaft zu befreien und andere Weisen der Sinnbildung und Weltordnung nach ihren logischen Gesetzen zu untersuchen.

Er stellt die Frage, ob Medien wie Sprache, Mythos, Religion, Kunst und Wissenschaft in jeweils eigenen Einheits- und Sinnbildungsleistungen gründen. Dabei ver-

steht er unter Medium einen eigenständigen Geltungsbereich, in dem sich Bewusst-
seinsleistungen konkretisieren. Es geht ihm also um die großen Seinsprägeinstanzen,
in deren Geltungsbereichen sich, wie er ausführt, »die Kraft und Leistung [...] mittel-
barer Zeichen« (Cassirer 1994a, 41) entfalten, indem besondere Regularien, besondere Sinnbildungs- und Sinnausweisungsverfahren hervorgebracht werden. Erst die
Mittelbarkeit, die Medien als Trägerinstanzen einer »Sinnfügung« (Cassirer 1994a,
235) auszeichnet, lässt das Vermögen des Menschen zur Symbolbildung hervortreten.

In einer Schlüsselstelle des Werkes heißt es, dass Medien eigene Einheits- und
Sinnbildungen in der Weise hervorbringen, »daß in dem Maße, als die unmittelbaren
Inhaltsbestimmungen zurücktreten, die allgemeinen Form- und Relationsmomente zu
um so schärferer und reinerer Ausprägung gelangen. Das Einzelne als solches wird
scheinbar beschränkt; aber eben damit vollzieht sich um so bestimmter und kräftiger
jene Leistung, die wir als ›Integration zum Ganzen‹ bezeichne(n). [...] alles Einzelne
des Bewusstseins [besteht] nur dadurch [...], daß es das Ganze potenziell in sich
schließt und gleichsam im steten Übergang zum Ganzen begriffen ist [...]. Der
Gebrauch des Zeichens aber befreit diese Potentialität erst zur wahrhaften Aktualität.
Jetzt schlägt in der Tat ein Schlag tausend Verbindungen, die alle in der Setzung des
Zeichens zum mehr oder minder kräftigen und deutlichen Mitschwingen gelangen. In
dieser Setzung löst sich das Bewußtsein mehr und mehr von dem direkten Substrat
der Empfindung und der sinnlichen Anschauung los: aber gerade darin beweist es um
so entschiedener die in ihm liegende ursprüngliche Kraft der Verknüpfung und Vereinheitlichung.« (Cassirer 1994a, 45).

Die Leistung symbolischer Sinnbildung zeichnet sich also aus:

– durch eine Art implikative Repräsentation. Das einzelne Zeichen impliziert
eine »Integration zum Ganzen«, es schließt das ganze Medium potenziell in
sich und befindet sich selbst in einem steten Übergang zum Ganzen. Das
Symbol ist in diesem Sinne eine Art Übergangsmetapher;
– durch die Loslösung vom direkten Substrat der Empfindung. In der Setzung symbolischer Zeichen löst sich das Subjekt von der sinnlichen Empfindung und bringt dadurch erst die formende, ordnende und auch verstehende Kraft der Subjektivität zum Ausdruck;
– durch eine symbolische Verknüpfungsleistung. Das symbolische Zeichen ist
Ausdruck einer funktionalen Beziehung, nicht einer Substanzialisierung.
Vereinheitlichung, Kontinuität und Konsistenz entsteht in der Herstellung
von Relationen, nicht von Substanzen;
– durch eine spontane Stiftungsleistung, in der eine innere Logik und Ordnung sichtbar wird. Jede symbolische Sinnbildung impliziert also eine Form
der Rationalität.

Cassirer konkretisiert seine Ausführungen anhand der chemischen Formel: »Die
abstrakte chemische ›Formel‹ etwa, die als Bezeichnung eines bestimmten Stoffes
gebraucht wird, enthält nichts mehr von dem, was die direkte Beobachtung und die
sinnliche Wahrnehmung uns an diesem Stoffe kennen lehrt; – aber statt dessen stellt

sie den besonderen Körper in einen [...] reichen und fein gegliederten Beziehungs-
komplex ein, von dem die Wahrnehmung als solche [...] nichts weiß. Sie bezeichnet
den Körper nicht mehr nach dem, was er sinnlich ›ist‹ und als was er sich uns unmittelbar sinnlich gibt, sondern sie fasst ihn als einen Inbegriff möglicher ›Reaktionen‹,
möglicher kausaler Zusammenhänge, die durch allgemeine Regeln bestimmt werden.
Die Gesamtheit dieser gesetzlichen Verknüpfungen ist es, die in der chemischen
Konstitutionsformel mit dem Ausdruck des Einzelnen verschmilzt, und durch die [...]
dieser Ausdruck ein neues [...] charakteristisches Gepräge erhält. Hier wie in anderen
Fällen dient das Zeichen dazu, eine Vermittlung für den Übergang vom bloßen ›Stoff‹
des Bewusstseins zu seiner geistigen ›Form‹ zu schaffen«(Cassirer 1994a, 45).

Cassirer entwickelt in der Philosophie der symbolischen Formen eine allgemeine
Theorie der geistigen Ausdrucksformen, d.h. er untersucht die genannten Symbolbe-
zirke nach Wesensgesetzlichkeiten, nach gemeinsamen Grundfunktionen und spezifischen Aufgaben in der Welt. Ausgangspunkt ist dabei, dass der Mensch immer schon
in einer symbolischen Umwelt lebt. Der Mensch kann nichts in der Welt erfahren
ohne die Zwischenschaltung von Medien. Dies heißt aber auch, dass Cassirer jegli-
chem Sensualismus oder Positivismus eine Absage erteilt: »Ich betone aufs schärfste«,
schreibt er in *Zur Logik des Symbolbegriffs*, »daß die ›bloße‹, die gewissermaßen nackte
Wahrnehmung, die frei von jeder Zeichenfunktion wäre, kein Phänomen ist, das uns
unmittelbar, in unserer ›natürlichen Einstellung‹ gegeben ist. Was wir hier erfahren
und erleben – das ist kein Rohstoff einfacher ›Qualitäten‹, sondern es ist immer
schon durchsetzt und [...] beseelt von bestimmten Akten der Sinngebung« (Cassirer
1994b, 214). Reine Tatsachen sind also nichts anderes als Ergebnisse einer abstrahie-
renden Leistung, die einer besonderen Symbolsphäre, wie etwa der Physik, angehören.

Das Symbolische ist es, das alle Ausdrucksformen des Bewusstseins durchdringt
und zuletzt auch Erkenntnisfortschritt ermöglicht. Erst die symbolische Fassung
eines Problems, wie die formale Fassung der Differentialgleichung etwa, bringt uns
Erkenntnisfortschritt.

In jedem Sinnesdatum ist die Möglichkeit einer symbolischen Formung insofern
angelegt, als es bereits auf einen komplexeren Zusammenhang verweist, durch welchen es seinen spezifischen Sinn und seine spezifische Bewährung erhält. Cassirer
stellt fest: »Der Mythos und die Kunst, die Sprache und die Wissenschaft sind [...]
Prägungen zum Sein: sie sind nicht einfach Abbilder einer vorhandenen Wirklichkeit«
(Cassirer 1994a, 43). Jede Abbild- oder Widerspiegelungstheorie erweist sich als naiv,
weil sie die Sinnbildungsfunktion des geistigen Ausdrucks unberücksichtigt lässt:
»Auch die künstlerische Zeichnung«, schreibt er, »wird zu dem, was sie ist [...] erst
durch das, was sie am ›gegebenen‹ Eindruck weglässt. Sie ist nicht die Wiedergabe des
letzteren in seiner sinnlichen Totalität, sondern sie hebt an ihm bestimmte ›prägnante‹
Momente heraus, [...] durch die das Gegebene über sich selbst erweitert und [...] die
synthetische Raumphantasie in eine bestimmte Richtung geleitet wird« (Cassirer
1994a, 44f.).

Symbolisch bedeutet, dass wir einen Gegenstand niemals an sich erfassen, sondern immer nur im Rahmen einer bestimmten Regelstruktur. Symbolisch ist also das
Schema des Gegenständlichen.

Mit »Symbolischer Prägnanz« bezeichnet Cassirer das grundlegende Problem einer ursprünglichen Verbindung von Stoff und Form. Er definiert: »Unter ›symbolischer Prägnanz‹ soll [...] die Art verstanden werden, in der ein Wahrnehmungserlebnis als ›sinnliches‹ Erlebnis, zugleich einen bestimmten nicht-anschaulichen ›Sinn‹ in sich faßt und ihn zur unmittelbaren konkreten Darstellung bringt. Hier handelt es sich nicht um bloß ›perzeptive‹ Gegebenheiten, denen später irgendwelche ›apperzeptive‹ Akte aufgepfropft wären, durch die sie gedeutet, beurteilt und umgebildet würden. Vielmehr ist es die Wahrnehmung selbst, die kraft ihrer eigenen immanenten Gliederung eine Art von geistiger ›Artikulation‹ gewinnt – die, als in sich gefügte, auch einer bestimmten Sinnfügung angehört« (Cassirer 1994a, 235). Symbolische Prägnanz benennt also das Problem, dass sinnliche Daten uns nie rein gegeben sind und unsere Wahrnehmung immer schon einer bestimmten Sinnfügung angehört.

Das Prinzip des Symbolischen ist also ausgezeichnet durch eine allgemeine Gültigkeit und Anwendbarkeit von Symbolen einerseits und durch die Transzendentalität des Symbols andererseits. Die Universalität des Symbols gründet zum einen in seiner Übertragbarkeit und universalen Einbindbarkeit in einen Systemzusammenhang. Symbole können in unterschiedliche Sphären übertragen werden. Das stoffliche Moment, die Hyle, ist dabei bis zu einem gewissen Grad austauschbar. Cassirer erläutert diesen Zusammenhang am Fall der blinden und taubstummen Autorin Helen Keller, die mit nur geringem Sinnesvermögen ausgestattet, die ganze Welt aufzubauen und in ihrem Werk zu gestalten wusste (vgl. Cassirer 1996, 60ff.). Symbole sind also nicht einfach Zeichen, die für anderes stehen, sondern sie sind es, die dieses andere erst einbetten in einen Horizont, der es verständlich macht; sie sind es, die aus einer sinnlichen Affizierung in gewisser Weise ein geistiges Produkt, ein Substrat machen, an das andere Symbole angeschlossen werden können. Eine symbolische Ordnung ist darüber hinaus zugleich eine Handlungsanweisung, die zeigt, wie wir von einem Phänomen zum anderen gelangen und wie wir Phänomene miteinander verknüpfen können.

Zum zweiten sind Symbole Knotenpunkte, die ein Netz von Verweisungen knüpfen. Ein Symbol ist ein Funktionswert, der mehr ist als das jeweils Bezeichnete. Es ist nicht nur ein Zeichen, das auf einen bestimmten Gegenstand verweist, sondern zugleich eine Gegenstand-mit-Gegenständen verbindende Form. Ein Symbol transzendiert also das, was es bezeichnet. Es leitet auf die Ordnung, in der uns das Bezeichnete begegnet, auf. Und in gewisser Weise transzendiert es sogar noch diese Systemordnung, denn ein Symbol kann in eine andere Sinnsphäre übertragen werden. Das Symbol transzendiert also seine jeweils konkrete Anwendung. Es schafft die Bedingung der Möglichkeit des Verstehens von Welt und Wirklichkeit, insofern es eine Aufleitungsregel auf das Allgemeine, das Kategoriale impliziert. Verstehen ist ja selbst eine Weise des Überschreitens des unmittelbar Gegebenen, eine Weise, etwas in einen Horizont einzubetten. Die Welt als symbolisch geordnet begreifen, heißt zugleich sie als hermeneutisches Problem zu verstehen. Eine Symboltheorie ist insofern auch eine hermeneutische Theorie.

Man kann nun Medienphilosophie selbst als Symboltheorie begreifen, insofern Medien Inhalte in Systemzusammenhänge einbinden und Anschlussmöglichkeiten eröffnen. So begriffen schließt sie die Lücke zwischen präsentiertem Inhalt und medialem Trägersystem. In einem symboltheoretischen Verständnis können Inhalt und das ihn tragende System ebensowenig voneinander getrennt werden wie Symbolizität und Medialität.

Um die Besonderheit apparativer Medien gegenüber der klassischen Symboltheorie hervorzuheben, müssen wir eine gewisse Verengung des Arbeitsfeldes vornehmen, eine Verengung allerdings, die sich in der konkreten Ausarbeitung wieder auf das gesamte Feld des Symbolischen ausweiten wird.

Medienphilosophie erweitert die klassische Symboltheorie um das Technische bzw. um die technische Bedingtheit symbolischer Ordnungen. Dabei sollte man sich aber davor hüten, das Apparative dieser technischen Bedingtheit, die in besonderer Weise unsere heutige mediale Situation prägt, mit einer Art hyletische Bedingung symbolischer Weltordnungen gleichzusetzen. Die Hyle ist für das Symbol nichts anderes als ein Grenzwert, die Grenze der Gestalt- und Manipulierbarkeit. Aber zu Bewusstsein kommt sie uns nur in einer symbolischen Gestaltung, als Phänomen einer künstlerischen oder wissenschaftlichen Weltsicht etwa. Auch wenn die Hyle unveräußerbarer logischer Bestandteil des Symbols ist, so heißt dies nicht, dass sie als solche näher bestimmt werden könnte.

Geht man davon aus, dass Medienphilosophie eine Spezifizierung der Symboltheorie ist, die das hyletische Korrelat in besonderer Weise thematisiert, so führt das in die Irre. Medienphilosophie fokussiert zwar das Apparative stärker als es die klassische Symboltheorie getan hat. Aber das Technische, wie es heute in seiner apparativen und logistischen Gegebenheit gefasst ist, ist kein Ausdruck der Hyle. Es ist Ausdruck einer eigenständigen Symbolsphäre, die sich nicht ohne weiteres auf andere Symbolebenen zurückführen lässt. Sie hat Anteil an der wissenschaftlichen Symbolebene, aber auch an der künstlerischen, und sie ist in anderer Weise in soziale und ökonomische Kontexte verstrickt als andere Symbolebenen. Dabei ist sie in erster Linie Mittel zur Erkenntnisgewinnung, in zweiter Linie aber ist sie selbst eine Weise die Welt zu ordnen und Weltbestände zusammenzufügen. Sie ist also mehr als ein Ausdruck des Instrumentalen.[1]

Eine zentrale Aufgabe für eine sich als Symboltheorie verstehende Medienphilosophie liegt nun darin, das Apparative der Medien als eigenständiger Symbolbereich herauszuarbeiten. Was aktuelle Fokussierungen der Medienphilosophie anbetrifft, so stehen v.a. Fragen im Zentrum, die das Verhältnis von Online- und Offline-Welt anbetreffen. Wie wirkt die eine auf die andere Welt, wie schließt die eine an die ande-

---

1 Ernst Cassirer weist in seinem 1930 entstandenen Aufsatz *Form und Technik* (Cassirer 1985) erstmals Technik als eigenständige Symbolebene und eigene Dimension des Weltverstehens und Weltordnens aus. Da der Aufsatz nur in einem auflageschwachen Sammelband veröffentlicht war, wurde er nur selten rezipiert. Der Aufsatz weist sogar einige Parallelen zu Heideggers 1954 veröffentlichtem Abhandlung *Die Frage nach der Technik* (Heidegger 1962) auf. So unterschiedlich beider Denken auch war, so erstaunlich nahe kommt es in der Einschätzung der Technik für unser Weltverständnis.

re an? Differenziert sich in kultureller Hinsicht die Online-Welt in gleicher Weise wie die Offline-Welt? Dies sind im Übrigen zu einem erheblichen Teil Fragen der praktischen Philosophie; wie überhaupt die Medienphilosophie zu einem erheblichen Teil praktische Fragestellungen umfasst.

Damit soll der zu Beginn geäußerte Zweifel, ob es sich bei der Medienphilosophie wirklich nur um eine Bereichsphilosophie handelt, nochmals bestärkt werden. Auch wenn die Analysen der Medienphilosophie vom Apparativen ihren Ausgang nehmen, so zeigt die Entfaltung der Disziplin, dass sie sich nahtlos in einen symboltheoretischen Ansatz einfügen lässt und dass sie historisch gesehen durchaus als eine Fortführung der vermittlungsorientierten transzendental- und systemphilosophischen Ansätze des 19. Jahrhunderts begriffen werden kann.

Greifen wir die eingangs formulierte Frage nach der Krise des Handelns in einer Zeit, in der die Bestimmung von Realität zunehmend problematisch wird, nochmals auf.

Was heißt nun überhaupt Realität?

Wir leben in einer Zeit, in der die Ordnung der Welt aus den Fugen zu gehen scheint. Ich meine nicht, dass sich unsere Gefährdungen vergrößert hätten, nicht dass frühere Welten heiler gewesen wären. Ich meine aber, dass selbst in einer so widersprüchlichen und sprunghaften Epoche wie dem ausgehenden Mittelalter die Fügung der Welt klarer, eindeutiger und glaubwürdiger war als heute. Selbst die Präsenz von bösen Geistern, Hexen und dem Teufel konnte an der Glaubwürdigkeit dieser Fügung wenig ändern. Die Menschen dieser Zeit hatten in ihrer überwältigenden Mehrheit an der Realität einer letztlich von Gott eingesetzten Weltordnung keinen Zweifel. Auch wenn in der beginnenden Neuzeit, etwa mit Descartes Wende von der *intentio recta* zur *intentio obliqua*, zumindest philosophisch die Welt und ihre Ordnung in Bewegung geraten ist, kann auch hier noch nicht von einem ernsthaften Zweifel an der Realität der Welt gesprochen werden. Der Alleszertrümmerer Kant, der die kopernikanische Wende vom Gestirn auf das Denken, das Selbst- und Weltverständnis des Menschen übertragen hat, war noch von keinem Zweifel an einer die Bewusstseinstätigkeit erst affizierenden Realität beseelt. Und selbst die kühnsten idealistischen Konstruktionen in der Folge Kants dürfen nicht im Sinne eines Realitätszweifels verstanden werden.

Man darf die Behauptung wagen, dass Zweifel an der Realität ein sehr modernes Phänomen und nur zum Teil theoretisch inspiriert sind. Dabei spielt der veränderte Status der Medien eine entscheidende Rolle. Je komplexer eine Gesellschaft sich einrichtet, desto bedeutsamer wird die mediale Vermittlung für den einzelnen. Schein und Sein haben sich in unserer Alltagserfahrung so miteinander vermischt, dass sich von einer bewusstseinsunabhängigen Realität, die man klar von Simulation und Fiktion unterscheiden kann, kaum mehr sinnvoll sprechen lässt. Unsere Realität besteht aus einer Mischung von im engeren Sinne realen und mit technischer Hilfe erzeugten simulativen und fiktionalen Momenten; sie ist sozusagen virtuell geworden. Sie ist also weniger an eine physisch fundierte bewusstseinsunabhängige Außenwelt gebunden als vielmehr an eine innere Erfahrung, die mediale Erzeugungen einschließt.

Diese innere Erfahrung impliziert allerdings einen allgemeingültigen Anspruch, d.h. sie ist mehr als eine nur subjektive Erfahrung; sie impliziert, dass sie dem Willen ein Widerstand ist und dass jeder von der Wirkung dieser Erfahrung betroffen sein könnte, sofern er sich an meiner Stelle befände.

Ich sage das noch ganz im Sinne einer vortheoretischen Überlegung. Jeder ordnet und versteht seine Welt längst auch unter Zuhilfenahme von medialen Apparaturen, die nicht nur vergrößern wie ein Mikroskop oder wie das Fernsehen Nähe herstellen, die nicht nur speichern und transformieren, sondern eben auch die Erfahrung und damit Weltstücke nach Kriterien der Gleich- und Ungleichzeitigkeit, der Nähe und Ferne, der Zusammengehörigkeit, Visualisierbarkeit usw. ordnen.

Machen wir uns dieses Problem an einem Beispiel klar: Der Protagonist von Peter Weirs Film *Truman-Show* (USA 1998) Truman Burbank lebt in einer Welt, die von seiner Geburt an vollkommen simuliert wurde, zum Zweck, sein Leben rund um die Uhr als Reality-TV um die Welt zu senden. Truman lebt in einer kleinen Stadt, die auf einer Insel liegt und von einer gigantischen Kuppel überspannt ist, dem überdimensionierten Studio. Um zu vermeiden, dass er die Insel verlässt, hat man ihn in früher Kindheit traumatisiert, indem man den Vater bei einem gemeinsamen Segelturn in aufgewühlter See vor seinen Augen ertrinken ließ. Natürlich wurde sein Vater – nicht sein leiblicher Vater, sondern ein Schauspieler – gerettet, aber davon weiß Truman nichts. Der Protagonist lebt in geordneten und durchaus angenehmen Verhältnissen. Erst durch eine Reihe von Unfällen bzw. unanschließbaren Erfahrungen gerät Truman in Zweifel bezüglich der Realität, in der er lebt. Es ist also nicht die merkwürdige Einzelheit, beispielsweise ein Scheinwerfer, der eines Tages aus heiterem Himmel vor seine Füße fällt, sondern eine Reihe von merkwürdigen Umständen und die Unmöglichkeit ihrer Verknüpfung, die ihn zweifeln lassen. Am Ende jedenfalls stößt der Protagonist bei einer dramatischen Flucht, in der er auch sein Trauma überwindet, mit dem Boot an die Grenze seines Universums, nämlich an die Wand der Studiokuppel. Er weiß nun, dass die Welt, in der er lebte, eine Inszenierung war, dass seine Frau, seine Mutter, sein bester Freund Schauspieler sind und verlässt zuletzt diese Welt. Auch wir sitzen unter einer Art Kuppel, wohl wissend allerdings, dass ihre Grenzen nicht materiell an einer Studiowand festgemacht werden können und dass wir einen Großteil unserer Welt nur mit medialer Hilfe erreichen können. Dabei geben viele Ereignisse Anlass, an diesen Vermittlungen zu zweifeln. Dennoch ist uns klar, dass der Stand unserer Zivilisation nur mit medialer Hilfe erreicht werden konnte und auch nur mit medialer Hilfe bewahrt werden kann.

Ohne mediale Hilfe können wir kaum mehr unsere Alltagsgeschäfte erledigen und uns kaum mehr in dieser Welt zurechtfinden. Dennoch werden wir Tag für Tag darüber aufgeklärt, wie diese Welt zu einem Manipulationsprodukt wird. Und es sind nicht nur die plumpen Manipulationen, die uns zweifeln machen. Wenn im Theater Wallenstein ermordet wird, wissen wir, dass von uns kein Eingreifen erwartet wird, sind wir aber auf offener Straße noch sicher, ob bei einer Ungereimtheit, die uns widerfährt, nicht eine Kamera im Gebüsch steht?

Selbst in der Wissenschaft gehören Datenmanipulationen zum Alltagsgeschäft, und damit sind keineswegs nur Manipulationen gemeint, wie sie im Falle des Krebsforschers Hermann zu Tage getreten sind. Es gibt jenseits betrügerischer Absichten eine Reihe von durchaus akzeptierten Verfahren, mit deren Hilfe Kurven geglättet und unpassende Daten eliminiert werden. In vielen Forschungsfeldern – nicht zuletzt in Bereichen der Medien- und Informationstechnologie sowie Computerwissenschaft – nähern sich *science* und *science fiction* an. Wir stehen in ständigem Zweifel, wenn wir wach durch die Welt gehen und es ist eine höchste Anforderungen erfordernde Kunst zwischen Sein und Schein zu unterscheiden.

Entscheidend für die gegenwärtige Diskussion der Frage nach der Realität scheint die zunehmende Verwandlung des Realitätsproblems in ein Ordnungsproblem zu sein. Die Frage nach der Möglichkeit der Bestimmung von Realität scheint identisch mit der Frage nach der Möglichkeit der Bestimmung von Seinsordnungen oder, weniger philosophisch gesprochen, von Lebensordnungen zu sein. Realität ist nämlich kein isolierbarer Bestand, sondern ein Horizont symbolischer Verknüpfungen. Auch wenn so gegensätzlichen Autoren wie Heidegger und Carnap zugestanden werden muss, dass das Realitätsproblem nicht ohne weiteres mehr in einem erkenntnistheoretischen Sinne diskutiert werden kann, so muss doch dem Sinnlosigkeitsverdacht der Realitätsfrage widersprochen werden.

Es soll gezeigt werden, dass die Frage unter praktischen Gesichtspunkten *die* Schlüsselfrage zur Begründung einer Ethik ist. Die Realitätsfrage ist eine Frage nach der Ein- und Auswirkung und eine Frage der praktischen Stellungnahme. Kurz: wir kommen trotz ernstzunehmender Bedenken nicht um eine Erörterung der Realitätsfrage herum. Nähern wir uns dieser Frage über einen Vorgriff, nämlich der Bestimmung des Modebegriffes »Virtuelle Realität« an.

Was heißt virtuelle Realität?

Der Begriff entstammt der Computerwissenschaft. Er vereinigt im Wesentlichen drei Ideen:

- die Idee der rechnergestützten integralen Repräsentation v.a. physikalischer Phänomene, die sich an das gesamte sinnliche Vermögen des Menschen richtet;
- die Idee der Interaktion mit der Repräsentation;
- die Idee der medialen Erweiterung unseres raumzeitlichen Auffassungsvermögens, wobei auch unsinnliche Merkmale sinnlich erfahrbar werden.

Virtuelle Realität hat ontologisch einen zweideutigen Status. Sie ist und ist zugleich nicht; sie ist einerseits reine Möglichkeit, andererseits etwas, auf das wir so einwirken können, als wenn es tatsächlich real vorhanden wäre. Virtuelle Realität ist mehr als eine Fiktion, sie steht in einem besonderen Verhältnis zur raumzeitlichen Realität, zu unserem Sinnesvermögen und zu unserer Fähigkeit, leiblich auf Dinge einwirken zu können.

Der Terminus verbindet zwei alte philosophische Problemtitel, die Virtualität (von lat. *virtus* = Kraft, Vermögen) und die Realität (von mlat. *realis* = sachlich, dinghaft, wesentlich). Eigentlich ist der Begriff ungeeignet zur Unterscheidung von der außenweltlich-physikalischen Realität, da auch in ihr Virtualität wirksam ist. Wahrscheinlich ist in dem etwas aus dem wissenschaftlichen Gebrauch gekommenen deutschen Begriff der Wirklichkeit am besten diese Verbindung ausgedrückt.

Der gegenwärtige Gebrauch des Begriffes »Virtuelle Realität« betont drei Aspekte:

–   den Aspekt der Substitution und Simulation einer in der Regel physikalischen Realität;

–   den Aspekt der möglichen Gegebenheit, d.h. das auf dem Bildschirm Repräsentierte erscheint unseren Sinnen so, als wenn es außenweltlich-real gegeben sei – dies schließt ein, dass das Repräsentierte sich an unsere bereits gemachten sinnlichen Erfahrungen in der raumzeitlichen Außenwelt anschließt; dabei kann es zu Rückübertragungen des Simulierten in die Außenwelt kommen – so lassen sich im Computer gestaltete architektonische Modelle unmittelbar über Transduktoren und entsprechende mechanische Vorrichtungen in dreidimensionale Formen pressen;

–   den Aspekt, dass wir mit der Repräsentation so umgehen können, als ob es ein Umgang mit Gegenständen der leibvermittelten Außenwelt sei – so können wir mittels eines Exoskeletts eine Saite auf dem Bildschirm in Schwingung bringen, wobei wir den Widerstand ebenso spüren wie bei einem entsprechenden Musikinstrument. Unhandhabbare Gegenstände werden in den menschlichen Mesobereich übertragen, in dem wir leiblich agieren können.

Der Anwendungsbereich sog. VR-Techniken ist vielseitig. Beispielsweise lassen sich chemische Reaktionen sichtbar machen und testen, indem man mit einem mechanischen Manipulationsarm Moleküle verschiebt. In der Computerwissenschaft hat der Begriff weitere Differenzierungen erfahren. So werden VR-Techniken im Rahmen der Erforschung möglicher Verwendungen in Arbeitsprozessen zu *Real Reality*-Techniken, wenn es um die Idee einer synchronen Koppelung des Modellierens im Realen mit dem Erstellen virtueller Modelle geht, oder zu *Augmented Reality*-Techniken, wenn es um das ergänzende Arbeiten mit Bildprojektionstechniken geht.

Zuletzt zeichnet sich außerhalb computerwissenschaftlicher Zusammenhänge eine Tendenz ab, die Begriffsverbindung zugunsten der ausschließlichen Verwendung des Begriffs der Virtualität aufzulösen. Man konstatiert dann nur noch eine Wirkung ohne den Realitätsgehalt dieser Wirkung eigens modal oder ontologisch zu klassifizieren.

Was nun sind künstliche Welterzeugungen?

Darunter ist zu verstehen:

–   die künstliche Herstellung von Parallelwelten in digitalen Repräsentationen, die untereinander und mit dem jeweiligen Nutzer interagieren können.

- die künstliche Erweiterung der in Oberflächenphänomenen gegebenen Welt, indem gewissermaßen Tiefenstrukturen sichtbar bzw. sinnlich erfahrbar werden.
- die künstliche Erweiterung der gewohnten physikalischen Welt. Dies war im Übrigen bereits das Geschäft der klassischen Mythologie, wo physikalische Gesetzmäßigkeiten partiell außer Kraft gesetzt werden. Künstliche Erweiterungen sind zu einem erheblichen Teil Mischungen, von zeitlich, räumlich sowie kulturell Disparatem. Fiktionale Literatur hat von ihren Anfängen an Welt erweitert und verflochten. Ebenso begleiten künstliche Welterzeugungen, wie das chemische Periodensystem, die Geschichte der Wissenschaften. So sind Cassirers große Sinnstiftungssysteme: Sprache, Mythos und Religion, Kunst und Wissenschaft nicht nur künstliche Erweiterungen einer raumzeitlich gegebenen physikalischen und physiologischen Welt, sondern tatsächlich Welterzeugungen, denn wir sehen die Welt nur durch die Brillen dieser Sinnstiftungssysteme.

Die Besonderheit gegenwärtiger künstlicher Welterzeugungen liegt in einer neuen Rolle, die die mediale Technologie spielt. Künstliche Welterzeugungen werden heute von weitgehend anonym bzw. unsichtbar bleibenden medialen Maschinerien vorgenommen, deren Steuerungsvorgänge dem Nutzer weitgehend unbekannt bleiben. Sinnbezirke sind also zu einem erheblichen Teil von einer letztlich undurchschaubaren medialen Maschinerie erzeugt – undurchschaubar, weil wir immer nur ein Moment der Maschinerie in den Blick nehmen können, entweder die jeweilige Oberflächenkodierung bzw. das, was die Maschinerie an Zeichen präsentiert, oder die informatische Disposition dieser Oberflächenkodierung – aber auch letztere nie als Ganzes.

Ordnung entsteht durch Hinzufügungen zu sinnlichen Phänomenen und durch symbolische Verknüpfungen. Dilthey ist der Auffassung, dass die Naturwissenschaft und ihre Weltordnung sich letztlich hypothetischen Ergänzungen verdanken und sie somit nicht mit der Natur an sich zu tun hat. Es ordnet also erst der, der der Welt etwas hinzufügt und sie deutet. So deutet der Physiker bestimmte Weltphänomene anders als der Künstler oder der Theologe. Der physikalische Raumbegriff kann weder den künstlerischen noch den mythologischen ersetzen. Jede Weltordnung fasst einen bestimmten Sinnbezirk, der nicht ohne Verlust und Verzerrung in den anderen übertragen werden kann.

Die Besonderheit moderner Weltordnungen besteht darin, dass die medialen Zwischenschaltungen eine gewisse Autonomie erlangt haben, sozusagen untereinander interagieren. Es ordnen heute nicht nur Sprache, Mythos und Religion, Kunst und Wissenschaft die Welt, sondern vor allem auch sich in technischen Apparaturen objektivierende mediale Trägersysteme. Es ordnet also auch das, was die sprachliche, mythische, künstlerische und wissenschaftliche Artikulation trägt und vermittelt. Die medialen Apparaturen scheinen also ein eigener moderner Sinnstiftungsbezirk zu sein, der neben den von Cassirer genannten bestehen kann.

Moderne multimediale Apparaturen dringen anders in unsere Weltwahrnehmung ein als die alten Medien. Und sie kodieren die Welt auf zwei Ebenen. Einmal sind es die sicht- und hörbaren schriftlichen, akustischen und visuellen Darstellungen, zum anderen die unsichtbaren digitalen Kodierungen, die den sichtbaren Teil in einer Weise manipulieren können, dass wir zwischen der Repräsentation physikalischer Phänomene und deren Simulation nicht mehr zu unterscheiden vermögen.

Derartige durch moderne mediale Trägersysteme hergestellte künstliche Weltordnungen sind uns gleichzeitig in dreifacher symbolischer Formung gegeben; dies ist

–   die informationelle Ordnung symbolischer Maschinen als technologische Basis aller Formalisierung;
–   die Ordnung des Präsentierten an der Oberfläche, also die Bild- und Schriftanordnung sowie die akustische Folge.
–   die dokumentarische Ordnung der thematischen Rubrizierung bzw. Kategorisierung.

Man kann nun einwenden, dass die genannten Ordnungsformen ihre Fundierung in den von Cassirer genannten Sphären haben. So hat die informationelle Ordnung ihre Fundierung gewiss in der Sphäre der Wissenschaft. Das Neue aber ist, dass diese Ordnungen nun eine technisch-apperative Erweiterung und Anwendung erfahren, und dass diese Anwendung selbst in diese Fundierungssphäre eindringt. Das heißt, die Sphäre der Wissenschaft ist durchgehend technisiert und weitgehend von dieser Technisierung abhängig. Es gibt heute – von wenigen Gebieten abgesehen – keine Wissenschaft mehr, die ohne die Hilfe von Informationstechnologien noch zu nennenswerten Forschungsergebnissen gelangen könnte. Ehedem getrennte Sphären der Weltordnung werden in einer neuen Art miteinander verknüpft. So wird in der Kunst mit *Virtual Reality*-Techniken gearbeitet. Im Netz ist eine eigene Mythologie entstanden: Man redet von Cybergnostik, betreibt eine neue Form der Angelologie. Die Mensch-Maschine Schnittstelle hat sich verschoben. Intelligente Systeme können bereits im eigenen Körper wirken. Man experimentiert mit Biochips, die zur Regulierung gestörter Körperfunktionen implantiert werden. Die Welt der Kunst und des Mythos wird technisch, die Welt der Wissenschaft wird künstlerisch, die des Mythos wissenschaftlich. Ehedem getrennte Systeme scheinen über eine medientechnologische Verbindung ineinander zu fließen, scharfe Trennungslinien zwischen den Geltungsbereichen nicht mehr gezogen werden zu können. Auch wenn sich gewiss immer wieder Fehldeutungen und Fehlübertragungen aufweisen lassen, so steht außer Frauge, dass die Rolle medialer Apparaturen für die Ordnung der Welt eine überragende Rolle spielt. Es sind also die Präsentationen, Verknüpfungen und Speicherungen medialer Technologien, die heute wesentlich die Welt ordnen, und zwar latent als Trägersysteme von wissenschaftlichen, künstlerischen, religiösen und sprachlichen Artikulationen, als Erwartungshaltungen erzeugende und habitualisierende Dispositive.

Wie nun findet Handeln in einer weitgehend technisch erzeugten und geordneten Welt statt?

Unter Handeln ist das bewusste Eingreifen in eine von mir bestimmte Wirklichkeit zu verstehen. Eingreifen kann ich nicht nur in die raumzeitliche Außenwelt, sondern auch in eine nur simulierte, ähnlich wie es ein Regisseur tut. Entscheidend ist, dass ich die jeweilige Realitätsebene zu bestimmen vermag. Häufige Fehlbestimmungen waren lange ein Zeichen für einen psychopathologischen Befund. Apraxie, Agnosie und Aphasie sind klassische Felder solcher Fehlbestimmungen. Heute stellt sich das Problem aber komplizierter dar. Zwar ist unbestreitbar, dass mediale Psychopathologien, die es ja schon immer gab und in Figuren wie Cervantes' Don Quijote und Canettis Kien literarische Weltgeltung erlangt haben, heute ein Massenphänomen geworden sind, insofern Zuordnungsprobleme nicht nur vereinzelt auftreten, sondern ein gesellschaftliches Problem geworden sind – aber es ist gewiss unangemessen, diese Zuordnungsprobleme allein auf dem Feld der klinischen Psychologie zu behandeln. Nahezu jedes mit dem Anspruch auf Repräsentation eines raumzeitlichen Objektes auftretende Bild kann ein Manipulationsprodukt sein. Und nur die Pluralität medialer Darstellungen kann hier der Macht der Manipulationen noch entgegenwirken. Es ist das Präsentierte selbst und die mediale Prägung unserer Wahrnehmung, die zu Fehleinschätzungen und Fehlzuordnungen von Sachverhalten führen. Es geht nicht wenigen weitgereisten Menschen so, dass sie gelegentlich medial vermittelte Bilder für eigene Erlebnisse halten, wenn es eine Ähnlichkeitsbeziehung zur eigenen Wahrnehmung gibt. Mediale Prägungen lassen uns oft erst bestimmte Details wahrnehmen. So zeigen empirische Untersuchungen, dass so genannte Videoclip-Kids anders und anderes sehen als eine Generation, die mit klassischen Fernsehspielen aufgewachsen ist. Dies ist sowohl eine kulturelle Prägung im engeren Sinne wie eine körperliche Schulung. Wie unsere Wahrnehmung von Fiktionalem und Animiertem geprägt ist, zeigen zuletzt die hilflosen Beschreibungen des Horrorszenarios vom Kamikazeangriff auf das World Trade Center. Aber auch was unser Handeln anbetrifft gibt es sozusagen virtuelle Dispositionen. Mit Hilfe eines Flugsimulators lässt sich jeder Anflug auf ein Gebäude absolut realitätsnah einstudieren.

Hannah Arendt rechnet das Handeln neben der Arbeit, die die biologischen Ressourcen erneuert, und dem Herstellen *(poiesis)*, das als dingherstellendes Verhalten bereits eine künstliche Welt erzeugt, zu den drei menschlichen Grundtätigkeiten. Und zwar ist Handeln *(praxis)* die höchste Form menschlicher Tätigkeit, nämlich das im eigentlichen Sinn zwischenmenschliche Agieren, das sich »ohne die Vermittlung von Materie, Material und Dingen direkt zwischen Menschen abspielt« (Arendt 1981). Für Arendt ist Handeln also der im eigentlichen Sinne ethische und zuletzt auch politische Bereich. Es ist aber zu bedenken, dass insbesondere Herstellen *(poiesis)* und Handeln *(praxis)* aufs engste miteinander verknüpft sind, und ihre Verknüpfung erst konkrete Felder der Ethik, nicht zuletzt die Felder der so genannten Bindestrichethiken, bestimmt. Wie Hergestelltes auf das Verhalten des Menschen wirkt, ist eine Grundfrage der Technikethik. Die hergestellten Artefakte sind zur dritten Natur des Menschen geworden, die ihrerseits Aufgaben formuliert und Handlungen erfordert.

Handeln hat nun immer eine teleologische Komponente, das heißt, es ist sich seiner Wirkrichtung bewusst, was nicht heißt, dass man alle Folgen eines Eingriffs antizipieren kann. Verhalten heißt Anpassen und Reagieren auf äußere Gegebenheiten und Einwirkungen nach lebensweltlich vorgegebenen und erworbenen Mustern. So verhält sich also der Mensch wie das Tier, wenn auch auf unterschiedlichem Terrain der Überlebens- und Bedürfnissicherung. Nicht wenige konstruktivistische und dem logischen Positivismus entsprungenen funktionalistische Ansätze verwischen den Abstand zwischen Verhalten und Handeln. In deterministischen Systemen ist nur für das Verhalten, nicht für das Handeln Platz. Von einem objektivistischen Standpunkt lässt sich nicht zwischen Verhalten und Handeln unterscheiden.

Wenn Handeln aber eine bewusste Weise des Eingriffes in eine zumindest lebensweltlich-relativ bestimmte Wirklichkeit ist und nur von diesem Eingriff her bestimmt werden kann, dann ist diese Bestimmung der Schlüssel zur Disposition des menschlichen Handelns.

Wie aber bekommen wir nun Wirklichkeit in den Blick?

Prinzipiell ist Wirklichkeit nichts isoliert Gegebenes. Wirklichkeit ist eine Horizontordnung oder relationale Ordnung. Es kommt also weniger auf das einzelne Realitätsstück an, als vielmehr auf dessen Funktion innerhalb eines relationalen oder symbolischen Zusammenhangs. Das heißt, ein Phänomen ist uns innerhalb einer Ordnung gegeben, in der wir es anschließen und zuordnen können. Dabei kann diese Ordnung weitgehend, wenn auch nicht vollkommen von der raumzeitlich-physikalischen Welt abgelöst sein. Aber selbst die physikalische Welt ist uns in einer symbolischen Formung gegeben. Entscheidend aber ist, dass sich Wirklichkeit in einer Ordnung gibt, wobei es keine Rolle spielt, ob sie gut oder schlecht, ob sie ideell oder materiell ist.

Ein Realitäts- und damit Handlungsverlust tritt erst dann ein, wenn der ordnende Horizont, der die Einzelphänomene wie eine Projektionsfläche sichtbar macht, verschwindet. Dies ist der Fall bei Truman Burbank aus Peter Weirs *Truman Show*: Es sind nicht die merkwürdigen Einzelphänomene, es sind vielmehr die Anschlussprobleme auf unterschiedlichsten Ebenen, die seine Welt erschüttern. Das heißt, was Wirklichkeit für uns verbürgt, ist ein Anspruch auf fortschreitende Bewährung von Erfahrungswerten; wohlgemerkt, nicht von einzelnen Erfahrungswerten – dass diese sich als falsch erweisen können ist ja selbst ein Erfahrungswert. Die Realitätserfahrung wird erst dann nachhaltig erschüttert, wenn ein umfangreicheres oder – wie im Falle der erwähnten Symbolpathologien – ein generelles Zuordnungsproblem vorliegt, wenn der Gesamthorizont also ins Wanken gerät.

Während sich das symbolische Denken von den Vorgaben der Sinnlichkeit befreit, also eine Welt entstehen lässt, die sich weitgehend, wenn auch nicht vollständig von der Sinnlichkeit löst, erleben wir heute, dass mit technischer Hilfe eine Welt entsteht, die symbolische Formungen wieder versinnlicht, sie sozusagen auf einer Bildschirmoberfläche konkretisiert. Wir erleben heute die Umkehrung einer langen Geschichte der Entsinnlichung und Formalisierung des Denkens mit Hilfe moderner medialer Apparaturen; dies wohlgemerkt wiederum auf der Basis einer fortschreitenden Formalisierung. Unsere Zeit und ihre Realitätswahrnehmung ist also von einer eigenartigen Dialektik gekennzeichnet: einerseits wird das Denken versinnlicht, stärker an sinnliche Vermögen angebunden, andererseits schreitet die Formalisierung symbolischer Maschinen fort.

Die Freiheit und Entschlossenheit des menschlichen Handelns lässt sich nur fördern, indem wir uns Klarheit verschaffen über die Ordnungsweisen moderner medialer Einrichtungen. Dies ist eine umfangreiche und schwierige Aufgabe – nicht nur für die Wissenschaft. Es ist ein ethisches Schlüsselproblem, sich der mühsamen Arbeit des Studiums der medialen und damit symbolischen Ordnung der Welt zu unterziehen. Nur wenn wir wissen, welche Ordnungen sie bieten und wie diese Ordnungen hergestellt werden, können wir eine entsprechende Disposition zum Handeln, nicht zuletzt zum angemessenen und guten Handeln erlangen. Mehr denn je sind wir darauf angewiesen, einen Sinn für die Anschließbarkeit des Gehörten, Gesehenen und Gelesenen zu entwickeln; mehr denn je sind wir darauf angewiesen nicht nur mit den Medien, sondern in einer ständigen Reflexion auf sie zu leben.

Medienethik hat also in einem grundlegenden sozusagen metaethischen Schritt die Frage nach der medialen Ordnung unserer Welt zu fokussieren. Erst auf dieser Basis kann sie zu angemessenen Antworten zum guten Handeln gelangen. In diesem Sinne ist Medienethik eine noch zu begründende Disziplin. Dies befreit allerdings nicht davon, uns bereits heute medial bedingten moralischen Fragen zu stellen.

Semiotik:
Die Semiotik und das Internet. Analysen für einen ethisch verantwortlichen Austausch

PETRA GRIMM, FRANCO ROTA

Sprache, Gesellschaft und Kulturen

»Ohne Gesellschaft gibt es keine Kommunikation: aber ohne Kommunikation auch keine Gesellschaft« (Titzmann 1993, 5). Der Verlauf der menschlichen Evolution zeigt, dass der Mensch seine Kommunikationsinstrumente, also die Medien, zunehmend unabhängig von seinen ihm körperlich vorgegebenen Möglichkeiten der direkten Kommunikation (z.B. Sprechen mittels Schallwellen, Gestikulieren mit den Händen, Mimischer Ausdruck mittels Gesichtszügen etc.) erweiterte, indem er neue Medien der indirekten Kommunikation erfand.

Die Geschichte der Medien und die Entwicklung der Zeichensysteme bzw. Codes[1] sind eng gekoppelt. So ist beispielsweise das Zeitalter der Schriftkultur erst mit der Erfindung des Buchdrucks und ist das audiovisuelle Zeitalter erst mit der Erfindung des Fernsehens wirklich eingeläutet worden. Auch wenn die Durchsetzungskraft bestimmter Zeichensysteme, z.B. der schriftlichen Sprache, von der technischen Entwicklung der Medien allein abhängig erscheint, ist zu berücksichtigen, dass die Favorisierung bestimmter Zeichensysteme mit kulturellen – sprich: ökonomischen, religiösen, sozialen oder politischern – Entwicklungen zusammenhängt. So verbreitete sich die alphabetische Schrift im östlichen Mittelmeerraum rund 1500 Jahre v. Chr. u.a. deshalb, weil Händler unterschiedlichen kulturellen Ursprungs und verschiedener Sprachgemeinschaften eine allseits akzeptierte Kommunikationsform für ihren Handel brauchten.

Der alphabetische Code war, wie Flusser überzeugend darlegt, ein »kommerzieller Code«, der aus ökonomischer Notwendigkeit entwickelt wurde, da eine »extreme Sprachverwirrung« den Handel erschwerte: »Versuche, Babylonisch, Aramäisch oder Minoisch zu diesem Zweck zu verwenden (etwa wie in Indien Englisch), sind fehlgeschlagen; ebenso diejenigen, eine tote Sprache, Sumerisch (oder etwa wie im Mittelalter Lateinisch), als *lingua franca* zu verwenden. Also griff man zu einer radikalen Lö-

---

1   Die Begriffe *Code* und *Zeichensystem* werden hier nach Sottong/Müller (1998, 75-79) synonym verwendet. Vgl. weiter zur »semiotischen Expansion des Kodebegriffs« Nöth (1985, 186-195).

sung: Das Alphabet wurde erfunden« (Flusser 1998, 91). Das Alphabet garantierte
eine unzweideutige Kodierung, es ermöglichte eine freie Kombinierbarkeit der Zeichen und es war in der Anwendung effizient. Mit diesem Kodierungssystem ver-
schafften sich schließlich die Phönizier und Griechen einen Vorsprung bei der Informationsverarbeitung.

Religionen wie das Judentum, das Christentum, der Islam, der Brahmaismus favo-
risierten das Buch und die Schrift, um ihre Interpretation der Welt (jener Welt der
religiösen Elite) »lesbar« und damit kommunizierbar zu machen. Mittels in Zeichensystemen bzw. Codes, also mit Sprache transportierten *Botschaften* (z.B. in der Bibel)
wurde gesellschaftliche Realität konstruiert, orientierende Objektivationen (für eine
Gemeinschaft gültige Werte und Normen, gesellschaftliche Tatsachen und gesellschaftliche Orientierungen) geschaffen und Wissen verbreitet (vgl. Berger/Luckmann
1980, 38-41). Je mehr Menschen an der Standardisierung ihrer gesprochenen Sprache
mit Hilfe des Alphabets teilnahmen, desto mehr wurden sie auch an die Zeichensysteme und Codes gebunden, die jene vorgaben und definierten, die ihre diesen Zeichensystemen inhärenten Objektivationen vorher und früher verbreitet haben. Es
entstand damit eine Art *Definitionsmacht* über die Inhalte und Botschaften, was beispielsweise zur Verbreitung des christlichen Glaubens und seiner Werte führte. Dort
wo diese Definitionsmacht nicht ausgeübt werden konnte, entstanden andere Orientierungen wie z.B. in der arabischen Schriftwelt die islamischen Kulturen oder in den
Regionen des Geltungsbereiches der chinesischen Schriftzeichen die konfuzianischen
Wertesysteme und Objektivationen.

Aus diesen Überlegungen könnte man die Schlussfolgerung ziehen, dass die
Verbreitung kultureller Orientierungen an das zentrale Medium des Mittelalters und
der Neuzeit, also das handgeschriebene oder gedruckte Buch, gebunden sei. Zeichensysteme bzw. Codes sind jedoch nicht generell an ein spezifisches Medium zu ihrer
Verbreitung gebunden. Gleichwohl haben sie historisch gesehen zu gewissen Medien
eine bestimmte Affinität qua kultureller Konvention und technischer Möglichkeiten,
wie z.B. schriftliche Texte, die seit Gutenberg und spätestens seit der Entwicklung
der Rotationsdruckmaschinen im 19. Jahrhundert sozusagen »printmedien-affin«
waren (z.B. Zeitungen).

Zeichensysteme konnten und können über unterschiedlichste Medien transpor-
tiert werden (früher: z.B. Handzeichnungen, Kaligrafien) und diese ›Transportme-
dien‹ konnten und können nach einem Übersetzungsvorgang von einer auf eine andere Kultur übertragen und in der Empfangskultur interpretiert werden. Die Übersetzungen der Codes hatten eine Interpretation beispielsweise schriftlicher Texte zur
Folge, die die Empfängerkultur zu bewerten hatte. Jene Zeichen und Codes, die die
Empfängerkultur für sich als sinnvoll oder ökonomisch übernehmenswert einstufte
und mit ihren Werten als kompatibel ansah, wurden integriert. Es fand also auf regionaler begrenzter Ebene nolens volens ein quasi-voluntaristischer Prozess statt, bei
dem Codes übernommen oder abgelehnt wurden. Jede Kultur war in der Lage, je
nach dem Grad ihrer Übersetzungsleistungen und je nach dem Grad ihrer Durchläs-
sigkeit für kulturellen Austausch, zu entscheiden, inwieweit sie Zeichensysteme und
damit Werte von anderen Kulturen zulassen, übernehmen oder ablehnen wollte.

Natürlich war die Übernahme nie frei vom Widerstreit der Wertsetzungen; beispielsweise gab es zwischen kulturellen Zentren und ihren Peripherien einen Systemaustausch, den häufig die Zentren aufgrund ihrer hegemonialen Position für sich entschieden. Andererseits hatten jedoch auch die peripheren Kulturen die Chance, in Rückkopplungen von Zeichensystemen und Codes, das Zentrum zu beeinflussen und häufig ihre eigene Sprache weitgehend zu bewahren sowie eine gewisse kulturelle und politische Eigenständigkeit zu beizubehalten (z.B. die griechischen Stadtstaaten von Athen, Gallien unter Rom, die osteuropäischen Staaten von der Sowjetunion, etc.).[2] Seit Einführung des Internet und vor allem des World Wide Web scheint diese freiwillige Entscheidungsmöglichkeit jetzt auf globaler Ebene und die Chance der Rückkopplung jedoch nicht mehr zu bestehen. Denn derzeit existiert ein Universalcode, der aus einem binären Zahlencode besteht und anderen auf Ideogrammen basierenden Sprachen eine Anpassung zwangsweise vorschreibt. Aus ethischer Perspektive stellt sich damit das Problem, ob es verantwortbar ist, dass die westlichen Kulturen mit ihren Denk- und Sprachsystemen die Definitionsmacht über die weltweite Kommunikation für sich beanspruchen.

Damit tauchen Fragen auf: Braucht eine globalisierte Wirtschaft und braucht eine globalisierte Weltzivilisation eine Universalsprache? Gehen mit der Universalsprache und deren notwendigen Übersetzung- und Transformationsleistungen die originären Sprachen, also deren Zeichensysteme und Bedeutungen unter? Kann es eine Metasprache geben, die als Welthilfssprache fungiert und auf einem von allen Kulturen vereinbarten Code basiert? Ist die gegenwärtige Entwicklung zur Verkehrssprache im Netz, also dem Englischen, der adäquate Weg zu einer transkulturellen Kommunikation?

Unterschiedliche Semiosphären im globalen Netz

Mit Einführung des World Wide Web (WWW) ist in den westlichen Kulturen die Vision einer weltweiten Vernetzung aller Kommunikationsteilnehmer und damit ihrer unterschiedlichen Zeichensysteme aufgekommen. Unter semiotischen Gesichtspunkten würde dies tendenziell eine globale Vereinheitlichung von kulturell unterschiedlichen Semiosphären bedeuten. Eine Semiosphäre besteht aus »miteinander vernetzten und interferierenden« Kommunikationsakten, die Angehörige einer Kultur produzieren. Sie bildet eine Sphäre von komplexen Zeichen und Codes, die für eine Kultur oder für Kulturkreise den Lebensraum der Kommunikation umgibt.[3] Die Frage ist, wie sich eine weltweite Kommunikation im Netz auf die Existenz und Entwicklung von Semiosphären auswirken kann. Vorstellbar sind als polarisierte Modelle: die Vereinigung von unterschiedlichen Semiosphären zu einer *Monosemiosphäre* sowie die Koexistenz unterschiedlicher Semiosphären, die insgesamt eine *Polysemiosphäre* bilden

---

2 Vgl. Flora (1981, 400-407), der die Ideen des Politikwissenschaftlers Stein Rokkan und dessen politisch-kulturellen Entwicklungs-Modelle zusammenfasste.

3 Der Begriff »Semiosphäre« lehnt sich an die Definition von Müller/Sottong (1998, 22-30) an, er wird hier um den »kulturellen« Aspekt erweitert.

könnten. Welche Konsequenzen sich aus beiden Modellen für eine Internet-Ethik ergeben könnten, soll hier ausgeführt werden.

Das Internet wird immer mehr zu einem ubiquitären Element der zwischenmenschlichen Kommunikation. Über 500 Mio. Internet-Nutzer kommunizieren weltweit via Internet, über 24 Mio. allein in Deutschland. Schon dies könnte der Beleg für eine neue Epoche der Individual- und Gruppenkommunikation sein, die eine globalisierte Kultur in Aussicht stellt. Dass die Globalisierung via Medien nicht erst durch das Internet sondern bereits durch den Import bzw. Export von massenmedialen Kulturgütern (Kino- und Fernsehfilme, Comics, Computerspiele etc.) einen kräftigen Schub erhielt, sei an dieser Stelle nur kurz angemerkt. Die ethischen Probleme, die sich im Zuge einer angestrebten weltweiten Kommunikation der Kulturen ergeben, sind vielseitig. Einige sollen hier skizziert werden. Dazu gehören u.a. folgende:

–   ungleiche Zugangsmöglichkeiten zum Internet (ca. 500 Mio. User bilden die Kommunikations-Elite in der aus über 6 Mrd. Menschen bestehenden Weltbevölkerung), die den Ausschluss einer Mehrheit der Menschen aus den modernen medialen Kommunikationsräumen bedeuten; hier stellt sich die Frage nach dem Demokratie- und Partizipationsdefizit des Internet, zusammengefasst im Begriff *Digital Divide*;

–   das Hegemonie-Verhältnis der kulturellen Semiosphären, das sich im Internet anhand der Dominanz westlicher Gesellschaften, insbesondere der USA und Europas, zeigt und damit eine westliche Präponderanz im Netz bedeutet, der andere Kulturen überlagert; hier ist das Problem des ›Kampfes der Kulturen‹ angesprochen;

–   die Privilegierung der englischen Sprache (43% Prozent der Internet-Nutzer sprechen oder ›hacken‹ auf Englisch, der Rest verteilt sich mit weitaus geringeren Prozentzahlen auf einige europäische und asiatische Sprachen, z. B. Deutsch mit 6,8% und Chinesisch mit 9%);[4] hier wird das Thema ›Einsprachigkeit‹ versus ›Vielsprachigkeit‹ aktualisiert;

–   die mangelnde Transparenz neuer computerbasierter Zeichensysteme und Codes für unprofessionelle User bzw. nicht im Internet existierender Kommunikatoren, die eine ›Medienkompetenz‹ (also die Fähigkeit mit dem Medium Internet umzugehen) für viele a priori ausschließt.

Die hier aufgeführten Probleme sind von der Informations- und Medienethik bereits mehrfach diskutiert worden. Die semiotische Perspektive wurde dabei jedoch vernachlässigt:

–   Auf der semiotischen Mikro-Ebene geht es die Veränderungen der Zeichensysteme selbst, z.B. um die Frage, ob durch die Nutzung des Internet

---

4   Vgl. GlobalReach - Global Internet Statistics (by Language) (2002).

Sprachveränderungen erfolgen könnten oder sogar die Schriftkultur zur Disposition steht.

– Auf der semiotischen Meso-Ebene geht es um die alten und neuen Zeichensysteme der Internetgesellschaft, um die Interferenzen von kulturell unterschiedlichen Zeichensystemen und deren Auswirkungen auf die kulturellen Interdependenzen.

– Auf der semiotischen Makro-Ebene geht es um die Frage der Gleichberechtigung bzw. Dominanz kulturspezifischer Semiosphären im Internet sowie deren mögliche Vereinheitlichung zu einer kulturunspezifischen globalen Semiosphäre.

Fragen der Semiotik sind nach Auffassung von Nadin heute mehr denn je von Bedeutung: »Das Interesse an menschlichen Zeichensystemen reicht bis weit in die Antike zurück. Doch heute verzeichnen wir ein verstärktes Interesse an Fragen der Semiotik, jener Disziplin, die sich mit Zeichen (griechisch *semeion*) beschäftigt. Der Grund hierfür liegt in der rasanten Zunahme von Ausdrucks- und Kommunikationsformen, die nicht mehr auf die Mittel der natürlichen Sprache zurückgreifen. Auch die Interaktion zwischen Menschen und immer komplexer werdenden Maschinen hat semiotische Fragen ganz neuer Art aufgeworfen« (Nadin 1999, 57).

Die Entwicklung der Zeichensysteme bis zur globalen Kommunikation

Die Schrift ist ein relativ junges Zeichensystem in der Geschichte der menschlichen Evolution, sie entstand rund 5000 Jahre v. Chr. Etwa 900 v. Chr. gelang es den Griechen, das phönizische Schriftsystem, das bereits die Konsonanten-Kodierung kannte, zu erweitern, indem sie die Vokal-Kodierung einfügten. Diesen Schritt hatte vorher keine Kultur gemacht. De facto gewann die Schriftkultur erst seit 500-400 v. Chr. in der abendländischen Kultur an Bedeutung, nämlich als Griechenland seine »Netzwerk-Kultur« als Handelsnation perfektionierte. Die lateinische Schrift, die die Römer aus dem westgriechischen Alphabet durch Vermittlung der Etrusker ableiteten, ist heute die am weitesten verbreitete Schrift in der Welt.

Mit dem Buchdruck hat sich die Schrift in Europa weiter verbreitet und wurde neben der Untersuchung der Sprache zu einem wichtigen Themenfeld philosophischer Betrachtungen und wissenschaftlicher Untersuchungen (vgl. Eco 1994, 15-19). So gesehen ist die Schriftkultur eine relativ kurze Zeichensystem-Epoche in der Menschheitsgeschichte. Verschiedene Medientheoretiker wie z.B. Flusser (1998) MacLuhan (1962, 1964) gehen davon aus, dass das Gutenberg-Zeitalter bzw. die Schriftkultur vorbei sei oder sich zumindest im Übergang zu einer telematischen bzw. elektronischen Gesellschaft befinde. Würde man den Überlegungen von Derrida oder Bolz folgen, so befände sich die Schriftkultur in einem Stadium, in dem sie sich ihrer kulturellen Identität nicht mehr bewusst sei (vgl. Bolz 1995, 186). Mit dieser kulturskeptischen Sicht der Evolution der Medien könnte man den Eindruck gewinnen, dass eine historisch-epochale Favorisierung bestimmter Zeichensysteme immer auf Kosten von anderen erfolgte bzw. deren Verlust bedeutete. Die Gebrauchs-

Komplementarität (ergänzende Nutzung) der Medien und die Übertragung von Codes in jeweils neue Medien ist jedoch im Laufe der Geschichte empirisch nachgewiesen (vgl. Wagner 1978, 115). Sicherlich aber ist richtig, dass die Addition bzw. die Kombination von Zeichensystemen und immer neueren Medien die Komplexität der menschlichen Kommunikation stark erhöht hat. Eine Entsprachlichung bzw. Entschriftlichung ist derzeit trotz extensiven Gebrauchs des Internet und des World Wide Web jedoch nach Einschätzung der Autoren nicht festzustellen. Kurz eine Darstellung der Komplexitätssteigerung der Zeichensysteme mit dem Mediengebrauch:

Zum Beginn der menschlichen Kommunikationsgeschichte bestand nur das gesprochene Wort bzw. die Rede (1). Die Komplexität stand damit auf Stufe 1. Mit dem Bild (2) entstand erstmals die räumliche Manifestation von Codes außerhalb des Körpers. Der Komplexitätsgrad der Zeichensysteme bestand also aus 1 + 2. Mit der Schrift (3) ging eine Erhöhung der Komplexität einher, da eine Erweiterung der Denk- und Wissenssysteme und ihr Transport möglich wurde: 1 + 2 + 3. Mit dem Buchdruck (4) entstand ein erhöhter Austausch zwischen relativ wenigen Kommunikationsteilnehmern; auf regionaler und überregionaler Ebene eine Vereinheitlichung und gleichzeitig eine Ausdifferenzierung von Denksystemen. Die Komplexitätskette lautet damit: 1 + 2 + 3 + 4. Die technischen Druckverfahren (z.B. Rotationsdruck) (5) brachte die massenhafte Verbreitung von Codes und Zeichen über ethnische und Ländergrenzen hinweg und bedeutete auch eine erhöhte Vermengung der Codes unterschiedlicher Kulturen: 1 + 2 + 3 + 4 + 5. Das Telefon und die drahtlose Telefonie (Telerede) (6) bedeutet eine Überbrückung von Raum beim interpersonalen Austausch von Zeichensystemen, was zu 1 + 2 + 3 + 4 + 5 + 6 führt. Das Kino (8) bedeutete einen revolutionären Semiose-Einschnitt: Bild, Musik, Rede und Schrift wurden erstmals in einem Medium kombinierbar mit originär kinematografischen Codes verknüpft: 1 + 2 + 3 + 4 + 5 + 6 + 7 + 8. Das Fernsehen (9) brachte die massenhafte Verbreitung von audiovisuellen Codes und entwickelte sich mit Einführung der Satellitentechnik zum ersten globalisierten Medium: 1 + 2 + 3 + 4 + 5 + 6 + 7 + 8 + 9. Der PC und das Internet (10) erlauben die selektive Nutzung unterschiedlichster bestehender Codes und die Selbsterzeugung neuer Codes (z.B. Programmiersprachen) sowie deren individuelle Verbreitung. Unsere aktuelle Kette lautet: 1 + 2 + 3 + 4 + 5 + 6 + 7 + 8 + 9 + 10. Auf dieser aktuellen Stufe ist auch die unendliche Möglichkeit zur Kopie und Reproduktion von Inhalten gegeben, die zu Chancen und Risiken führt: Die digitale Wissensverbreitung nimmt zu und kann benachteiligten Semiosphären Informationen und Bildung zuführen oder auch den interkulturellen Austausch fördern, gleichzeitig aber wächst die Gefahr der Redundanzen, des Informationsüberflusses und Orientierungslosigkeit sowie des Ausbleibens von Wissens-Neuschöpfungen.

Kein Medium hat in der Geschichte der Medien je ein Zeichensystem substituiert, die Verknüpfung von akustischen und visuellen Zeichensystemen wurde jedoch durch die mediale Entwicklung zunehmend komplexer und der Gebrauch der Zeichensysteme von Raum bzw. Zeit unabhängiger. Trotz der erhöhten Komplexität und der extensiven Nutzung mancher Medien sind die kulturgeschichtlich entwickelten Zeichen nach vor in Gebrauch geblieben – wie auch anders, denn wie hätten wir unsere kulturspezifischen Semiosphären auch hinter uns lassen können? So verwenden wir nach wie vor das Kodierungssystem der Schrift und verknüpfen sie mit anderen bekannten Kodierungen.

Intrakulturelle Sprachveränderungen: ›Verzipung‹ und ›Vexation‹

Die Strukturen der Zeichensysteme haben sich mit der Entwicklung der Medien jedoch verändert: Beobachtbar ist, dass teilweise eine Veränderung des Sprachgebrauchs erfolgte, eine Ergänzung bzw. Verstärkung durch Symbole stattgefunden hat und die Codes der Kommunikation entsprechend den *Sub-Semiosphären* zunehmend ausdifferenziert und fragmentiert wurden, z.B. enkodieren und dekodieren Cineasten, Schriftsteller oder heutzutage Hacker ihre *Sub-Zeichensysteme* anders als ein Verwaltungsangestellter, ein Maschinenbauer oder ein Handwerker. Soziologisch gesehen bedeutet dies nichts anderes als die Herausbildung von spezifischen ›Sprachen‹ (auch Fachsprachen) beispielsweise der Jugendlichen (Jugendslang, Rapperdeutsch), der Wissenschaftler (Wissenschaftssprache) oder der Manager (Marketingausdrücke) etc., die in jeder Kultur beobachtbar sind und berufsspezifisch, milieubedingt oder an Alterskohorten gebunden sind (vgl. Reimann u.a. 1979, 32-52).

Beispielsweise finden durch die User eine *Veränderung im Zeichengebrauch* statt, die sich durch die Verwendung von *Äquizeichen*[5], unkorrekte Orthografie, Satzbau, Interpunktion, Akronyme[6], Iterationen usw. kennzeichnen lässt; betroffen ist die Ebene der Syntagmatik (Ebene der Zeichenkombination).

Am Beispiel des *Handys* und des Internet sollen Sprachveränderungen anhand der Nutzungs- und Verbreitungsformen der SMS bzw. der E-mails skizziert werden: SMS-Inhalte sind private, persönliche, intime Kurzmessages, die zumeist zwischen engen Freunden oder Sich-Liebenden ausgetauscht werden und der knappen Information oder Benachrichtigung dienen; SMS sind zumeist emotionale Botschaften, wie Nettigkeiten als Beleg für einen zu übermittelnden Gedanken an den anderen oder an eine Sache oder an eine Person sowie Intim-Inhalte. Ähnlich dem flüchtigen Gedanken ist auch das SMS eine Botschaft, die verschwindet, wenn sie beim Empfänger nicht abgerufen wird und er nicht sofort oder bald danach per SMS antwortet: Sie löst sich gewissermaßen im Äther auf (Löschung durch Handy-Speicher oder Netzprovider). Unterschiedliche Messages können in Symbol oder Bildchenform via Tastatur (Zeichen) entworfen werden; weil dies aber oft sehr zeitaufwändig und damit SMS-widersinnig ist, kaufen SMS-Fans sich ihre Symbole und laden sie auf ihr Handy, um sie von dort schnell abrufbar als SMS weiter zu schicken. Besondere Kennzeichen der hier verwendeten Zeichensysteme (Schrift, Schriftbilder und Sym-

---

5   Äquizeichen sind kontextgebundene Sprach-, also Text- und Bildkombinationen, die intersubjektiv nicht generalisierbar sind.
6   Akronyme sind Kurzzeichen, die eine bestimmte, vereinbarte Bedeutung zwischen den Kommunikationsteilnehmern haben.

bole) sind: Reduktion, Rationalisierung, Kürze, Flüchtigkeit sowie der Gebrauch von Äquizeichen. Beispiele hierfür: »G zu Bernd bis 9« (= Ich gehe zu Bernd und bleibe vermutlich bis 21 Uhr), »2 much 4 U« (= too much for You = zu viel für dich), »ILU« (= I love You = Ich liebe dich).

Die E-mail-Kommunikation ersetzt sicherlich teilweise den traditionellen Brief. E-mails ermöglichen Kontakte und Kommunikation von der Romanze bis zur Sachinformation; beobachtbar ist vor allem in privatem aber auch in Business-E-mails eine Flüchtigkeit bei den Formulierungen und die Verkürzung von sprachlichem Ausdruck und der kumpelhafte, freundschaftliche Ton zwischen den Kommunikationspartnern bzw. Adressaten (»Hallo, Hi, Gruss, Tschüss« etc.). Umgangssprache, mangelnde Höflichkeitsformen, sprachlicher Telegrammstil und Sprachschludrigkeit sind häufige Merkmale der E-mail-Kommunikation.[7] Zudem kennzeichnen Mengen von unbewältigten/ungelesenen eingetroffenen E-mails diese Kommunikationsform. Die Geschwindigkeit spielt vor allem im Business-Bereich eine große Rolle, da Kommunikation ein wichtiger Produktionsfaktor geworden ist. Post und E-mails müssen gelesen und erledigt werden. Aber: immer mehr E-mails führen zu immer mehr flüchtigeren Antworten und bringen ein Paradoxon zu Tage – einerseits eine Beschleunigung des Kommunikationskanals und des Transports der Inhalte, gleichzeitig aber auch ein Abbremsen und eine Verlangsamung der Kommunikation, weil zu viel Informationen bewältigt werden müssen. Dies führt zu Redundanzen im gesamten Kommunikationsprozess via E-mail und bedeutet nicht nur die mehrmalige Bearbeitung gleicher kommunikativer Inhalte sondern auch eine Überproduktion von Zeichen. So kommt es häufig vor, dass E-mails mehrmals unbeantwortet bleiben und wenn sie beantwortet werden, flüchtig beantwortet werden, was zu weiteren E-mails führt, die inhaltliche Fehler, sachliche Unklarheiten, thematische Korrekturen oder Ungenauigkeiten ein und desselben Sachverhalts klären sollen.

Kryptografien[8] sind in unterschiedlicher Ausprägung beobachtbar. Im Internet verschlüsseln bestimmte Nutzer(-gemeinschaften) ihre Daten in Form von ›Geheimsprachen‹, um sich einer ggf. staatlichen Kontrolle zu entziehen. Die Enkodierung und Dekodierung der Zeichensysteme ist für alle, die diese Geheimsprache nicht kennen, unmöglich. Abkürzungen und kryptografische Elemente finden sich in E-mails wie auch in SMS. Einige textbegleitende, kommentierende Abkürzungen von Texten in E-mails als Beispiel: »lol« (= laugh out loud = ich lache laut), oder »rofl« (= roll on the floor laughing = ich biege mich vor lachen), »rl« (= real life = im wirkli-

---

7 Manche Autoren vertreten hier eine andere Auffassung; beispielsweise behaupten Runkehl, Schlobinski, Siever (1998, 27-45), dass die User zwischen informellen und formellen E-Mails unterscheiden, wobei sie sich bei letzteren durchaus korrekter Schriftsprache befleißigen.

8 Unter Kryptografien werden Bilder, Texte oder allgemein Informationen (Dateien) verstanden, die mittels einem nur Eingeweihten zugänglichen Code entschlüsselt werden können. Dieser Dechiffriercode kann sich auf den Gebrauch und die Bedeutung der Zeichen erstrecken, aber auch auf eine technisch-mathematische Entschlüsselung (Verschlüsselung) mit Hilfe z.B. einer Software, die nur die Zeichenstellung zueinander verändert.

chen Leben) oder »vl« (= virtual life = das Leben im virtuellen Netz betreffend) etc.
Hinzu kommt neben Anglizismen, Abkürzungen und Kryptik eine Schludrigkeit in
der Sprache, die gepaart ist mit einer Infantilisierung bei Ausdrücken und Bezeichnungen, z.B.».... da hab ich den Jaguar nach Köln gebraten«, »naja, cool isses ja«, »ich
hab übertrieben mitm feiern und nu muss ich zu fraudoctor«, »und schnuppernase
lief 5stündig ...«, »schlabberschmatz, wir lesen uns ...«. Auch ein Trend zur Sprache
der Comics ist festzustellen, einer Form der Massenkommunikation, die Text weitgehend zur Akzentuierung von Bildern einsetzt.

Bezeichnend für die SMS- und E-mail-Kommunikation sind eine Individualisierung von Pragmatik und eine Veränderung der Syntax und damit ihre potenzielle
Anfälligkeit für semantische Missdeutungen hinsichtlich jener Kommunikationsteilnehmer, die sich außerhalb der betreffenden Sub-Semiosphäre befinden. Solange wie
die gemeinsame sprachliche Basis quantitativ noch von Medien wie den Tageszeitungen, dem Fernsehen, den Büchern und Zeitschriften bestimmt wird, werden die
Veränderungen der Sub-Semiosphären sich nicht auf die übergeordnete kulturelle
Semiosphäre auswirken, allerdings können bei einer Intensivierung der genannten
Kommunikationsformen Interferenzen stattfinden, die den Zeichengebrauch im
Laufe der Zeit verändern. Ähnlich der Komprimierung von Software-Bilddateien
(über z.B. WinZip) findet eine Kompression, also eine › Verzipung‹ der Sprache statt.
Die Komprimierung der formalen Schriftkultur auf der Ebene der Signifikanten (des
Bezeichnenden = der materielle Zeichenträger wie Laute oder Buchstaben) kann auf
der Seite der Signifikate (des Bezeichneten = Bedeutungsinhalte) mit einer eindeutigen Interpretation, einer Ambivalenz oder sogar Irritation über deren konnotative
und denotative Inhalte einhergehen. Vor allem letzteres könnte mit dem Begriff der
Sprach-Vexation bezeichnet werden, also ähnlich einem Bild, das aus verschiedenen
Kontrasten, Formen und Farben durch verschiedene Blickwinkel des Betrachters
andere Figuren und Kompositionen darstellt, wird Sprache potenziell mehrdeutig.
Diese Vexation stellt ein Paradox dar: Einerseits ist eine Standardisierung der Abkürzungen, Akronyme und Symbole festzustellen, andererseits eine Überlagerung und
Mehrschichtigkeit der Signifikanten. Beispielsweise ist das Akronym »cu« ein neues
Wort, also eine neue Information, die ausgeschrieben »See You« (einen bekannten
Inhalt im wirklichen Leben) bedeutet, aber in der Netzwelt heißt: »Wir treffen uns
hier im Netz wieder«. Bedeutungslos wäre »cu« für jemanden, der mit der Netzwelt
nicht vertraut ist, ambivalent wäre es für User, die sich im Netz auskennen und dort
wieder verabreden, andererseits könnten sich aber beispielsweise Freunde auch au
ßerhalb des Netzes zu einem Treffen verabredet haben.

Erst die konnotative Entschlüsselung im Kontext einer bestimmten Kommunikationssituation führt also zur Erschließung des Bedeutungsgehalts, was jedoch nicht
den vollständigen Verlust von sprachlichen Inhalten bedeutet. Von einer Entsprachlichung kann deshalb nicht die Rede sein, jedoch von der o.g. Verzipung – ganz im
Sinne einer Komprimierungssoftware auf dem PC –, die Dateien digital zusammenpackt und ihre Inhalte zusammenpresst, um sie dann wieder bei der Entkomprimierung in voller Größe und mit vollem Bedeutungsinhalt zu zeigen, wobei neben den

Denotationen auch die konnotativen Bedeutungen des Inhalts sichtbar würden. Dies natürlich nur, wenn der User mit Zip-Dateien umgehen kann.

Ein weiteres Beispiel, das Wissensvoraussetzungen und Interferenzen in unterschiedlichen Kommunikationsräumen betrifft, ist »Q8«. Was heißt »Q8«? Liest man die Buchstaben-Zahlenkombination im Netz oder der Zeitung, so bedeutet sie nichts. Wendet man Netzgewohnheiten zur Entschlüsselung von Akronymen an, so spricht sich »Q8« auf English als »q-eight« und damit »kuwait«, das Land mit viel Erdöl in der Wüste. Weiß man zusätzlich in Abhängigkeit von Italienfahrten über Tankstellen an italienischen Autobahnen Bescheid, so erschließt sich der Begriff als Benzinmarke.

Das Internet: Nur ein kleines Türmchen zu Babel?

Die Internetgesellschaft bedient sich auf den ersten Blick der aus den jeweiligen Semiosphären bekannten Zeichensysteme, was bedeutet, dass einzelne Sprachräume sich durchaus ihrer angestammten Sprachen bedienen – sofern es sich um Kommunikation innerhalb des eigenen Kulturkreises handelt. E-mails werden in Frankreich auf Französisch, in Deutschland auf Deutsch, in Korea auf Koreanisch etc. geschrieben. Sobald jedoch die jeweiligen Semiosphären verlassen werden oder interkulturelle Kommunikation betrieben werden soll, sind zwei Phänomene zu beobachten:

–   Die allgemeine Verwendung der englischen Sprache als Verkehrssprache, die alle User aus nicht anglo-amerikanischen Kulturkreisen anhält, ständig Übersetzungsleistungen zu vollbringen und damit auch neue Zeichensysteme in Gebrauch zu nehmen.
–   Die Verständigung über Akronyme, Symbole und die so genannten Emoticons (Smilies), die eine standardisierte Hilfskonstruktion vor allem für emotionale Ausdrücke geworden sind, aber nicht jedermann zugänglich sind.

Die englische Sprache hat in den Medien und damit im Alltag der Menschen steigende Bedeutung. Vor allem im Internet sind Angebote in der Software, aber auch was die Ausstattung mit Hardware-Komponenten betrifft, amerikanischen Ursprungs (knapp 79% der weltweiten Hosts stehen in Amerika vgl. International Telecommunication Union 2002, über 95% der Benutzeroberflächen und Anwendersoftware werden in den USA hergestellt). Dies zwingt die User von PC und Internet sich mit dem Englischen zu beschäftigen. Folge: Übersetzungsleistungen werden auf unterschiedlichen Ebenen notwendig. Die bereits früher bestehende Problematik der Übertragung von lateinischen Schriftzeichen in nicht-lateinische wurde verschärft. So sind beispielsweise chinesische, japanische oder koreanische aber auch arabische Schriften nicht ohne weiteres in lateinische Buchstaben übertragbar sowie umgekehrt. Der Universalcode des Internet basiert auf dem ›tcpip‹-Protokoll, das den Betrieb ermöglicht. Die Darstellung der Web-Sites fundiert auf der Browser-Darstellungssprache, nämlich ›html‹. Beide sind aus der lateinischen Schrift entwickelt worden und sie sind nicht substituierbar; zumindest scheint es unrealistisch, dass irgendwann diese Basiscodes aus anderen Sprachfamilien entwickelt werden. Die Nähe des lateinischen Alphabets zur Mathematik bzw. der Informatik scheint hier von Vorteil. Daraus folgt, dass alle Programmierungen anderer Sprachenprovenienz sich dieser ›Basissprache‹ bedienen müssen. Andererseits aber ist auch eine weitere Kultur die semiotische Basis der Digitalisierung, nämlich die arabische, die das in Indien erfundene Zahlensystem in der arabischen Welt verbreitete und über Spanien nach Europa brachte – es ist im wesentlichen die Grundlage des binären Codes »0 1«.

Nicht nur auf der Ebene der technischen Basiscodes sind lateinische Buchstaben und weitgehend die englische Sprache für den Netzbetrieb bzw. beim Einsatz und Gebrauch der transnationalen Netzwerke zwingend. Auch auf der Anwenderebene, also den Programmen und der Software, ist das Englische zum Standard geworden, häufig auch in den Sprachen, die zur Programmierung von Anwendungen eingesetzt werden, sofern keine Übersetzungen vorliegen (z.B. Visual Basic oder C++). Das eigentliche Problem für den weltweiten kommunikativen Austausch stellt jedoch das Übergewicht des Englischen auf der Userebene dar. Zwischen sechs und sieben Tausend Sprachen auf unserem Planeten werden im Netz mitnichten widergespiegelt. Dazu einige Zahlen: Mandarin (chinesische Hauptsprache) ist mit 885 Mio. Individuen die von den meisten Menschen gesprochene Sprache. Im Netz wird es jedoch nur zu 9% ›gesprochen‹, Websites sind nur knapp zu über 4% auf Chinesisch. Spanisch sprechen 332 Mio. Menschen, zu nur 6,5% wird es dagegen im Netz genutzt, nur 2% der Websites sind in Spanisch geschrieben. Bengali und Hindi sprechen jeweils rund 185 Mio. Menschen, aber deren Sprachen treten im Netz prozentual nicht mehr auf. Diese Liste ließe sich beliebig fortsetzen. Mit Ausnahme einiger europäischer und asiatischer Sprachen wie Japanisch, Koreanisch, Französisch, Deutsch oder Italienisch, die pro Kopf von weit weniger Menschen gesprochen werden aber einen relativ hohen Anteil an den im Netz (zwischen 4% und 10%) gesprochenen Sprachen haben, sind viele Landessprachen nicht repräsentiert. Das Englische jedoch sprechen rund 332 Mio. Menschen als Muttersprache, wobei sich des Englischen rund 43% der User bedienen und ein Anteil der englischen Websites an den insgesamt im Netz platzierten Sites ca. 70% beträgt (vgl. Friedland 2001).

Im Zuge der Internationalisierung bzw. Globalisierung der Kommunikation hat sich damit der Bedarf nicht nur an Übersetzungsleistungen, sondern im Grundsatz die Kenntnis einer zweiten Sprache drastisch erhöht. Das Phänomen der Zweisprachigkeit ist ein komplexer Sachverhalt: Schätzungen gegen davon aus, dass zwischen 50% und 65% der Weltbevölkerung zweisprachig ist, davon ein geringer Teil mehrsprachig. Es ist trotzdem nicht einfach davon auszugehen, dass die Zweitsprache notgedrungenerweise Englisch ist. Der Zwang jedoch das Englische im Internet anzuwenden ist offensichtlich. Ähnlich wie bei der Zweisprachigkeit außerhalb des World Wide Web ist nicht davon auszugehen, dass die Beherrschung der Zeichensysteme von Englisch zur Sprache X oder umgekehrt weniger Probleme aufwirft: Sprachkompetenz (Lesen, Sprechen, Verstehen, Schreiben etc.) ist bei bilingualen Individuen überwiegend nicht homogen ausgeprägt. Dennoch bringt Zweisprachigkeit Vorteile: Beispielsweise fällt Bilingualen das Erlernen einer dritten und weiterer Sprachen leichter, ihre kognitive Entwicklung schreitet in bestimmten Bereichen rascher voran, ihr kreativer Umgang mit Sprachen ist höher, sie überwinden leichter Kommunikationsbarrieren. Schließlich liegt der wirtschaftliche

Kommunikationsbarrieren. Schließlich liegt der wirtschaftliche Vorteil eines mehrsprachigen Individuums auf der Hand (vgl. Modern Language Division, Council of Europe 2001).

Das lexikalische Inventar, also Lexeme und Idiome, sowie die Grammatiken der jeweiligen Sprachen sind wie früher nur über eingehende Kenntnis der fremden Sprachen deutbar. Ein Austausch der sprachlichen Zeichensysteme geht mit einem sprachlichen Relativismus in Bezug auf den Inhalt der Kommunikationsakte einher: So lassen sich die Bedeutungen einer Sprache nicht ohne weiteres in eine andere übertragen. Während die Übersetzung eines Wortes oberflächlich gesehen einfach erscheint, sind bei genauerer Betrachtung dessen Denotationen und Konnotationen kulturspezifisch mehr oder weniger unterschiedlich. Je weiter Sprachkulturen bzw. Sprachfamilien einander fern sind, desto weniger erschließen sich deren Bedeutungen (Signifikate). Schon im uns eigenen indo-germanischen Sprachraum ergeben sich Übersetzungsschwierigkeiten. Die deutschen Worte ›Kultur‹, ›Kulturkreise‹ und ›Zivilisation‹ entsprechen im Englischen nicht unbedingt den Worten ›culture/cultures‹ und ›civilization‹. So entspricht beispielsweise unser Begriff ›multikulturell‹ im angelsächsischen Sprachraum dem Wort ›multicivilizational‹.

Versuche, eine konstruierte gemeinsame Welthilfssprache durchzusetzen (z.B. Esperanto), sind unter anderem daran gescheitert, dass diese Sprache im Gegensatz zum Latein im damaligen mittelalterlichen Kulturkreis keine internationale Lobby hatte und keine politisch-ökonomischen Interessen repräsentierte. Hinzu kam, dass das Esperanto dem indo-germanischen Sprachmodell entstammte und damit für andere Kulturen relativ unzugänglich war (vgl. Eco 1994, 334-337).

Auch Übersetzungsprogramme auf dem PC, die die Vielsprachigkeit des Netzes und des Mediensystems PC-Internet überbrücken sollen, liefern nur unbefriedigende Ergebnisse. So kam beispielsweise in Deutschland folgender Brief aus den USA an, der mit einer gängigen Software übersetzt worden war:

»Alle sind gesund mit uns. Wir hoffen, dass Ihnen auch gut geht. Es hat Kälte für uns gerade letzte Woche gedreht. Wir behalten einen Garten in unseren hinter-Yard noch. Wir haben mehr Fruchtbäume jetzt: Pfirsichbäume, Pflaumenbäume, Apfelbäume. Wir rufen ihn unseren italienischen Garten [...] Wir kaufen Eigenschaften außerhalb der Stadt. Eine kleine Ruhestand-Heimat. Wir sind sicher, wo wir noch in Pension gehen werden. Es wird in der großen Stadt nicht sein [...] Ich denke, dass wir haben werden noch ein Jahr, zwei noch zu warten. – Ich hoffe, dass der economy besser bekommt. Wir hoffen Ihr fröhlich und Leben nimmt gute Sorgen von Ihnen.«

Ohne eine intuitive Erschließung dieser Wortkombinationen geht der Sinn dieser Botschaft verloren oder wird zumindest verfälscht. Wichtig sind also gewisse Kenntnisse über die ›Senderkultur‹ und den Handlungskontext der eigentlichen Sender. Hinzu kommt, dass der Empfänger auf semantischer und syntaktischer Ebene seine eigene Sprache soweit beherrschen muss, dass er den Text dekodieren kann. Er muss zudem hin und her übersetzen, um manche Worte und ihre Bedeutung abzugleichen und ihren Sinn zu erfassen. Dieser mühsame Akt könnte durch eine universelle Grammatik erleichtert werden. Die Vision einer Universalgrammatik, die alle menschlichen Sprachen auf ein ursprüngliches Bauschema zurückführen lässt, wie sie beispielsweise Chomsky und neuerdings sein Schüler Baker (2001) verfolgten, konnte bislang nicht erhärtet werden. Der Erfolg des Englischen im Internet ist nicht nur auf dieses Medium selbst zurückzuführen, sondern er ist auch eine Folge der Kolonialisierung der Welt durch das Britische Empire und des technologisch-wissenschaftlichen Übergewichts der USA. Die Dominanz des Englischen ist unter sprachwissenschaftlichen Gesichtspunkten möglicherweise auf dessen einfache Wortsilbenkonstruktion, dessen Integrationsfähigkeit in Bezug auf fremde Termini und leichte Herausbildung von Neologismen[9] (z.B. »Software«) und damit dessen leichte Erlernbarkeit zurückzuführen (vgl. Eco 1994, 336). Zunächst liegt die Annahme nahe, dass damit nur das Englische die anderen Sprachen beeinflusst und andere zur Aufnahme von Anglizismen, Amerikanismen und Idiomen veranlasst. Gleichzeitig ist es jedoch auch so, dass die anderen Sprachen das Englische bzw. Amerikanische beeinflussen und auch verändern. Die weltweite Nutzung des Netzes könnte so zur Herausbildung einer kosmopolitischen Sprache Englisch führen, die vor allem in den Medien gesprochen und geschrieben wird, sich aber andererseits auch in funktionale Bereiche aufteilt wie z.B. im Fall des ›Business-Englisch‹, wie Speziallexika belegen. Diese Dynamisierung des Englischen legt den Schluss nahe, dass das kosmopolitische Englisch zu einer Quasi-Welthilfssprache wird oder schon geworden ist. Und dies mit allen kulturellen Konsequenzen. Das würde auch bedeuten, dass die vielzitierte Geschichte des Turmbaus zu Babel im Internet keine Fortsetzung findet. Mit dem Internet bauen wir allenfalls ein Türmchen, in dem die Sprachverwirrung das Bauwerk nicht zerstört.

In der Netzwelt stellen die so genannten Emoticons (Smilies) eine gewisse Vereinfachung komplexer Zeichensysteme dar: Kulturübergreifende Basisemotionen werden in Symbolen dargestellt und sind im Unterschied zur Mimik ein arbiträres Mittel der Kommunikation. Ähnlich wie die o.g. Verzipung von Sprache findet hier transkulturell eine Kompression von Ausdrücken und ihren Bedeutungen statt. Sie sind damit ein integraler Teil der Welthilfssprache. Auch Emoticons jedoch unterliegen der Sprachdynamik, denn abhängig von der Semiosphäre nutzen beispielsweise asiatische User veränderte bzw. angepasste Symbole: »☺« bzw. »:-)« (= lächeln, sich freuen) wird zu »*^_^*« (sich freuen, glücklich sein). Zudem entstehen neben den standardisierten Smilies auch individuell gestaltete Symbole, die sub-semiosphärenspezifisch eigene Ausdruckformen schaffen und von allen Usern des Netzes verstanden werden: »:- [» (= Vampir) oder »:-) (:))« (= schwanger). Das Paradoxon auch hier: Einerseits Reduktion und Standardisierung, andererseits Ausdifferenzierung und Komplexitätssteigerung.

Ein ›Clash of Semiospheres‹ im Internet?

Huntington hat bereits vor einigen Jahren die Gefahr eines Wettstreits der Kulturen beschrieben. Nicht notwendigerweise führe dies zu einem globalen Krieg, aber zu regi-

---

9   Neologismen sind die Neuschöpfung von Worten und Ausdrücken in einer Sprache.

onalen Auseinandersetzungen und zu scharfen Konkurrenzsituationen in politischen, gesellschaftlichen und ökonomischen Bereichen (vgl. Huntington 1996, 207-245).

Kulturen sind von Semiosphären geprägt, die ihre Identität definieren und sich in den zur Verfügung stehenden Medien reflektieren. Die westliche Semiosphäre hat unseren Demokratiebegriff in seiner idealtypischen Form, also der eigentlichen ursprünglichen Idee, im zwanzigsten Jahrhundert stark propagiert und zu einem universellen Ziel gemacht (Menschenrechte, Stellung der Frau, Rechtsstaatlichkeit, Gewaltenteilung, Diskursivität etc.). Andere Semiosphären hingegen definieren Demokratie anders oder sehen dieses Modell nicht als erstrebenswerte gesellschaftliche Ordnung an, wie z.B. fundamentalistische bzw. radikale Gruppierungen und gesellschaftliche Strömungen oder sogar ganze Länder und Regionen. Diese unterschiedlichen Positionen und ihre inhärenten Spannungen in Bezug auf die dabei aufeinander treffenden Semiosphären könnten einerseits zu einer Verschärfung des Gegensatzes zwischen den Kulturen führen. Die Autoren sind jedoch der Meinung, dass das Internet, dessen Gebrauchs- und Nutzungsbedingungen bereits so weit fortgeschritten sind, im Gegenteil eher zu einer Entschärfung der Konfrontation führen könnte. Mit dem steigenden Gebrauch dieses Mediums, dessen Inhalte weitgehend durch die User bestimmt werden, ist eine globale Kommunikation überhaupt erst möglich geworden – und zwar im Bereich der zivilen und nicht auf dem Gebiet der militär- oder machtpolitischen Ebene.

Natürlich widerspiegelt das Internet als westliche Erfindung zunächst noch die westliche Semiosphäre und ist Teil eines wirtschaftlich-zivilen Wettlaufs der Kulturen bzw. der Nationen (vgl. Seitz 1998, 161-177). Dieser Wettlauf scheint zunächst noch für die Dominanz der Verbreitung westlicher Werte und damit einer westlichen Ethik zu sprechen und die globale Verbreitung dieser scheint aus westlicher Sicht bis dato erfolgreich, weil die Teilnehmer an der globalen Kommunikation aus den weniger dominanten Staaten zumeist Eliten sind, die im Westen ausgebildet wurden (vgl. Castells 1999, 65-67).

Während damit einerseits eine Loslösung von Gemeinschaften von ihrem angestammten kulturellen Hintergrund zu beobachten ist, findet zugleich eine höhere Identifikation von Gruppen mit einem spezifischen ›projektbezogenen‹ Hintergrund auf regionaler Ebene statt. Dies bedeutet nicht nur die Rückdämmung des umfassenden Einflusses von ›Big Brother‹, also dem Staat, bei der Kontrolle der nationalen (und semiosphärisch gebundenen) Individuen im Westen, sondern stellt das Modell des Staates als kultursteuerndes Element weltweit in Frage, also auch in jenen Ländern, die den starken kontrollierenden Staat (z.B. im asiatischen Raum) favorisieren. Hinzu kommt, dass die nationalstaatliche Einflussnahme durch den weltweiten Trend zur Fusionierung der Konzerne zurückgedrängt wird und damit neue Identifikationen, aber auch Widerstand gegen diese entstehen.

Ist durch das Internet und die globale Informationsgesellschaft zum einen eine Ent-Identifikation festzustellen, findet wiederum eine stärkere Identifikation auf der Ebene der ›Little Sisters‹ statt, also in fragmentierten politischen, ökonomischen, kulturellen, sprachlichen Einheiten, die sich staatlicher Steuerung entziehen und damit für manche Despotie zu einer Gefahr werden können (ebd. 69-133; 134-242).

Und dies ist auch der Grund, warum viele nicht-westliche Gruppierungen globale Kommunikation als westliche Erfindung ablehnen.

Wie in den westlichen Semiosphären selbst besteht derzeit noch eine Spaltung (*Net Divide*) der Teilnehmer an der Netzkommunikation in *professionelle User* (Experten, Profis) zum einen und in die *public surfer* (Unterhaltungssuchende, Alltagsuser) zum anderen. Diese ›Zweiklassen-Gesellschaft‹ besteht auch transnational. Während auf der nationalen Ebene vor allem Alterskohorten und der Bildungsstand ein Hemmnis für den Zugang zum Netz und dessen Nutzung darstellen, sind es auf globaler Ebene das Bildungsproblem (hohe Zahl von Analphabeten, Ausschluss von Frauen etc.), die Verbreitung der Internet-Technologie (Zugang nur für Privilegierte) und vor allem ökonomische Bedingungen (relativ hohe Militärausgaben statt Infrastruktur, politisch ökonomischer Egoismus von Machthabern, z.B. in Despotien).

Die steigenden Userzahlen aus anderen Kultur- und Sprachbereichen lassen jedoch darauf schließen, dass dieses Übergewicht nachlässt. Zu Ende gedacht könnte dies sogar zu einem Gleichgewicht zwischen den westlichen Kulturen und den nichtwestlichen Gesellschaften führen.

Im Netz könnte – warum nicht auf Basis der Welthilfssprache Englisch? – eine neue Semiosphäre entstehen, die ein System von Einzelcodes unterschiedlicher Provenienz versammelt. Unter semiotischen Gesichtspunkten entsteht damit die Notwendigkeit der Erklärung der Codes und ihrer Bedeutungen für die Mitglieder einzelner Semiosphären und für die Nutzer des Netzes selbst. Und das ist Dialog.

Einige ethische Einsichten

Was können die bislang unterdrückten Länder tun bzw. kann der Westen tun, um hier einen globalen Ausgleich, einen Dialog herzustellen?

In politischer Hinsicht könnte die bewusste Aufoktroyierung westlicher Werte über das Internet auf nicht-westliche oder sogar anti-westliche Zivilisationen zu einer Verstärkung der Konfrontation führen. Unter ethischen Gesichtpunkten wären damit alle gouvernementalen Einrichtungen dazu angehalten, die Werte ihrer eigenen Semiosphären nicht als universelle Modelle zu propagieren, sondern sie im Dialog zur Disposition zu stellen. Auch auf die Gefahr hin, dass die westliche Definitionsmacht verloren geht. So gesehen bestehen parallel mehrere Semiosphären und damit unterschiedliche Ethiken im Internet, die sich gegenseitig berühren und eventuell auch beginnen, sich zu überschneiden. Im Sinne eines demokratischen und partizipatorischen Netzgebrauchs ist diese Deutung der Entwicklung des Netzes nur durch die Selbstregulation des Netzes garantierbar.

Ethisches Handeln im Internet (und mit dem Internet als Kommunikationsinstrument) würde in diesem Zusammenhang bedeuten, die Übersetzungsleistung für die verschiedenen Semiosphären zu liefern, Erklärungen für jeweilige Bedeutungen zu geben und Missverständnisse auf allen Ebenen der Semiotik bzw. des kulturellen Zeichengebrauchs möglichst zu minimieren. Dies betrifft auch die Gestaltung des Interfacedesigns, das so gestaltet sein könnte, dass es der Allgemeinheit und nicht nur Kryptikern zugänglich und verstehbar wird. Seine Nutzung und der Einsatz von

Zeichen und Codes sollte damit allgemein nachvollziehbar bleiben. Insofern zumindest westliche ›Big Brothers‹ and ›Little Sisters‹ sich dieser Notwendigkeiten bewusst sind, handeln sie im Sinne von Verantwortung für soziale Systeme, gleich ob diese dem semiotischen ›Nahraum‹ oder auch ›Fernräumen‹ angehören (vgl. Bühl 1998), denn auf dem Bildschirm des Internet sind sich alle Kulturen und Subkulturen gleich *nah*. Damit ist die Handlungsebene von Semiosphären angesprochen, die den Austausch kultureller Tiefenstrukturen zulässt und nur auf dieser Ebene lassen sich Bedeutungsinhalte von Kulturen vergleichen und austauschen. Damit verbunden ist die Aufforderung an eine aufklärende Interpretation der unterschiedlichen Inhalte des Netzes.

Ein Teilgegenstand der semiotischen Forschung ist damit automatisch auf die Analyse und Interpretation transnationaler integrierter Semiosphären ausgerichtet. Die Semiotik würde sich neben der Analyse von Zeichensystemen und ihrer Interpretation auch auf die Analyse ethischer Bezüge erstrecken und könnte damit der Politik, der Ökonomie und der Kultur wichtige Impulse geben.

Strukturhermeneutik:
Strukturanalyse als Weg zu einer Ethik des Internet

Andreas Greis

Nachdem das Internet und sein Gebrauch mehr und mehr veralltäglicht werden, nachdem sowohl kulturpessimistische Unkenrufe als auch technikeuphorische Visionen verstummen und eine pragmatische Nutzung, eine Integration des Internet in den selbstverständlichen Kommunikations- und Medienmix der Menschen sich abzeichnet, ist es an der Zeit, eine gründliche ethische Reflexion dieses Mediums zu unternehmen. Der Zeitpunkt ist deshalb ebenso notwendig wie günstig, weil einerseits die Nutzung des Internet zwar zunimmt und immer breitere Bevölkerungsschichten erreicht, andererseits aber immer noch einen großen Rückstand gegenüber anderen Medien hat (vgl. ARD/ZDF-Online-Studie 2001). Dieser doppelte Befund signalisiert, dass Anfangseuphorien und -hysterien überwunden sind, dass aber zugleich auch die Veralltäglichung dieses Mediums an ihrem Anfang steht und somit ethische Reflexion die Chance hat prospektiv Orientierungsvorschläge, Handlungsmöglichkeiten und Bedenken zu ermitteln und zu formulieren.[1]

Das Internet ethisch reflektieren bedeutet, sich im Bereich der anwendungsbezogenen Ethik zu bewegen. Diese Teildisziplin der Ethik nimmt jenseits aller fundamentalethischer Überlegungen um Prinzipien und Begründungsargumentationen einzelne Bereiche menschlichen Lebens und Handelns in den Blick. Diese Aufteilung der anwendungsbezogenen Ethik in so genannte »Bindestrich«-Ethiken ist insbesondere der zunehmenden Pluralisierung der Gesellschaft geschuldet und notwendige Voraussetzung, um überhaupt kompetent ethisch Stellung beziehen zu können. Der anwendungsbezogenen Ethik geht es gerade nicht darum, ethische Prinzipien und Normen auf den konkreten Einzelfall schematisch anzuwenden. Vielmehr ist intendiert, menschliche Lebens- und Handlungsbereiche kritisch in den Blick zu nehmen und von dort her ethische Fragen und Problemstellungen erheben zu können. Ethische Reflexion bedarf also der präzisen Analyse des untersuchten Teilbereichs menschlichen Handelns. Am Anfang jeder Reflexion in der anwendungsbezogenen Ethik steht daher die Sach- und Problemanalyse. Hierbei geht es um Wahrnehmen und Informieren, um Problemeingrenzung und ethische Verortung, um den Erwerb von Sachkompetenz. In einem zweiten Schritt folgt die Analyse der faktischen Verhaltenseinstellungen, die öffentlichen Meinungen, herrschende Moralvorstellungen

---

1 Zur Notwendigkeit einer prospektiven Ethik vgl. Hunold (1986).

und geltendes Recht kritisch reflektiert. In einem dritten Schritt wird eine normative
Analyse unternommen. In dieser Analyse werden in einer kritischen Auseinanderset-
zung Argumente und die dahinter stehenden Werte und Prinzipien geprüft und
Handlungsalternativen entworfen (vgl. Laubach 2000).

Dieses methodologische Orientierungsraster bedarf selbstverständlich einer Fein-
justierung auf den jeweiligen Sachstandsbereich hin. Als Methode, sich dem Internet
ethisch anzunähern, wird im folgenden der Weg einer Strukturanalyse dieses Medi-
ums vorgeschlagen. Auf diese Weise ist es möglich, zu den entscheidenden ethischen
Problemfeldern des Internet vorzudringen, ohne Energie auf die Diskussion von
Oberflächenphänomenen zu verwenden. Dieses Vorgehen begründet sich aus einer
Diskussion der bisherigen medienethischen Überlegungen heraus. Diese werden im
Folgenden kurz skizziert.

Medienethische Ansätze und die Frage nach der Struktur

Betrachtet man die medienethische Diskussion in Deutschland, wie sie seit Anfang
der 80er Jahre geführt wird, so fällt auf, dass immer wieder Ergänzungen vorgenommen wurden, weil in den vorliegenden Arbeiten Desiderate wahrgenommen wurden.

Ursprünglich konzentrierten sich die Überlegungen auf die Person des Journalisten, eine Position, die insbesondere Hermann Boventer (1985) vertrat. Boventer
formuliert eine Reihe normativer Ansprüche an Journalisten und ihre Arbeit, die im
Anspruch der Wahrhaftigkeit kulminieren und sich aus der Bedeutung und Funktion
des Journalismus in einer demokratisch verfassten Gesellschaft begründen.

Diesem Ansatz stellen Manfred Rühl und Ulrich Saxer (1981) ihre Analysen gegenüber, die sie aus systemtheoretischer Sicht aus dem Journalismus erheben. Sie
weisen insbesondere darauf hin, dass die Journalisten innerhalb des Systems der
Medien eine Rolle ausfüllen und an diese Rolle systemimmanente Erwartungen formuliert werden, die dem Ethos eines Journalisten zwar widersprechen können,
gleichwohl aber aufgrund der asymmetrischen Beziehung zwischen Journalist und
Medienunternehmen von ihm erfüllt werden müssen. Primärer Ansprechpartner für
medienethische Umsetzungsstrategien sind daher in der Perspektive von Rühl und
Saxer die Medienunternehmen, eine Position, die in jüngerer Zeit auch von Matthias
Karmasin unter Einbezug wirtschaftsethischer Überlegungen vertreten wird (1999
und 1999a). Medienunternehmen müssten, so die Argumentation, medienethische
Gesichtspunkte in ihre Unternehmensstrategien integrieren, damit eine Chance auf
Durchsetzung dieser Gesichtspunkte bestünde.

So richtig und wertvoll diese Hinweise sind, so eignen sie sich jedoch auch als
Entlastungsstrategie für Journalisten, die, statt selbst Verantwortung für ihre Produkte
zu übernehmen, auf systemimmanente Zwänge verweisen können. Zudem wird
immer mehr deutlich, dass der Fokus medienethischer Überlegungen auf den Nach-
richtenbereich der Medien den Angebots- und Nachfragestrukturen nicht mehr ent-
sprach. Erste unterhaltungsethische Anstrengungen wurden daher unternommen,
insbesondere von Thomas Hausmanninger (1994) und Peter Kottlorz (1993). Während Hausmanninger das anthropologische Grundbedürfnis nach Unterhaltung ar-

gumentativ ausweist und damit bewahrpädagogische Vorbehalte hinsichtlich der Sinn- und Werthaftigkeit von Unterhaltungsangeboten aufbricht, stellt Kottlorz die Unterhaltungsangebote in den Kontext von Vorbild- und Sinnvermittlung und arbeitet in dieser Perspektive deren ethische Relevanz heraus.

Doch auch die Integration des Unterhaltungssektors umfasst noch nicht den gesamten Bereich des medialen Geschehens, was die Erarbeitung rezeptionsethischer Überlegungen dokumentiert. Deutlich wird dadurch: Auch die Person der Rezipienten muss in medienethischen Überlegungen eine Rolle spielen, zumal dessen Entscheidungs- und Handlungsoptionen sowohl inter- als auch intramedial enorm zunahmen und zunehmen. Hier ist insbesondere auf Veröffentlichungen von Hermann Lübbe (1994) und Rüdiger Funiok (1996) zu verweisen.

Noch einmal grundsätzlicher sind die Einwürfe, die Alfons Auer (1993) und Gerfried W. Hunold (1994) aus der Perspektive theologischer Ethik zur Diskussion beitragen. Sie fragen ganz basal nach der Anthropologie der Medien und stellen heraus, dass Medien menschliche Grundbedürfnisse erfüllen und letztlich Instrumente sind, die Lebensführung des Einzelnen in einer pluralen Welt ermöglichen. Medienkompetenz wird daher zur Selbst- und Lebenskompetenz. Unter diesem Blickwinkel wird auch deutlich, dass nur ein integrativer Zugang, der das Gesamt des medialen Geschehens, der sowohl Produktion, Distribution und Reflexion und damit die Struktur des medialen Geschehens mit einbezieht, letztlich die Frage beantworten kann, ob Medien zur Weltbewältigung beitragen oder nicht.

Am Ende dieser Diskussion medienethischer Positionen[2] lässt sich zusammenfassend sagen: Medienethik allein als Beschreibung eines journalistischen Ethos greift zu kurz. Medienethik muss vielmehr, wie es Hausmanninger (1993, 532) formuliert, aus struktur-, inhalts- und unterhaltungsethischen Bausteinen aufgebaut sein.

Die Diskussion der Medienethik ergibt damit zwar wenig Hinweise in inhaltlicher Perspektive für eine ethische Betrachtung des Internet. Um so deutlicher wird aber, dass für eine kompetente Betrachtung des Internet eine eingehende Strukturanalyse notwendig ist. Strukturanalyse meint den Gesamtzusammenhang medialer Produktion, Distribution und Rezeption in den Blick zu nehmen und die wechselseitigen Gesetzlichkeiten zu entschlüsseln und in ethischer Sicht zu interpretieren. Die Diskussion der Medienethik hat damit primär einen methodologischen Gewinn für eine Diskussion des Internet erbracht.

---

2   Dieser Durchgang durch medienethische Positionen ist notwendigerweise kursorisch und damit unvollständig. Ziele war es die wesentlichen Linien aufzuzeigen und die Konvergenz dieser Diskussion auf die Frage der Strukturanalyse hin. Einige Publikationen blieben daher unberücksichtigt. Zu nennen sind etwa Bernhard Debatin (1997a und 1997b), Barbara Thomaß (1998) oder Klaus Wiegerling (1998).

Zur Strukturanalyse des Internet in ethischer Perspektive

Betrachtet man das Internet phänomenologisch, so lässt es sich m.E. in drei Dimensionen strukturieren: Das Internet entschlüsselt sich als Kommunikationsraum, als Handlungsraum und als virtueller Raum. Im Zusammenspiel dieser drei Dimensionen entfaltet sich das Internet vollständig, werden die wesentlichen Züge dieses Medienraumes adäquat in den Blick genommen.

In erster Linie ist das Internet ein Kommunikationsraum. Die über das Internet angebotenen Dienste ermöglichen unterschiedliche Kommunikationsformen (synchron, asynchron und hypertextuell) und unterschiedliche Kommunikationsweisen (one-to-one, one-to-many, many-to-many usw.). Durch die interaktive Valenz dieser Internetdienste ist Kommunikation im Netz immer auch eine Handlung auf ein Gegenüber zu. Das zeigt auch die Entwicklung und Bedeutung eines kommunikativen Ethos an, wie es sich in den unterschiedlichen »Netiquetten« niederschlägt.

Von daher ist das Internet auch ein Handlungsraum, in dem alle menschlichen Lebensvollzüge virtuell unternommen werden. Der Modus der Sprache wird verwandt, »um Komplimente auszutauschen und sich zu streiten, um sich intellektuell auseinanderzusetzen, Geschäfte abzuschließen, sich emotionell zu unterstützen, Pläne zu schmieden, Brainstormings zu veranstalten, Klatsch zu verbreiten, sich zu befehden und sich zu verlieben, um Freunde zu finden und zu verlieren, um zu spielen, zu flirten, um sich ein wenig an der hohen Kunst zu versuchen oder – was häufiger geschieht – einen Haufen müßigen Geschwätzes von sich zu geben« (Rheingold 1994, 13f.). Basis aller Handlungen ist nicht ihr realer, sondern ihr rein sprachlicher Vollzug.

Folglich ist das Internet auch als virtueller Raum vorzustellen. Die Virtualität ist das grundlegende Strukturmoment dieses Handlungs- und Kommunikationsraumes und gleichzeitig Indikator ethischer Fragen. Das in ethischer Perspektive entscheidend Virtuelle dürfte die rein sprachliche Repräsentation von Handlungen sein.

Das Internet als Kommunkationsraum

Eine wesentliche Kategorie insbesondere interpersonaler Kommunikation im Internet stellen verschriftlichte Texte dar. Zwar lassen die Dienste im Internet multimedialen Einsatz zu, jedoch dient dieser hauptsächlich der Präsentation im Web. Internettelefonie, Voice-Mails und Streaming-Techologien, als Dienste für die interpersonale Kommunikation, die nicht auf Schrift angewiesen sind, sind in ihrer Anwendung noch nicht weit verbreitet. Von daher ist es angemessen, von einer kurzen Reflexion auf das Wesen der Literalität und der Oralität ausgehend die spezifischen Kommunikationsformen im Internet zu analysieren, um von dort aus nachzufragen, ob und inwiefern der mediale Kontext Auswirkungen auf die Grundstruktur sprachlichen Handelns hat.

Schriftlichkeit und Mündlichkeit als basale Kategorien der Kommunikation im Internet

Grundsätzlich gilt es zu unterschieden zwischen Oralität und Literalität als Medium und als Konzeption. Während unter dem Mediengesichtspunkt Mündlichkeit und Schriftlichkeit eine Dichotomie bilden, die man auch mit fonisch und grafisch bezeichnen kann, bilden sie als Konzeption einer sprachlichen Äußerung die Endpunkte eines Kontinuums (vgl. Koch/Oesterreicher 1994, 587). Konzeptionelle Mündlichkeit und Schriftlichkeit lassen sich daher auch mit einem Kontinuum von Nähe und Distanz beschreiben (vgl. ebd. 588).

Zu den wichtigsten Charakteristika von geschriebener Sprache als Konzeption gehören die Herauslösung aus spezifischen Verwendungssituationen vor allem durch räumliche (Diatopie), zeitliche (Diachronie) und personale (fehlende Kopräsenz) Trennung (vgl. Feldbusch 1988, 1478). Schrift trennt so zwischen Mitteilung und Verstehen. Vier weitere wichtige Kriterien von Schrift sind ihre Linearität (vgl. ebd.), das Arrangement diskreter Zeichen (vgl. Bolter 1997, 45) ihre Rückbindung an Werkzeuggebrauch (vgl. Günther 1983, 32) und ihre Substratgebundenheit (vgl. Ehlich 1994, 29). Vorzüge der Schrift sind ihre Situationsunabhängigkeit, die Entlastung des Gedächtnisses, ihre Lernbarkeit und ihre Adressatenoffenheit (vgl. Jäger 1989, 87). Schrift organisiert Sprache, sie verobjektiviert sie und gibt ihr ein materielles Korrelat und ermöglicht so historisch-kritisches und hermeneutisches Denken (vgl. ebd. 89f.). Schriftlichkeit ermöglicht eine Bewegungsfreiheit in der Zeitdimension (der Leser bestimmt das Lesetempo), in der Sachdimension (der Leser bestimmt die Reihenfolge des zu Lesenden) und in der Sozialdimension (Leser bestimmt den Ort der Kommunikation, öffentlich oder privat, – vgl. Esposito 1991, 231). Schriftlichkeit verursacht aber auch einen Verlust des Lenkfeldes (oral repräsentiert durch Interjektionen) der Kommunikation in einer spezifischen Sprechsituation, eine Einschränkung des Zeigefeldes (Deixis) und führt zu einer Semiotisierung des Malfeldes (Gestik, – vgl. Ehlich 1994, 21ff.).

Charakteristische Merkmale von Oralität als Konzeption dagegen sind der Handlungscharakter mündlichen Sprechens, die Angewiesenheit auf Kommunikation, die Bestimmung durch mnemonische Zwänge, der addivite und aggregative Stil, wie er sich in der Verwendung von Formeln und Epitheta niederschlägt, der konservative Grundton und Verzicht auf sprachliche Innovationen, um verständlich zu bleiben, häufige Redundanzen und Lebensnähe, ein kämpferischer Ton, sowie emphatisches und situatives Denken (vgl. Ong 1987, 38-59). Eine Sprechsituation umfasst drei Dimensionen, eine soziale, eine physikalische und eine informatorische (vgl. Scherer 1984, 47). Die physikalische Dimension der Sinneswahrnehmung lässt einen gemeinsamen Wahrnehmungsraum entstehen, der zugleich zu einem größeren Rekursraum für die Kommunikanden wird. Vom Sprecher werden die Reaktionen der Hörer direkt rezipiert, während der Schreiber die Reaktionen der Leser antizipieren muss (vgl. ebd. 44). Im Internet wird die physikalische Dimension ausgeblendet und die soziale Dimension modifiziert. Als alleiniger Informationsträger verbleibt die Nachricht selbst. Insgesamt erfordert der orale Sprachgebrauch Erwartbarkeit und Normalität. Abweichungen werden zu Informationsträgern (ebd. 39). Diese Abweichungen sind aber situativ gebunden, abhängig von nonverbaler Kommunikation und vom Äußerungskontext, angewiesen auf das Vorwissen der Gesprächspartner und eingebettet in ein sympraktischen Umfeld, in dem die Elemente ihren Sinn erst durch die Beziehungen zu anderen Elementen ergeben. Haupttypen dieser Abweichungen sind Reduktionen, Abbrüche und Anakoluthe (vgl. ebd. 187).

Unter historischem Blickwinkel ist festzuhalten, dass mit der sich durchsetzenden Literalität ein Bewusstseinswandel einhergeht (vgl. Havelock 1992, 24), der neue Denkweisen ermöglicht. Schrift »leistet damit mehr als die bloße Fixierung und den Transport mündlicher Rede« (Ong 1987, 106). Die schriftliche Fixierung ersetzte die mnemonischen Formeln und »verschaffte dem Intellekt mehr Raum für originelles und abstraktes Denken« (ebd. 151). Die nächste tiefgreifende Umwälzung der Informations- und Kommunikationsstrukturen erfolgte mit der Erfindung des Buchdrucks, der sich heute die Umwälzung durch die Möglichkeiten der elektronischen Datenverarbeitung anschließt (vgl. Bolter 1991, 3). Auch diese Umwälzungen ziehen Veränderungen nach sich. So verloren durch die Typografie Erfahrungs- und Kodierungsweisen, die sich nicht durch diese Technik darstellen lassen konnten, an sozialer Bedeutung (vgl. Giesecke 1992, 94). Der Druck verstärkt die Tendenz zur Betonung der visuellen Darstellung der Sprache und fixiert einen Text noch stärker als eine skriptografische Darstellung und macht ihn beliebig oft reproduzierbar. Das Buch wird zum Gegenstand und verliert den Charakter einer sprachlichen Äußerung (vgl. Ong 1987, 126). Der elektronische Text wiederum verstärkt zum einen den mechanischen Präzisionsaspekt der Typografie, gerade was die Organisation des Schreibraumes anbelangt, zum anderen werden die Texte dynamischer, organischer und visueller, wodurch Strukturmerkmale des Handschriftlichen (Probeausdrucke, Vorentwürfe) und des Bildschreibens (Grafiken, Icons) integriert werden (vgl. Bolter 1991, 4). Grundsätzlich, so Bolter, fördert die Elektronik aphoristische Texte, die in diskreten Einheiten in multipler Relation organisiert sind (vgl. ebd. IX). Dadurch wird der Autor dazu animiert, sein Denken und Schreiben »in terms of verbal units or topics« (ebd.) zu organisieren. Das Identifizieren und Arrangieren der einzelnen Einheiten wird selbst zum Akt des Schreibens (vgl. ebd. 19).

Synchrone Kommunikation in MUDs und Chats

Benutzt man die Frage nach konzeptioneller Schriftlichkeit oder konzeptioneller Mündlichkeit als systematischen Orientierungspunkt, um die synchrone Kommunikation im Internet in den Diensten MUD und Chat zu analysieren, so lässt sich festhalten, dass die synchronen Medien im Internet eine zwar medial schriftliche aber konzeptionell mündliche Kommunikation ermöglichen (vgl. Langham 1994) Die Ursache vieler rhetorischer Schwierigkeiten im Internet liegen in dieser Hybridisierung von Schreiben mit den Konventionen oraler Kommunikation begründet. Damit wird deutlich, dass die meisten Chat- und MUD-spezifischen Kommunikationsmerkmale letztlich dazu dienen, konzeptionelle Mündlichkeit im Medium der Schrift auszudrücken. Ganz eindeutig lassen sich hierzu die so genannten Smilies zuordnen, ebenso

die Praxis, Zustand- und Gefühlsäußerungen in Asterisken eingebettet oder zu Akronymen verkürzt in den Text einzubauen (vgl. Haase 1997, 65). Damit werden physische Zustände verbalisiert. Darüber hinaus werden durch Großschreibung oder
durch Einsatz von nicht-alphanumerischen Zeichen Prosodie und Zeigegesten emuliert (vgl. ebd. 68f.). Mit diesen Hilfsmitteln werden der Verlust von Zeige- und Mal-
feld in der schriftlichen Kommunikation kompensiert. In den Kontext des fehlenden
Zeigefeldes gehört auch das Voranstellen des Namens, falls eine Äußerung im Chat
oder im MUD direkt an jemand gerichtet und eine Reaktion auf dessen letzte Äußerung darstellen soll, da die Möglichkeit des Blickkontaktes fehlt. Diese Adressierung
zeigt, dass sich die Struktur eines Gesprächs nicht selbst schafft. Dazu gehört auch
die rein sprachliche Realisation von Handlungen. Typisch für konzeptionelle Mündlichkeit sind auch Vereinfachungen, elliptische Sätze, der nominale Stil, die weitgehend fehlenden hypotaktischen Satzkonstruktionen und die Verwendung von Infini-
tivstämmen als ein Import aus der Comic-Sprache (vgl. Runkehl/Schlobinski/Sievers
1998, 76). Zum Teil sind diese Merkmale auch dem Zeitdruck geschuldet, unter dem
schriftliche Echtzeitkommunikation steht, aber gerade deshalb erzeugen sie den Eindruck konzeptioneller Mündlichkeit. Dieser wird noch verstärkt durch die pragmatische Komplexität, die diese Ausdrucksmittel mit sich bringen, »d.h. ihre genaue
Funktion oder Bedeutung muss aus dem Kontext erschlossen werden« (Haase 1997,
81). Ebenfalls ein Merkmal konzeptioneller Mündlichkeit ist die Verwendung von
stereotypen Formeln, die häufig beim Einstieg oder beim Ausstieg in einen Chat
verwendet werden (vgl. Werry 1996, 53). Auch hier haben solche Formeln einen
memorierenden Effekt; man weiß – als regelmäßiger Nutzer eines Kanals – sofort,
wen man »vor sich hat«. Deutlich wird konzeptionelle Mündlichkeit auch an der
lautsprachlichen Schreibung vieler Worte. Orthografie wird außer Acht gelassen, es
dominiert die fonetische Realisation. »Throughout the textual dialogues that occur on
IRC, one can identify a common impulse: an almost manic tendency to produce
auditory and visual effects in writing, a straining to make written word simulate
speech« (ebd. 58). Der Nutzer gewinnt durch die mediale Schriftlichkeit neue Frei-
heitsgrade. Durcheinanderreden würde eine Kommunikation blockieren, Durchein-
anderschreiben nicht. An f2f-Situationen erinnert auch das Interaktionsmanagement
im *Chat*, das insbesondere wichtig ist um Beziehungen aufzubauen und zu pflegen
und wie bei f2f Situationen vor allem in den Eröffnungs- und Schlussphasen eine
Rolle spielt (vgl. Rintel/Pittam 1997, 530).

Es gibt aber auch Spezifika der synchronen Kommunikation, die nicht dazu dienen, konzeptionelle Oralität in einem literalen Medium zu emulieren. Dazu gehören
die Übergeneralisierung von Fachbegriffen aus dem Computerbereich und deren
dekontextualisierter Gebrauch und viele Abkürzungen und Akronyme. Teilweise
dienen diese dem Ausdruck von Gefühlen, zum großen Teil sind sie dienstspezifi-
scher *Slang* (z.B. »cul8er« für »see you later«). Ebenfalls zu diesem *Slang* gehören die
Verwendung von *soundalike words*, mit denen durch minmale fonologische Variationen
die Ausgangswörter parodiert werden (z.B. »windoof« für »windows«). Hier geht es
eher um die Reorganisation des Nähebereichs von Kommunikation im Medium und
auf der Basis der Schrift und die Herausbildung eines Gruppenjargons (vgl. Jakobs

1998, 197). Resümierend lässt sich sagen, dass die spezifischen Bedingungen der synchronen Kommunikationsdienste im Netz Auswirkungen auf die Sprachform haben: »Fehlende nonverbale Signale werden ersetzt, herkömmliche Grenzen zwischen Mündlichkeit und Schriftlichkeit verschwimmen und ganzheitsorientierte Normen lösen sich auf« (Schmitz 1998, 225).

Asynchrone Kommunikation in E-mails und Newsgroups

Während die synchronen Medien des Internet eine mündliche Konzeption von Kommunikation in einem schriftlichen Medium ausdrücken, zeigen die asynchronen Kommunikationskanäle, dass auf konzeptioneller Ebene tatsächlich von einem Kontinuum zwischen den Polen Oralität und Literalität ausgegangen werden muss. E-mail und News lassen sich nicht eindeutig einer Konzeption zuweisen, wie insbesondere die empirischen Studien von Milena Collot und Nancy Belmore (1996) sowie Simeon Yates (1996) zeigen. E-mail und News weisen Spezifika auf, die auf Oralität weisen, aber auch Merkmale, die literal einzuordnen sind.

Ein typisches Merkmal von E-mails, das Oralität emuliert, ist das Zitieren einer erhaltenen Nachricht in der Antwort. Dadurch wird eine zeitlich versetzte aber parallel dargestellte Dialogizität erzeugt (vgl. Pansegrau 1997, 94), die kommunikative Distanz zu überwinden hilft (vgl. Quasthoff 1997, 46). Selbstverständlich gibt es auch pragmatische Gründe für das Zitieren, etwa die Erzeugung von Textkohäsion. News sind grundsätzlich dialogisch angelegt. Weitere Merkmale von Mündlichkeit sind die häufig anzutreffende Dialektschreibung und Verwendung von Regionalismen (vgl. Günther 1996, 70ff.).

Die häufig auftretenden orthografischen Fehler in News und Mails können möglicherweise auch als Ausdruck von Oralität interpretiert werden, die hier durch das fehlende materielle Substrat und die damit einhergehende vermutete Vorläufigkeit des Schreibens provoziert werden. Als Ausdruck von Zeitnot können sie nicht gewertet werden, da die meisten E-mail-Cients das Verfassen der Mails *offline* zulassen. Hier kommt eine Unachtsamkeit und mangelnde Sorgfalt zum Tragen, die aber nicht als solche empfunden wird. Vielmehr erfreuen sich die Fehler in Mails einer hohen Toleranz.

E-mails und News tragen immer Anrede und Signatur. »Die Eröffnungen durch die Anreden und die Abschlüsse durch Nennung der Namen stellen für diesen Kommunikationstyp notwendige Signale der Sprecher-Hörer-Identifizierung dar« (Pansegrau 1997, 97). Dies ist einer oralen Konzeption von Kommunikation zugeordnet und stellt einen Tribut an die mediale Schriftlichkeit von E-mail und News dar. Lediglich in Dialog-Mails kann auf Anrede verzichtet werden. Die Signaturen dienen häufig der Selbststilisierung des Autors und sind mitunter länger als die Nachricht selbst.

In E-mails und News werden auch Smilies, Akronyme und kleine Grafiken verwendet, doch ist deren Gebrauch kontextabhängig und an den Adressaten rückgebunden. Auch ist hier der Grad der Formalität ebenso ausschlaggebend wie bei der Verwendung von Dialektismen, der Tendenz zur Kürze, der nominale Stil und der informelle Ton (vgl. Runkehl/Schlobinski/Sievers 1998, 42). Typisch für E-mails und News sind auch so genannte *Disclaimer*, um Äußerungen abzuschwächen wie etwa »IMHO« (= in my humble opinion).

In einer Auswertung von News-Kommunkation wurden ebenfalls eine Reihe von Phänomenen erhoben, die an Mündlichkeit erinnern: die häufige Verwendung von Pronomina der 1. und 2. Person Singular, die Vagheit der Formulierungen, unterstützt durch Ausdrücke wie ›irgendwie‹, ›glaube‹, ›meine‹, die Verschmelzung von Wortformen (›gibt's‹), die Verwendung von Verkürzungsformen (›'ne‹), Interjektionen, Dialektausdrücke und Verben des Sagens, Meinens und Denkens (vgl. Feldweg/Kibiger/Thielen 1995). Insgesamt sind die kommunikativen Neuerungen und Veränderungen im Bereich der asynchronen Medien im Internet nicht so sehr groß. Im Vordergrund steht der Inhalt der Nachricht, nicht die formale Ausgestaltung.

Hypertextuelle Kommunikation im WWW

Der amerikanische Kommunikationswissenschaftler Jay D. Bolter definiert Hypertext wie folgt: »A hypertext is like a printed book that the author has attacked with a pair of scissors and cut into convenient verbal sizes« (1991, 24). Weniger metaphorisch lassen sich Hypertext-Hypermedia-Systeme als im elektronischen Medium realisierte Kommunikations- und Publikationsmaschinen beschreiben, die es ermöglichen, »synästhetisierte informationelle Einheiten dialogisch-flexibel in entlinearisierten Strukturen beliebig zu verknüpfen und zu manipulieren« (Freisler 1997, 41). Entlinearisierung ist dabei ein grundsätzliches Merkmal von Hyperkommunikation, während synästhetische Elemente erst hypermedial durch die Integration von Text, Bild und Ton ins Spiel kommen. Das WWW ist daher semiotisch ein Geflecht ursprünglich distinkter Zeichensorten, die beschreibbare Verflechtungen eingehen. Hypertextuelle Kommunikation ist ein Spezifikum des WWW.

Mike Sandbothe (1997) analysiert zwei Prozesse, die die hypertextuelle Kommunikation auslöst. Zum einen wird Schrift verbildlicht. »Unter Hypertextbedingungen werden Lesen und Schreiben zu bildhaften Vollzügen« (ebd. 152). Auch werden nicht-fonetische Schriften rehabilitiert, wie z.B. *icons*. Zum anderen werden Bilder verschriftlicht und zwar extern, indem Bilder als Ankerpunkte eines Hypertextes fungieren und intern, da Bilder sich digital als Pixel in einem lineraren Text beschreiben lassen (ebd. 155f.). Hypertext und Hypermedia lösen die Linearität der Literalität auf und ermöglichen assoziative Sprünge im Gedankengang. Beide Techniken integrieren mehrere Verstehensebenen in einen fortlaufenden Text. Dieser gewinnt so eine neue Dimension und wird gleichsam dreidimensional (vgl. Krajewski 1997, 65). Die zugrundeliegende Netzwerkstruktur bleibt aber opak. Der Nutzer sieht immer nur den aktuellen Link. Auch werden auf einem *node* nur abgehende, nicht aber die ankommenden Links aufgeführt. Der Blick richtet sich also immer nur nach vorn. Lesen wird zur Spurensuche, zur Interaktion mit dem Text (vgl. Sandbothe 1997a). Der Leser kann selbst entscheiden, welchen Links er folgt. Er wird so zum Co-Autor (vgl. Heim 1993, 31). Hypertexte stellen somit keine generalisierten Texte mehr dar, die zwar unterschiedlich von verschiedenen Lesern interpretiert werden, aber in ihrem

Bestand gleich bleiben, sondern Hypertexte werden durch den Leser spezialisiert (vgl. Esposito 1991, 233f.).

Zur ethischen Interpretation des Kommunikationsraumes Internet

Der Durchgang durch die verschiedenen Kommunikationsformen des Internet hat aufgezeigt, dass die Kommunikation in diesem Medienraum zwar auf Schrift basiert, diese aber radikal immaterialisiert und damit auch konzeptionelle Merkmale von Oralität aufweist, kurz: Interaktivität wird zurückgewonnen unter Beibehaltung der Vorteile der geschriebenen Kommunikation. Das materielle Substrat des Zeichens wird völlig manipulierbar. Der Flüchtigkeit der elektronischen Darstellung korrespondiert die Flüchtigkeit des Schalls in der mündlichen Kommunikation. Zudem werden Autor und Text radikal voneinander entfremdet. Das materiale Korrelat des Textes, eine Diskette, eine Festplatte, lässt den Text als solchen nicht erkennen. Die Fixiertheit des Textes, die die typografische Reproduktion bedingt, wird aufgebrochen und durch beliebig viele neue Speichervorgänge ersetzt. Jeder Speichervorgang ist eine neue Momentaufnahme. Die Vergangenheit und die Zukunft der Texte wird veränderbar. Die Distanz zwischen Geschriebenen und Gesprochenen wird aufgehoben. Somit bietet das Internet die Möglichkeit einer »sekundären Oralität« (Ong 1971, 285), die die räumlichen und zeitlichen Restriktionen der primären überwindet.

Das Internet bietet allerdings auch kommunikative Optionen, die über die mündliche Kommunikation hinausgehen (vgl. Wehner 1997, 131). Es ist ein Kommunikationsraum »in dem sowohl die für das Lesen typische Konfrontation mit einem fixierten und unpersönlichen Text als auch die für das Schreiben charakteristische Entkopplung der Verschriftlichung eines Gedankens von seiner Veröffentlichung und Rezeption zurückgenommen werden« (ebd. 135). Mit der Formulierung eines Gedankens beginnt die Rezeption durch andere. Damit ist auch die Gefahr gegeben, dass es zu einer gedankenlosen Produktivität kommt.

Kommunikation im Internet ist also nicht ein mündlicher Dialog mit anderen Mitteln, sondern eine eigenständige Form elektronischer Schriftlichkeit (vgl. ebd. 134). Diese Oszillation zwischen Oralität und Literalität in der Kommunikation im Internet wirft eine ethisch eminente Frage auf. Konzeptionelle Mündlichkeit in medialer Schriftlichkeit bei gleichzeitiger möglicher Anonymität und fehlender Kopräsenz des Sprechers und völliger Manipulierbarkeit der Schrift lässt die Authentizität einer sprachlichen Äußerung zum Problem des Rezipienten werden (vgl. Tapscott, 1998, 75), weil sowohl eine manifeste, skripto- oder typografische, Wiedergabe, auf die man sich berufen kann, als auch der glaubwürdige, überzeugende Sprecher fehlen oder nicht greifbar sind. Der Verlust der Körperlichkeit macht das Problem der Authentizität virulent. Die Dimension des Internet als Kommunikationsraum führt in ethischer Perspektive zur Frage der Authentizität. Mit Authentizität der Kommunikanden und Kommunikation verbunden ist das implizite Telos der Verständigung (vgl. Kos 1996).

Diese Problematik lässt sich im Rekurs auf die sprachphilosophischen und theologischen Sacheinsichten verdeutlichen. Entscheidende Ursache für die Problematisierung von Authentizität in der Kommunikation ist der Verlust der nonverbalen Ausdrucksmöglichkeiten. Ludwig Wittgensteins »Philosophische Untersuchungen« (1971) haben deren Funktion für die Entschlüsselung der Bedeutung von sprachlichen Äußerungen herausgestellt, insbesondere für die Vermittlung des Standorts eines Akteurs in einer Handlungskette. Der Äußerungsinhalt allein lässt nur über das Tempus eine Feststellung darüber zu, ob ein Sprecher in Erwartung einer neuen Handlung eine Äußerung tätigt oder resümierend eine Handlung bewertet. Auch John Austin (1979) unterstreicht diese Bedeutung nonverbaler Ausdrucksmöglichkeiten und verweist darauf, dass diese letztlich den Handlungscharakter einer Äußerung beschreiben.

Wird damit Verständigung auf der Ebene der interpersonalen Kommunikation zum Problem, so verschärft sich dieses auf der lebensweltlichen Ebene, wie sie Jürgen Habermas (1995a) und Peter Berger zusammen mit Thomas Luckmann (1994) nachzeichnen. In einem Kommunikationsraum, der keine Fixierungen zulässt, wird es schwierig, kulturelle Gewissheiten und soziale Praktiken zu tradieren und so eine weitere Grundlage für das Gelingen von Kommunkation zu schaffen. Letztendlich ist das Aufstellen und das Tradieren einer Netiquette ein Versuch, solche Gewissheiten zu organisieren. Allerdings wird deren Bindungskraft durch die dynamisch sich verändernde Nutzerschaft des Internet in Frage gestellt. Deshalb zersplittert auch die Netiquette mehr und mehr in Binnenmoralen für die einzelnen Internetdienste bzw. für sich darin etablierende Gruppen, und verliert so ihre integrierende Funktion. Durch diese Entwicklung werden die Netiquetten zum sozialen Distinktionsmerkmal *online* und verhindern Kommunikation und Verständigung, anstatt sie als kultureller Rahmen zu fördern.

Die Authentizität von kommunikativen Prozessen wird also in struktureller Hinsicht zum Problem. Das heißt nicht, dass im Internet keine authentischen Kommunikationen stattfinden. Aber dieser Befund weist darauf hin, dass eine solche Authentizität nicht in der Kommunikation selbst entsteht, sondern externer Glaubwürdigkeitsagenturen bedarf, sei es, dass man mit einer bekannten Person kommuniziert oder sich an eingeführte Namen und Diensteanbieter hält. Zuletzt gilt es noch auf einen weiteren Punkt hinzuweisen. Die Frage nach Authentizität wird im Kontext sprachlicher Handlungen unter dem Kommunikationsaspekt gestellt. Offen bleibt aber, zu welchen Problematiken die Reflexion des Handlungsaspektes führt. Diesem wird mit der Untersuchung des Handlungsraumes Internet nachgegangen.

Das Internet als Handlungsraum

Die Reflexion auf das Internet unter dem Aspekt Handlungsraum ist bisher wissenschaftlich kaum untersucht worden, daher werden hier nur einige Beobachtungen zusammengetragen.

Handlungsstrukturen im Internet

Die Berliner Philosophin Sybille Krämer stellt alle Handlungen im Internet unter den Aspekt des Spiels. Krämer schreibt zur Begründung, dass spielen »als-ob« Handeln ist, das Regeln folgt und interaktiv angelegt ist (vgl. Krämer 1998, 35). Man kann im Internet zwei Arten von Handlungen unterscheiden, einmal das Aktivieren von Befehlen, zum zweiten die sprachliche Wiedergabe von Handlungen.

Das Aktivieren von Befehlen per Mausklick hat zwei Aspekte. Es gibt die reale Handlung des Bewegens des Cursors und des Drückens der Maustaste. Damit wird gleichzeitig eine Handlung vollzogen, die immer als performativer Sprechakt repräsentiert ist. Wird beispielsweise ein Icon angeklickt, das den Druckbefehl anzeigt, so wird nicht nur gesagt »ich drucke«, sondern der Druckvorgang auch gleichzeitig vollzogen. Angeklickt werden Hyperlinks, Icons oder Befehle aus der Menüleiste. Gerade bei grafischen Benutzeroberflächen, die dieses Anklicken ermöglichen, gerät das eigentliche Geschehen in den Hintergrund. Niemand braucht sich mehr um die Programmroutinen kümmern, die dem Druckvorgang oder dem Aktivieren eines Hyperlinks zugrunde liegen. Solche Benutzeroberflächen erleichtern zwar den Umgang mit dem Computer im Routinefall, erschweren aber die Fehlersuche.

Interessanter und für das Internet spezifischer ist die sprachliche Repräsentation von Handlungen. »Wenn bei der computervermittelten Kommunikation die Textbotschaften nicht zeitversetzt ausgetauscht, sondern in dialogischer Form nahezu zeitgleich (synchron) produziert, rezipiert und beantwortet werden, ändern sich Kommunikationsvorgänge fundamental in der Weise, dass eine virtuelle Handlungsebene zum Tragen kommt.« (Döring 1999, 91). Ein Beispiel sind die Emoticons, die nonverbales Verhalten substituieren. Mit dem Emoticon »;-)«, das Augenzwinkern bedeutet, wird genau dieses Augenzwinkern auch vollzogen und zwar unabhängig davon, ob der Benutzer das damit Illustrierte tatsächlich ironisch meint. Zumindest der Rezipient geht davon aus, dass er die Äußerung ironisch verstehen muss. Ähnliches gilt für die Comicsprache, die häufig in *Chats* verwendet wird. Wenn ein User »gähn« schreibt oder »knuddeldich« dann gelten diese Handlungen mit dem Niederschreiben als vollzogen. Ebenfalls Handlungscharakter haben *emoting* und *action description*. Hierbei werden die eigenen Aktionen in der dritten Person beschrieben und tauchen bei den Kommunikationspartnern mit vorangestelltem Nickname auf (xy tippt: »ich guckt entgeistert«, dann erscheint bei den anderen: »xy guckt entgeistert«). Diese Handlungsbeschreibungen ähneln aus einer Beobachterperspektive letztlich Regieanweisungen. Wenn mehrere Teilnehmer *emoting* durchführen, entstehen Handlungsabfolgen und Interaktionen gleichsam als virtuelle Szenen (vgl. Schmidt 2000, 123). Auch in MUDs werden die Handlungen, die ja das Spiel als solches ausmachen, nur sprachlich vollzogen. Wenn ein Spieler schreibt »take torch«, dann gilt die Fackel als genommen und alle anderen wissen, dass Spieler xy tatsächlich eine Fackel hat. Damit wird der Zeichengebrauch pragmatisiert (vgl. Sandbothe 1999, 211). In MUDs haben Handlungen auch Konsequenzen, insofern als sie Handlungsmöglichkeiten erweitern. Mit einer Fackel kann man weitere Gegenstände sehen, mit einem Schwert kann man sich verteidigen usw. Auch haben Handlungen in MUDs Permanenz. Es können dauerhafte Objekte geschaffen werden, die wiederum genau definierte Handlungen zulassen. Es stellt sich die Frage nach dem Realitätsstatus dieser Handlungen. Von außen betrachtet sind sie virtuell, als bloße Möglichkeit vollzogen, im Spiel, im Gespräch selbst aber sind sie real, weil alle Beteiligten eben die Handlungsfolgen spüren.

Dennoch können Handlungen rückgängig gemacht werden, man kann mit einer neuen Identität in ein Gespräch oder Spiel einsteigen und sich auf diese Weise der Verantwortung für eine Handlung entziehen. Worte beschreiben in diesem Kontext damit nicht Handlungen, sondern sie sind Handlungen (vgl. Döring 1999, 93). Gleichzeitig macht diese Beobachtung auch deren Problematik deutlich. Handlungen im Internet sind auf eine bedeutungsgenerierende Kooperation angewiesen. Mitspieler und Kommunikationspartner können sich der Handlung verweigern, indem sie einen Mitspieler einfach per Befehl ignorieren oder die Handlungen konterkarieren. Die Psychologin Nicola Döring nennt das Beispiel, dass man dem Steinhagel eines Halbstarken in einem MUD dadurch entgehen kann, indem man feststellt, verbal, dass die Steine vor einem auf den Boden liegen, oder sich in Luft auflösen oder sonst etwas (vgl. ebd. 123).

Zur ethischen Interpretation des Handlungsraumes Internet

Die Frage nach dem Sittlichen ist der Reflexion auf das Handeln nicht künstlich aufgepfropft, sondern ist dieser Reflexion inhärent. Aufgrund seiner Sprach- und Erkenntnisfähigkeit kann der Mensch sich selbst kognitiv und volitiv reflektieren (vgl. Höffe 1981, 30). Er hat also die Fähigkeit, Ziele zu erkennen und Ziele auszuwählen. Die Definition des Handeln als wissentlich-willentliches Tun provoziert die Frage nach der Verantwortung dessen, der sein Wissen und seinen Willen in eine Handlung einbringt (vgl. Höffe 1979, 617). Der Begriff des Handelns impliziert damit den Begriff der Verantwortlichkeit. »Sittlich Handeln und sittlich Leben meinen eine Existenzweise, in der der Mensch sich selbst in die Hand nimmt, Herr seiner selbst ist und daher« ein im vollen Sinn verantwortliches und gelingendes Leben führt« (ebd. 625). Sittlichkeit wird damit zu einer anthropologischen Konstante neben denen der Bedürftigkeit, Gesellschaftlichkeit und Geschichtlichkeit (vgl. Riedel 1978, 140f.) Diese anthropologischen Grundkonstanten bedingen die Ausbildung von Sittlichkeit und Moral. Im Betrachten des Handelns wird immer auch das Subjekt des Handelns als Sittlichkeitswesen in den Blick genommen (vgl. Höver 1988, 102). Durch Handeln wird Sittlichkeit konkretisiert, durch Sittlichkeit wird Handeln reguliert und organisiert. Sittlichkeit partizipiert so an der Grundstruktur jeden Handelns (vgl. Maurer 1994, 383).

Aus ethischer Sicht ergeben sich daher vier relevante Fragekomplexe in Bezug auf den Handelnden und seine Handlungen:

– Welche Zielantizipationen werden vom Akteur unternommen und wie sind die daraus resultierenden Ziele zu bewerten?
– Welche Normen und Werte werden vom kulturellen System, vom Umfeld des Handelnden bereitgestellt und auf welchem Wege wird ihre Einhaltung und Beachtung sanktioniert?
– Welche Normen und Werte werden vom Individuum internalisiert und zur Grundlage von Zielantizipation und Handlungsregulation gemacht?

– Welche Normen und Werte werden in der Gesellschaft institutionalisiert und inwiefern nehmen diese institutionalisierten Normen und Werte dem einzelnen sittliche und moralische Entscheidungen ab?

Ein Teil dieser zusammenfassenden Fragen kann in Bezug auf das Internet mit dem Verweis auf die Netiquette beantwortet werden. Die entscheidenden ethischen Problemfelder tauchen hier in den Fragen nach Zielantizipation, Handlungsregulierung und Verantwortlichkeit auf, weil diese aufgrund der rein sprachlichen Repräsentation von Handeln in einem neuen Licht zu sehen sind. Zu fragen ist beispielsweise, ob das Internet eine Möglichkeit bietet, Ziele nicht nur zu antizipieren, sondern auch virtuell zu realisieren. Probehandlungen werden damit nicht nur gedanklich vollzogen, sondern einem »echten« Test insofern unterzogen, als es Interaktionspartner gibt, die darauf reagieren können. Antizipationen können somit abgesichert werden. Allerdings könnte diese Struktur des Internet dazu führen, Handlungen und ihre Folgen überhaupt nicht mehr prospektiv zu bedenken, sondern gleich alle Handlungen durchzuführen, um sie bei Bedarf als Probehandlungen zu deklarieren und sie damit gleichsam reversibel zu halten. Weil Handlungen im Internet nur sprachlich vollzogen werden und nur sprachlich repräsentierte Folgen zeitigen, können diese mit einem »es war nicht so gemeint« zurückgenommen werden. Diese Reversibilität aller Handlungen im Netz macht Handlungsregulation obsolet, weil bei einem Abweichen vom Soll-Wert eine Handlung komplett neu begonnen werden kann. Damit wird die Intentionalität einer Handlung verdeckt.

Andererseits wiederum können Handlungen im Internet Folgen zeitigen, die der Autor und Akteur nicht intendiert hat. Die sprachliche Repräsentation einer Handlung lässt ihre Speicherung zu und damit ihre Dekontextualisierung. Handlungen können in neue Kontexte transferiert werden und dort Konsequenzen haben, ohne dass der ursprüngliche Akteur darauf Einfluß hätte. Dies lässt sich beispielsweise in Newsgroups beobachten, wenn eine Äußerung sich quasi verselbständigt, neue Gesprächsfäden sich daran entwickeln und dennoch dem Autor der Äußerung zugeschrieben werden, auch wenn dieser sich vielleicht schon längst davon distanziert hat (vgl. Döring 1997, 302). Es zeigt sich so ein weiteres Mal, dass Mitteilung und Mitteilender oder in diesem Fall Handlung und Handelnder in CMC voneinander getrennt werden. Damit scheint auch hier die Frage der Verantwortung in dem Sinne auf, als dass Zurechenbarkeiten verschwimmen. Ist der ursprüngliche Akteur für eine dekontextualisierte Handlung verantwortlich, oder derjenige der diese in einen neuen Kontext setzt?

Handlungen im Internet werden auch reduziert auf eine Ebene, was im Gegensatz zu den Forschungen des Psychologen Gerhard Kaminskis steht, der reales menschliches Handeln als synchrones Mehrfachhandeln auf mehreren Ebenen entschlüsselt (vgl. Kaminski 1976, 20). Das Niederschreiben einer Haupthandlung schließt Subebenen des Handelns aus, zumindest, wenn man den virtuellen Repräsentanten analysiert. Dieser kann nur die eine Handlung »vollziehen«, mit der er sich im selben Augenblick als handelnde Person erweist.

Die Anführungszeichen zeigen ein weiteres Problemfeld an. Handlungen werden im Internet nicht vollzogen, sondern sie zeitigen Resultate nur dann, wenn sie als vollzogene Handlungen von den Interaktionspartnern rezipiert werden. Eine ignorierte Handlung im Internet ist keine Handlung, weil sie keiner akzeptiert. Handlungen verlieren so ihren Eigenwert. Damit wird auch die entscheidende ethische Fragestellung markiert, die das Internet als Handlungsraum aufwirft: Warum soll sich jemand Gedanken machen über die Verantwortung für seine Handlungen, wenn er gar nicht weiß, ob die geplanten Handlungen tatsächlich als solche in der Interaktion rezipiert werden, bzw. von den Interaktionspartnern einfach, wenn diese für sie unangenehme Folgen haben, als nicht geschehen betrachtet werden können.

Ein weiterer Gesichtspunkt ist die Frage, was von der Übernahme von Verantwortung für das eigene Handeln bleibt, wenn dieses gleichsam per Knopfdruck rückgängig und ungeschehen gemacht werden kann, bzw. die jeweiligen Handlungskontexte ohne weitere Folgen für den Akteur verlassen werden können. Soziale Enttäuschungen müssen nicht mehr ertragen werden, sie können einfach umgangen werden. Handlungen im Internet stehen damit ständig in der Spannung zwischen dem Status von Probierhandlungen von Seiten des Handelnden und ihrer Negation von Seiten des Adressaten. Der permanente Sinneswandel lässt Verlässlichkeit nicht zu.

Schließlich noch eine letzte Frage: Handlungen können im Internet an so genannte »bots« delegiert werden. Aber wer handelt eigentlich bei Aktionen eines Softwareagenten und wer ist für diese Aktionen verantwortlich? (vgl. Helmers/Hoffmann 1996). Die Dimension Handlungsraum mündet damit in die Frage nach der Zurechenbarkeit von und Verantwortung für Handlungen.

Das Internet als virtueller Raum

Die virtuellen Strukturen des Internet

Die Diskussion des Internet als Kommunikations- und Handlungsraum zeigt, dass dem Internet virtuelle Strukturen inhärent sind. Diese lassen sich wie folgt charakterisieren:

Entörtlichung: Alle medialen Zugänge zum Internet machen personale Präsenz in der Kommunikation überflüssig, indem sie Telepräsenz ermöglichen. Dies allein ist noch kein Distinktionsmerkmal zu anderen Medien wie beispielsweise dem Telefon. Entscheidend ist aber die Dimension: Der geografische Ort ist die ganze Welt und die Zahl der Kommunikationsteilnehmer ist unbeschränkt. Das Internet ist damit der virtuelle Ort der Komunikation der potenziell ganzen Weltbevölkerung. Eine Lokalisierung wird unmöglich, Orte verschwinden im Raum (vgl. Raulet 1988, 288).

Entzeitlichung: Die asynchronen Medien des Internet wie E-mail oder Newsgroups heben zeitliche Restriktionen auf. Der Kommunikationspartner muss nicht nur nicht sich am gleichen Ort befinden, sondern er kann auch die an ihn adressierte Nachricht nach einem zeitlichen Hiatus empfangen. Auch werden durch den globalen Rahmen des Internet Zeitzonen und Zeitrhythmen obsolet. Zu jeder Tages- und Nachtzeit sind potenzielle Gesprächspartner *online*. Auch die synchronen Medien entzeitlichen. Der Begriff Echtzeit bedeutet den Zusammenprall und den Zusammenbruch des Originals mit seinem Double (vgl. Baudrillard 1994, 9). Der zeitliche Hiatus zwischen dem Denken eines Gedankens und dessen Mitteilung wird minimiert bis ausgelöscht. Mit Entörtlichung und Entzeitlichung ist gleichzeitig das entscheidend Virtuelle markiert, die Außer-Kraft-Setzung der Verbindlichkeiten von Zeit und Raum und die Zerstörung ihrer Einheit. Man kann jederzeit überall virtuell präsent sein.

Entkörperlichung: Im Internet wird in Umkehrung des Prologs des Johannes-Evangeliums nicht das Wort Fleisch, sondern das Fleisch Wort. Da körperliche Repräsentationen nur auf Beschreibungen beruhen, werden sie frei verfügbar und so virtualisiert. Die *persona* und der *character* im Netz verselbständigen sich (vgl. Bühl 1996).

Oszillation zwischen Literalität und Oralität: Die Kommunikation im Internet geschieht im Medium der Schriftlichkeit. Dennoch lassen sich viele Hinweise in den Kommunikationen via Internet finden, die darauf hindeuten, dass diese von ihrer Konzeption her als mündlich einzustufen sind. Dadurch entstehen vor allem in den synchronen Medien des Internet virtuelle Gesprächssituationen, in denen orale Äußerungen in einem 1:1-Verhältnis literalisiert werden. Auch asynchron oszilliert die Kommunikation zwischen Oralität und Literalität.

Performatisierung nicht-performativer Sprechakte: Im Internet werden alle Handlungsbeschreibungen zu Handlungen (vgl. Döring 1997a, 270). Alles Handeln ist Sprechen, das heißt, dass auch nicht-performative Sprechakte, die den Vollzug einer Handlung beschreiben, performativ werden (vgl. Schneider 1997, 46). Dies ist insbesondere in den MUDs zu beobachten. Schrift wird gleichsam ontologisiert (vgl. Krämer 1999, 34).

Instrumentalisierung nonverbaler Ausdrucksmöglichkeiten: Die Substitution der nonverbalen Komponenten der Kommunikation durch Emoticons, Onomatopoetika oder sonstige Hilfsmittel macht diese für die Kommunikationsziele des Sprechers verfügbar. Sie sind nicht mehr spontan und ihr Anfang und Ende ist klar definiert. Zwar werden auch f2f nonverbale Möglichkeiten instrumentalisiert, aber in CMC ist dies notwendige Bedingung ihres Einsatzes.

Die virtuellen Strukturen des Internet kommen also vor allem in der Sprengung herkömmlicher Dimensionen und Grenzen zum Tragen. Die dem Internet inhärente Virtualität ermöglicht, theologisch gesprochen, eine Transzendenz in Immanenz. Der einzelne User ist befähigt, räumliche, zeitliche, körperliche und sprachliche Restriktionen zu überschreiten. Gleichzeitig bleibt er jedoch über seinen Körper immer eingebunden in Zeit und Raum. In den virtuellen Strukturen bleiben jedoch klassische Authentizitätsgaranten auf der Strecke. Weder gibt es einen Sprecher, der im persönlichen Gespräch überzeugt, was sich insbesondere in der Kongruenz von verbalen und nonverbalen Informationen ausdrückt, da alle nonverbalen Äußerungen unter dem Verdacht der Instrumentalisierung stehen, noch gibt es den gedruckten Text, da alle Texte im Internet fließend sind und mehrere Versionen eines Textes kursieren können (vgl. Greis 2001, 226f.).

Zur ethischen Interpretation des virtuellen Raumes Internet

Diese ethische Problemanzeige leistet ein Doppeltes. Zum einen bündelt sie die Sacheinsichten und Problemstellungen, die die Diskussion des Internet als virtuellen

Raum ergeben haben, in ethischer Perspektive. Zum anderen ist auch intendiert, hier die bisherigen Problemanzeigen des Abschnitts zu den Dimensionen des Internet zusammenzuführen. Verfolgt man diesen zweiten Strang zunächst, so zeigt sich, dass es zwischen dem Problem der Authentizität und dem Problem der Verantwortung als den beiden Fragestellungen der Kommunikations- und Handlungsdimension des Internet Wechselbeziehungen gibt. So wird etwa in der Aufnahme authentischer Kommunikation die Verantwortung des Handlungssubjektes für sich und für den Adressaten seiner Kommunikation konkret. Denn nur wenn beide Kommunikationspartner in ihrem Sprechen und Handeln glaubwürdig sind, können Beziehungen entstehen, die im jeweiligen Feedback demgegenüber dessen eigenes Ich widerspiegeln. Gleichzeitig ist die Übernahme von Verantwortung Ausdruck von Authentizität, denn erst eine solche Übernahme zeigt an, dass ein Handlungssubjekt eine Handlung als sich zurechenbar und damit zu sich selbst gehörend betrachtet. Letztlich konvergieren damit beide Begriffe im Topos der Identität. Dies gilt um so mehr, als im Netz die alltäglichen Identitätskonzepte außer Kraft gesetzt sind (vgl. Sandbothe 1997a, 63) und die Identitätsfindung in Zusammenhängen abläuft, die keine Strukturen zur Identitätsbildung bereitstellen (vgl. Wehner 1997, 144).

Die Problematisierung von Identität im Internet wird, wie eine Bündelung der virtuellen Strukturmerkmale ergibt, durch die Dimension des Virtuellen noch untermauert. Insbesondere die Strukturmomente Entkörperlichung und Substitution des Realen erhöhen den Druck auf die Physis des Nutzers (vgl. Bühl 1996, 183) und damit aber auch auf seine Selbstrepräsentation. Die Virtualität erlaubt eine Stilisierung des eigenen Ichs nach fremd- oder selbstbestimmten Idealvorstellungen. Vor allem die körperlichen Eigenschaften unterliegen der Definition des Nutzers. Die virtuellen Möglichkeiten wirken häufig narzistisch. Andererseits ist die Körperlichkeit auch ein Störfaktor, der das vollständige Eintauchen in virtuelle Welten verhindert. Die Körperwahrnehmung verbleibt real, nur die Sinneswahrnehmung wird virtuell stimuliert. Damit wird die Virulenz der Frage nach der Identität des Nutzers ein weiteres Mal unterstrichen. Allerdings gibt es auch positive Interpretationen: »In cyberspace, there are possibilities for exploring the complexities of self-identity, including the relation between mental space and the bodily other« (Robins 1996, 8). Das Internet wird so zum Explorationsfeld der Identität (vgl. Turkle 1995). Es gibt eine Reihe virtueller Identitätshinweise, wie *nicknames, signature files* u.ä. Allerdings sind auch Identitätsdiffusionen denkbar. Das multiple Selbst erscheint nicht diachron, sondern synchron auf dem Bildschirm. Ein Weiteres kommt hinzu. Wenn Realität immer ein Produkt des Selbstbewusstseins ist, das durch Sinneswahrnehmungen stimuliert wird, dann sind auch die virtuellen Erfahrungen real, selbst wenn es sich dabei um eine parametrisierte Realität handelt, die keine Eigenleistung verlangt. Realität wird zur medialen Konstruktion aus zweiter Hand. Daher können virtuelle Persönlichkeiten als real erachtet werden, wenn auf sie wie auf reale Persönlichkeiten reagiert wird. Identitätszuschreibungen finden also nicht nur in Bezug auf sich selbst, sondern auch auf andere statt.

Fazit

Mit der geleisteten Diskussion ist zweierlei erreicht. Zum einen werden methodologische Vorarbeiten geleistet, die es ermöglichen das Internet in ethischer Perspektive zu analysieren. Mittels der Betrachtung der Struktur des Internet in seinen drei Dimensionen kann sowohl eine Sach- als auch eine Problemanalyse unternommen, die unabdingbar sind für eine anwendungsbezogene Ethik. Diese methodologischen Einsichten sind um so wichtiger, als es aufgrund der Dynamik der Entwicklung des Internet unabdingbar ist, eine solche Strukturanalyse immer wieder neu zu unternehmen. Beispielsweise werden in den vorliegenden Überlegungen die Möglichkeiten der Übertragung von Videokonferenzen (Streaming-Technologien) außer Acht gelassen, weil der Anwenderkreis noch klein und der technische Aufwand noch groß sind. Dieses kann sich aber bald ändern und diese Technologie wird ebenfalls veralltäglicht und fordert eine ethische Analyse heraus. Zum zweiten werden erste materiale Problemfelder erhoben. Die Problematisierung von Identität, Authentizität und Verantwortung wird dabei nicht nur durch die Strukturanalyse gestützt, sondern auch durch eine Analyse der Wirkungsforschung zum Internet und einer Analyse computerethischer Entwürfe (vgl. Greis 2001). Die Sicherstellung von Identität der Kommunikanden, Authentizität der Kommunikation und Verantwortung für Kommunikationen erweisen sich so als zentrale ethische Problemfelder der Kommunikation im Internet.

Institutionenethik:
Grundlagen der Informationsethik. Politische Philosophie als Ausgangspunkt informationsethischer Reflexion

KARSTEN WEBER[1]

Erst seit Beginn der 90er Jahre allgemein zugänglich durch die Entwicklung des World Wide Web (WWW) und der dazugehörenden Software (vgl. Berners-Lee 1999), verbindet das Internet zur Zeit nach Schätzungen mehr als 400 Millionen Menschen auf dem Globus; es hat uns die New Economy und E-Economy und damit verbunden einen gewaltigen Boom und einen ebenso heftigen Crash an den Börsen beschert. Die Gründe, die zu der explosionsartigen Diffusion einer Technologie in alle Lebensbereiche der Menschen und in beinahe alle Ecken zumindest der entwickelten Welt geführt haben, sind ohne Zweifel vielfältig. Hier gibt es nicht nur Aufklärungsbedarf im wissenschaftlichen Sinne, sondern auch für Öffentlichkeit und Politik. Das Internet allein in den Denkmustern von Marshall MacLuhan zu interpretieren oder als *fin-de-siècle*-Phänomen – wie es viele üblicherweise als postmodern bezeichnete Autoren tun – reicht angesichts der weitreichenden Folgen der technischen Innovationen auf diesem Gebiet bei weitem nicht (mehr) aus. Dies gilt noch vielmehr nach den Terroranschlägen in den USA am 11. September 2001. Denn wieder kommt uns allen zu Bewusstsein, dass Technik immer auch zu Zwecken verwendet werden kann, die vielen Menschen an Leib und Leben schaden. Dies gilt für Passagierjets genauso wie für das Internet. Deshalb stellt sich jenen Gesellschaften, die Technik in großem Maßstab einsetzen und deshalb ebenso von ihr abhängig sind, die Frage, wie mit Technik umgegangen werden soll, wie ihr Einsatz moralisch legitimierbar ist, wie Regelungen des Einsatzes aussehen können und sollen. Wir sind in der schwierigen Lage, Zauberlehrlinge zu sein, aber keinen Meister zu haben, der in der größten Not Rettung bringen könnte; dies müssen wir schon selbst leisten.

---

1   Ich möchte Sonja Haug für Hinweise zum Kollektivgutproblem danken und den Teilnehmern des Forschungskolloquiums des Lehrstuhls für philosophische Grundlagen kulturwissenschaftlicher Analyse der Europa-Universität Viadrina Frankfurt (Oder) für zahlreiche Verbesserungsvorschläge.

Technik, Gesellschaft, Folgen

Blickt man zur Beantwortung dieser drängenden Fragen zurück in die Zeit und betrachtet die stürmische Entwicklung des Internet, so war es das ARPANET, das dazu dienen sollte, Computer zu verbinden, um auf diese Weise knappe Ressourcen besser ausnutzen zu können. Ob das Internet bzw. ARPANET entwickelt wurde, um die militärische Kommunikation nach einem massiven Nuklearangriff aufrechterhalten zu können – wie dies häufig unterstellt wird – oder ob es von Anfang an im Grunde rein zivile Zwecke hatte, ist für die Diskussion eigentlich unerheblich; allerdings zeigen die zeitlichen Abläufe und die Publikationen aus der Zeit der Entwicklung des Internet bzw. seines Vorläufers, dass der Redundanzgedanke nicht nur auf Überlegungen über Kriege, sondern auch auf dem Ziel einer allgemeinen Fehlertoleranz beruht.[2] Entscheidend ist, dass zu Beginn ein technisches Ziel stand, das mit Hilfe einer noch zu entwickelnden Technik gelöst werden sollte. Es muss betont werden, dass nicht die Fortentwicklung einer Technik um sozialer Zwecke im engeren Sinne willen betrieben wurde – wie es vor allem in vielen US-amerikanischen Textbüchern dargestellt wird –, sondern um ein von Technikern erkanntes Problem mit ihren Möglichkeiten zu lösen. Hier muss man den teilweise visionären, aber doch auch singulären Texten der frühen Phase der Internetentwicklung skeptisch entgegentreten.[3] Gerade wenn man den Schilderungen der Protagonisten der Entwicklung des Internet mit der nötigen Distanz gegenübersteht, die gegenüber Selbstauskünften über die Vergangenheit immer angebracht ist, bekommt man leicht den Eindruck, dass eine kleine Gruppe von Bastlern endlich ein neues Spielzeug bekommen hatte. Ohne Zweifel kann man diesen Prozess auch hinsichtlich seiner sozialen Aspekte untersuchen, doch gilt es trotzdem zu beachten, dass in Bezug auf die Zielsetzung soziale Komponenten keine wesentliche Rolle spielten.

Nun ist jedoch aus der Retrospektive mehr als deutlich, dass die sozialen Folgen des Internet bisher bereits groß waren und man kann mit einigen Gründen vermuten, dass sie wahrscheinlich in der Zukunft noch größer sein werden. Wenn also von den Veränderungen der globalen Wirtschaft gesprochen wird, von der Verbreitung von diskriminierenden Inhalten mit Hilfe des Internet oder von der subversiven Kraft des Internet gegen Diktaturen, dann ist zwar immer auch von den Folgen der Nutzung des Internet die Rede, aber letztlich wird vor allem von den Folgen menschlicher Handlungen gesprochen. Selbst wenn oftmals der Eindruck entstehen muss, dass Technik sich autonom verhält – viele Forschungsprojekte der KI-Forschung oder der

---

2   Paul Baran (vgl. http://www.rand.org/publications/RM/baran.list.html, Zugriff: 18.12.2001) entwickelte die Idee eines paketvermittelten Netzwerks, das durch redundante Verbindungen zwischen den einzelnen Netzwerkknoten eine hohe Ausfallsicherheit besitzen sollte. Vgl. Hafner/Lyon 1997.

3   Genannt werden hier oft »As we may think« (http://www.isg.sfu.ca/ ~ duchier/misc/vbush/, Zugriff: 18.12.2001) von Vannevar Bush oder J.C.R. Lickliders und R. Taylors Text »The Computer as a Communication Device« (http://memex.org/licklider.pdf, Zugriff: 18.12.2001). Vgl. Hafner/FLyon 1997.

Sozionik (vgl. Malsch 1998) sind auf die Entwicklung so genannter autonomer Agenten ausgerichtet – sollten wir uns immer vergegenwärtigen, dass am Beginn immer Entscheidungen von Menschen stehen, wenn die Entwicklung und Implementierung von Technik initiiert wird. Der Eindruck einer autonom agierenden technischen Sphäre – ein beliebtes Sujet in der Science-Fiction-Literatur[4] – sollte aber insofern ernst genommen werden, als hier Prozesse in Gang gesetzt werden, deren Folgen, Nebenfolgen und Folgen höherer Ordnung – also Folgen von Folgen – nicht vorausgesehen werden können und manchmal auch kaum mehr beherrschbar sind. So lag es sicherlich nicht in den Intentionen jener Ingenieure, die Kühlschränke mit FCKW als Kühlmittel entwickelten, die Ozonschicht unserer Atmosphäre zu zerstören. Und James Watt wollte wohl kaum das Weltklima verändern, als er die Dampfmaschine perfektionierte.

Gerade aber diese beiden Beispiele zeigen sehr deutlich, dass trotz Unabsehbarkeit langfristiger Folgen der Entwicklung und Implementierung von Technik in irgendeiner Weise mit jenen Folgen umgegangen werden muss. Es ist angesichts der menschlichen Möglichkeiten, die Biosphäre so zu zerstören, dass Menschen in der Zukunft kaum noch oder gar nicht mehr überleben könnten, mehr als notwendig, über die Gestaltung eben jener Technik nachzudenken und Verfahren der Regelung zu entwickeln, die bei der sozial- und umweltgerechten Gestaltung helfen könnten. Doch sobald dies als Aufgabe akzeptiert wird, stellt sich die Frage, wie dies geschehen könnte.

Betrachtungsebenen

In der aktuellen Diskussion rund um die ethischen Fragen der Informations- und Kommunikationstechnik (IuK-Technik) mit dem Internet als Paradigma finden wir verschiedenste Ansätze wieder, die auch in anderen Bereichen der angewandten Ethik verwendet werden. So werden bspw. folgenorientierte Ansätze angewendet, die häufig damit verbunden sind, dass einzelne Fallbeispiele unter die Lupe genommen werden und versucht wird, Handlungsfehler und dafür Verantwortliche dingfest zu machen (vgl. Spinello 1997, Lenk/Maring 1998). Diese Form der Untersuchung ist in der Regel deskriptiv angelegt; d.h. aber auch, dass oftmals nicht erkennbar ist, welche ethischen Positionen im Hintergrund stehen. So scheint es manchmal, dass die untersuchten Fälle nur deshalb von Interesse für eine genauere Betrachtung sind, weil hier etwas schiefgegangen ist; die ethische Qualifizierung als bedenkens- und beachtenswerter Fall wird über die negativen Folgen durchgeführt. Wäre in jenen Fällen nichts Negatives passiert, so würde man sie möglicherweise gar nicht unter ethischen Gesichtspunkten betrachten können, weil der »Hebel« dafür fehlen würde.

Andere Positionen innerhalb der Informationsethik betrachten vor allem das handelnde Subjekt und seine Möglichkeiten, moralische Ansprüche in konkreten Situationen umzusetzen. Sicherlich ist richtig, das Ethik als Reflexion über moralische

---

4   Siehe bspw. Stanislaw Lems Bücher »Frieden auf Erden« (1986) und »Lokaltermin« (1987).

Normen und Werte und über Konfliktsituationen immer beachten muss, dass bei
allen Regeln oder Verfahrensweisen Platz sein muss für Empathie, Fürsorge und
anderes nicht regelgeleitetes Handeln; alles andere führte ohne Zweifel zu inhumanen
Konsequenzen. Doch gleichzeitig ist mit einer solchen Position das große Problem
verbunden, dass in einer zunehmend komplexer werdenden Welt gerade im Umgang
mit Technik die einzelne Person überfordert wäre, wenn sie in konkreten Konfliktfällen keine Orientierungsmöglichkeit anhand von Regeln oder Verfahrensweisen hätte.
Individuen wären nicht nur überfordert, im Einzelfall selbst zu entscheiden; es wäre
die Gefahr gegeben, dass eine solche spontane Entscheidung für jene Person und für
andere weitreichende und negative Folgen haben könnte.

Ein weiterer Ansatz in der Informationsethik ist, das geschilderte Problem dadurch zu lindern oder gar zu meistern, dass für das Handeln in professionellen Kontexten so genannte ethische Leitlinien, Ethikcodizes oder Standesregeln formuliert
werden, die den einzelnen Personen in Konfliktfällen gerade jene Anleitung zum
moralischen Handeln geben, die oben angemahnt wurde. Ein gutes Beispiel hierfür
sind die ethischen Leitlinien der Gesellschaft für Informatik e.V. (GI).[5] Doch kranken viele, wenn nicht gar alle, dieser Codizes daran, dass sie entweder Trivialitäten
bzw. Selbstverständlichkeiten zum Inhalt haben oder aber letztlich in anderen Regel-
werken bereits kodifizierte Bestimmungen wiederholen. So erheben bspw. Artikel 1
bis 3 der ethischen Leitlinien der GI Ansprüche, die wenig mit Ethik aber viel mit
Professionalität zu tun haben: Fach-, Sach- und juristische Kompetenz sollte man
selbstverständlich von professionell Tätigen fordern können, denn dies sind Kern-
kompetenzen, ohne die eine der Sache gerechtwerdende Ausübung eines Berufs gar
nicht möglich ist; dies gilt nicht nur für Informatiker, sondern für alle professionell
Handelnden, seien sie nun Handwerker, Ingenieure, Mediziner oder Akademiker.
Außerdem lassen sich Fach-, Sach- und juristische Kompetenz im Wesentlichen an
internen Kriterien der Profession messen, die Bezug nehmen auf Effizienz und Ef-
fektivität des technischen Handelns, jedoch nicht auf externe moralische Ansprüche:
Mainberger (1999, 60) formuliert dazu, dass »[m]etierabhängiges Schaffen [...] an sich
überhaupt keine ethische Dimension [hat]«. Die Herstellung eines Produkts wie eines
Textverarbeitungsprogramms folgt metier- oder berufsgruppenspezifischen Anforderungen und Kriterien sowie, wenn es um Produkte für einen Markt geht, Kriterien
der Marktfähigkeit. Sicherlich mögen hier Kriterien der Mängelfreiheit, der Sicherheit,
der Umweltverträglichkeit, der arbeitsrechtlichen Verträglichkeit u. ä. eine große
Rolle spielen. Doch sind dies alles eben keine moralischen Ansprüche, sondern gera-
dezu moralfreie Forderungen; für sie sprechen Klugheitsgründe, keine moralischen
Normen und Werte. Zumindest in der Bundesrepublik Deutschland handelt es sich
in sehr vielen Fällen um juristisch einklagbare Eigenschaften, gerade weil die Berufung auf Moral sehr wenige oder gar keine Sanktionsmöglichkeiten bietet – abgesehen vielleicht von »Gummiparagrafen«, die mit dem Hinweis auf die Sittenwidrigkeit

---

5   Vgl. http://www.gi-ev.de/verein/struktur/ethische_leitlinien.shtml (Zugriff:18.12.2001).

von Handlungen formuliert wurden. Die Tatsache, dass Gesetze durchaus einen moralischen Hintergrund besitzen, ändert an den fehlenden Sanktionsmöglichkeiten nichts.

Alle hier skizzierten Positionen haben also deutliche Schwächen, gerade weil sie auf bestimmte Defizite im Umgang mit Technik reagieren wollen. Mit Sicherheit kann und muss schon jetzt formuliert werden, dass auch der im Folgenden skizzierte Ansatz mit ähnlichen Mängeln behaftet ist. In gewisser Weise verliert auch er die Moral aus den Augen, weil er nicht konkrete Situationen regeln soll, sondern auf die ethische Bewertung von Regelungen des Umgangs mit Technik abhebt.

Situationsbeschreibung

Die Wirkungen der Informations- und Kommunikationstechnik zeigen sich in vielen Bereichen des alltäglichen Lebens. Auf jeden Fall überschreiten sie bei weitem den professionellen Kontext des Berufslebens von Technikern oder Ingenieuren. Die ökonomischen Umwälzungen, die das Internet induziert, verändern gleichzeitig die Bedingungen politischen Handelns, der Rechtsprechung und des moralischen Urteilens. Trotz dieser Situation wird Technikethik in aller Regel als Berufsethik und damit als spezielle Bereichsethik verstanden und betrieben – oben wurde bereits versucht, dies grob zu skizzieren. Technik bzw. der Umgang mit ihr wird als beschränkt auf die professionelle Sphäre aufgefasst. Deshalb sei es auch nur eine Frage für die in dieser Sphäre Tätigen, dass mit Technik verantwortungsvoll umgegangen werde. Doch nicht nur im Beruf, sondern auch in unserem alltäglichen Leben sind wir von Technik umgeben, benutzen wir Technik, sind von Technik abhängig. Beides, Nutzung und Abhängigkeit, macht die Gestaltung von Technik zu einer Aufgabe aller Menschen. Damit befinden wir uns auf dem Feld der Politischen Philosophie.

Nun ist es eher ungewöhnlich, im Rahmen der Politischen Philosophie Technik als Hauptgegenstand der Reflexion zu wählen. Betrachtet man aber die Wirkungen der modernen Technik und hier insbesondere der Informations- und Kommunikationstechnik, so stellen diese die Frage nach dem Verhältnis von Individuen zur Gesellschaft und die Frage nach der gerechten Verteilung wichtiger Güter zwar nicht neu, aber doch in einem neuen Kontext. Es geht nun nicht mehr nur darum, wie in einem Gemeinwesen Güter wie Geld, Grundbesitz und Macht verteilt sind und ob diese Verteilung gerecht ist. Es geht nun zunehmend darum, wer welchen Zugriff und welche Daten und Informationen besitzt und wer von diesem Zugriff ausgeschlossen ist. Denn Informationen können eingetauscht werden in Geld und Macht: die Diskussion um die Abhörmaßnahmen der US-amerikanischen Spionagebehörde NSA zeigen recht deutlich, welchen Stellenwert der Besitz von Informationen für staatliches Handeln und für die Konkurrenzfähigkeit ganzer Volkswirtschaften hat. An diesem Beispiel zeigt sich aber auch die scheinbare Ohnmächtigkeit der Bürger eines Gemeinwesens gegenüber den gewaltigen technischen und organisatorischen Möglichkeiten eines Staates. So verschwinden die Diskussionen, die in der Bundesrepublik Deutschland über die Ermöglichung des so genannten »großen Lauschangriffs« geführt wurden, in der Bedeutungslosigkeit angesichts der Dimensionen der Informationssammlung der NSA – wobei die in der Vergangenheit geplanten und teilweise auch ins Werk gesetzten Regelungen in der Bundesrepublik Deutschland durchaus auch bedenklich erscheinen, nicht zuletzt nach dem 11. September 2001. In Bezug auf das weltweit eingesetzte Abhörsystem Echelon gilt es hervorzuheben, dass hier nicht ein Staat die Bürger der eigenen Nation ausforscht, sondern Bürger und Institutionen anderer Länder.

Doch NSA und Echelon sind nur die Spitze des Eisbergs (vgl. die Beiträge in Schulzki-Haddouti 2001). Im täglichen Leben sind wir wahrscheinlich in viel direkterer Weise von den Auswirkungen der Informationstechnik betroffen (vgl. Garfinkel 2000). Dies gilt insbesondere für die Benutzer des Internet; deshalb soll dieses Netz auch als Paradigma der IuK-Technik angesehen werden, da sich hier die Probleme exemplarisch aufzeigen lassen.

Politische Philosophie und informationsethische Reflexion

Wenn wir das Internet benutzen, so treten wir zwar zunächst mit Technik in Kontakt, wir interagieren mit Servern, Routern, Gateways und vielen anderen technischen Einrichtungen, die das Internet im Zusammenspiel realisieren. Wir benutzen dabei Software, die jene technischen Einrichtungen steuern. Das Internet und seine Nutzung ließe sich sicher so beschreiben, dass nur von solchen Entitäten die Rede wäre – Menschen träten dabei »nur« als Benutzer auf, die auf den gewaltigen Informationspool des Internet zugreifen. Doch dieses Bild würde in jeder Hinsicht unvollständig sein, selbst aus einer rein technischen Perspektive. Denn nicht ein Benutzer verwendet das Internet, sondern Millionen gleichzeitig. Sie verwenden es dabei nicht so wie bspw. das Fernsehen, sondern gerade im Hinblick auf die Existenz anderer Benutzer. Das Internet ist ja nicht nur Informations-, sondern auch und vielleicht sogar in erster Linie Kommunikationstechnik. Und selbst wenn wir das Internet als Informationsmittel verwenden, so entstehen jene Informationen nicht einfach aus dem Nichts; vielmehr werden diese von anderen Menschen erzeugt und im Internet zur Verfügung gestellt. Dabei sind die Intentionen der Menschen, die dies tun, sehr verschieden: es gibt kommerzielle Interessen, der Wunsch nach Selbstdarstellung, wissenschaftliche Beweggründe, Unterhaltung, vielleicht religiöse oder andere weltanschauliche Motive; die Zahl der Gründe, Informationen im Internet zur Verfügung zu stellen, ist sicherlich äußerst groß. Genau dasselbe gilt für die Motive der Benutzer solcher Angebote. Wie so oft in anderen Lebensbereichen muss jedoch das Motiv eines »Senders« – also eines Menschen, der Inhalte zur Verfügung stellt – nicht unbedingt mit jenem des »Empfängers« – also jener Person, die Informationen abfragt – übereinstimmen. Im Gegenteil, die Interessen kollidieren häufig: am besten lässt sich dies zur Zeit an der Diskussion um die Distribution von Musik im Internet erkennen. Rechteinhaber wie die Musikkonzerne und die Künstler können kaum ein gesteigertes Interesse daran haben, dass ihre Produkte so verteilt werden, dass sie daraus keinen Gewinn mehr ziehen können. Wir haben es hier also mit der Kollision von Rechten verschiedener Personen zu tun. Es wäre außerdem kein großes Problem, andere Beispiele der Internetnutzung zu finden, die stärker das Problem der gerechten Güterverteilung beinhalten. Damit stehen Fragen zur Diskussion, die klassische

Probleme der Politischen Philosophie darstellen: Wie können die Rechte und Ansprüche einzelner Personen gegeneinander und die Ansprüche und Rechte einzelner Personen gegenüber Gruppen, Institutionen oder der Gesellschaft gewahrt und mit den Ansprüchen und Rechten jener anderen ausgeglichen werden? Im Folgenden soll diese Frage aus der Perspektive liberaler Ansätze untersucht werden; dabei werden vor allem zwei Ausprägungen in den Blick kommen: die neuere liberale Position, wie sie bspw. von John Rawls vertreten wird, und der so genannte libertäre Ansatz, wie er bspw. von Robert Nozick in Reaktion auf John Rawls' »Theorie der Gerechtigkeit« vorgestellt wurde und eher mit den klassischen liberalen Positionen von Ludwig von Mises oder Friedrich A. Hayek (vgl. Kersting 1997, 215) übereinstimmt. Es geht dabei nicht so sehr darum, eine Exegese dieser verschiedenen Positionen zu betreiben, sondern eher darum, sie für informationsethische Reflexionen fruchtbar zu machen; dafür wird es in erster Linie wichtig sein, den Kern der jeweiligen Position offen zu legen. Im Folgenden kann dies nur skizzenhaft geschehen; im Wesentlichen sind die nächsten Bemerkungen als Hinweise zu verstehen, wie eine Informationsethik als Politische Philosophie zu denken wäre und welche Aufgaben dabei noch zu lösen sind.

Liberalismus

Die meisten, wenn nicht gar alle westlichen Staaten, bezeichnen sich in irgendeiner Weise als »liberal«. Ausgedrückt werden soll damit, dass in jenen Staaten Bürger (Freiheits-)Rechte besitzen, die nicht zu Gunsten eines wie auch immer verstandenen Gemeinwohls geopfert werden dürfen. Rawls schreibt dazu gleich auf der ersten Seite des ersten Kapitels seiner »Theorie der Gerechtigkeit« (1998, 19):

»Jeder Mensch besitzt eine aus der Gerechtigkeit entspringende Unverletzlichkeit, die auch im Namen des Wohles der ganzen Gesellschaft nicht aufgehoben werden kann. Daher läßt es die Gerechtigkeit nicht zu, daß der Verlust der Freiheit bei einigen durch ein größeres Wohl für andere wettgemacht wird. Sie gestattet nicht, daß Opfer, die einigen wenigen auferlegt werden, durch den größeren Vorteil vieler anderer aufgewogen werden. Daher gelten in einer gerechten Gesellschaft gleiche Bürgerrechte für alle als ausgemacht; die auf Gerechtigkeit beruhenden Rechte sind kein Gegenstand politischer Verhandlungen oder sozialer Interessenabwägungen.«

Rawls' Auffassung einer gerechten Gesellschaft schließt also utilitaristische Kalküle von vornherein und grundsätzlich aus; Handlungen werden nicht durch ihre Folgen gerechtfertigt, sondern Handlungen sind dadurch moralisch gut oder schlecht, dass sie die Rechte der betroffenen Personen wahren oder schädigen. Dies liefert die Möglichkeit, Handlungen *vor* und *unabhängig von* ihrer Durchführung zu bewerten. Gerade dies ist für eine Adaption von Konzepten der Politischen Philosophie für eine informationsethische Grundlegung von großem Wert: wenn der Einsatz bestimmter Techniken oder die Inkraftsetzung neuer Regelungen schon ungeachtet der Folgen die Rechte der Betroffenen in Frage stellten, dann wäre solch ein Technikeinsatz oder entsprechende Regelungen moralisch ungerecht und deshalb abzulehnen,

selbst wenn die Folgen für ein wie auch immer definiertes Gemeinwohl positiv wären.[6] Der Vorteil läge darin, dass wir nicht erst abwarten müssten, wie sich die Dinge
entwickeln – schließlich sind Folgen schwer zu prognostizieren, sondern wir könnten
bereits präventiv handeln.

Genauso wichtig ist, dass der Liberalismus den Mitgliedern einer Gemeinschaft
oder Bürgern einer Gesellschaft die Chance offen hält, selbst Lebensziele und -pläne
zu entwickeln und dann zu verfolgen. Jede Gesellschaft muss den einzelnen Personen
dazu größtmöglichsten Freiraum bieten. Dies gilt sowohl für Güter wie für Rechte
und wird von Rawls im so genannten Gleichheitsprinzip formuliert (1998, 81):

- (1) Jedermann soll gleiches Recht auf das umfangreichste System gleicher
  Grundfreiheiten haben, das mit dem gleichen System für alle anderen ver-
  einbar ist. Rechte kommen allen Bürgern einer Gesellschaft zu und diese
  sollen so umfangreich sein, wie dies nur möglich ist. Eine Einschränkung
  der Rechte einzelner Personen kann nur dadurch gerechtfertigt werden,
  dass die Rechte zweier oder mehrerer Personen kollidieren, wenn sie nicht
  limitiert werden. Dabei kann es sich um jeweils das gleiche Recht handeln,
  aber auch um verschiedene Rechte. Ein Beispiel für den letzteren Fall aus
  der Sphäre informationsethischer Probleme ist die Kollision des Rechts auf
  freien und ungehinderten Informationszugang auf der einen und Privacy-
  und Besitzrechte wie Urheber- oder Copyright-Rechte auf der anderen Seite. Wenn es aber zu Kollisionen von Rechten kommen kann, dann ist zu
  erwarten, dass aufgrund verschiedenster Ursachen die Personen in einer
  Gesellschaft unter anderem auch dadurch ausgezeichnet sind, dass sie sich
  ökonomisch und sozial unterscheiden. Gründe dafür können bspw. unterschiedliche Begabungen, die unterschiedliche Nachfrage nach vorhandenen
  Fähigkeiten u. ä. sein. Solche Unterschiede können jedoch sehr starken
  Einfluss darauf nehmen, wie die betroffenen Personen ihr Leben führen
  können; bei geringer ökonomischer Ausstattung sind Lebensentwürfe, die
  auf einem höheren Wohlstand aufbauen, nicht zu verwirklichen. Dabei
  muss es nicht einmal um rein hedonistische Ziele gehen; bspw. wird auch
  die Wahl der Bildungswege sehr stark durch die Verfügbarkeit von ökonomischen Ressourcen bestimmt. Um hier zu verhindern, dass Menschen
  durch Umstände, die sie selbst nicht zu verantworten haben, in ihrer Le-

---

6   Eine wesentliche Stärke bspw. der aktuellen Diskussion um den Einsatz der Stammzellenthera-
    pie in der Medizin ist, dass zumindest in Europa der Fokus der Argumente auf die Rechte der
    Betroffenen und nicht so sehr auf irgendwelche Folgen für die Gesellschaft gerichtet wird. Si-
    cherlich werden auch diese in Anschlag gebracht, vor allem von Personen oder Institutionen,
    die stark teleologisch ausgerichtet sind – vor allem also religiöse Vereinigungen. Doch auch die-
    se Personen oder Institutionen können sich nicht der Frage entziehen, wessen Rechte gewahrt
    oder verletzt werden, wenn bspw. Embryonen zur Gewinnung von embryonalen Stammzellen
    verbraucht werden.

bensentfaltung eingeschränkt werden, fordert Rawls eine Umverteilung von Gütern, die er im so genannten Differenzprinzip formuliert (1998, 81):
- (2) Soziale und wirtschaftliche Ungleichheiten sind so zu gestalten, dass (a) vernünftigerweise zu erwarten ist, dass sie zu jedermanns Vorteil dienen, und (b) sie mit Positionen und Ämtern verbunden sind, die jedem offen stehen. Nur solche sozialen und ökonomischen Ungleichheiten sind zu akzeptieren, die allen Mitgliedern einer Gesellschaft – und insbesondere den schon am Schlechtgestelltesten – zu Gute kommen. Außerdem muss jede Person im Prinzip in der Lage sein, solche Positionen durch eigene Anstrengung zu erreichen. Nicht in dieser Formulierung enthalten, aber grundsätzlich aus liberaler Perspektive gefordert wird, dass ökonomische und soziale Unterschiede dann ausgeglichen werden, wenn sie auf nicht selbst verschuldeten Ursachen beruhen; jedoch sollen nicht jene Unterschiede ausgeglichen werden, die durch die eigenen Entscheidungen der jeweils betroffenen Personen entstehen. Beispiele für solche Umverteilungen im informationsethischen Problembereich sind nicht so einfach zu finden; allerdings soll weiter unten dargestellt werden, dass man das Unterschiedsprinzip auch in Bezug auf Rechte interpretieren kann und hier sehr viele Beispiele gefunden werden können, wie unterschiedliche Informationszugriffsrechte aus liberaler Sicht gerechtfertigt werden können.

Bei liberalen Positionen muss unterschieden werden, welche Bezugsgröße gewählt wird, um Gerechtigkeit herzustellen. Man kann nämlich versuchen, Verteilungsgerechtigkeit im Vergleich jeder Person mit jeder anderen herzustellen oder aber Regeln in Kraft zu setzen, die Institutionen erlauben, dies bezüglich Schichten, Klassen oder sozialen Gruppierungen zu erreichen (vgl. Kersting 1997, 217ff.). Mit dem ersten Ansatz sind zwei wesentliche Schwierigkeiten verbunden, die ihn praktisch wohl untauglich machen (vgl. Kersting 1997, 222ff.), denn 1) müsste jene Agentur, die distributive Gerechtigkeit herstellen soll, allwissend sein, was faktisch unmöglich sowie moralisch und politisch höchst fragwürdig ist; 2) könnte jede Person aus subjektiver Perspektive ein Veto gegen eine gefundene Verteilung einlegen, was ein Gemeinwesen kollabieren ließe. Rawls verwendet den zweiten Ansatz der institutionalistischen Theorie der sozialen Gerechtigkeit und nicht jene mit großen Problemen behaftete präferenzindividualistische Position, wie sie viele Liberale im Anschluss an und in Auseinandersetzung mit Rawls nutzen. Damit vermeidet Rawls »die Anmaßung von Wissen« (Hayek 1996, vor allem 16ff.; 181ff.; 193ff.) mit all ihren fatalen Folgen.

4.2 Libertarismus

Der Libertarismus, so wie ihn Robert Nozick vertritt, steht in der Tradition des klassischen Liberalismus, wie ihn im 20. Jahrhundert z.B. Ludwig von Mises oder Friedrich A. Hayek vertraten. In den USA werden die Vertreter dieser Strömung »libertarians« genannt; im Deutschen wäre eine passende Bezeichnung vielleicht »neoliberal« –

allerdings liegt in der deutschen Bezeichnung die Betonung auf die Akzeptanz des neoklassischen Modells der Ökonomie, die angelsächsische Bezeichnung »libertarians« setzt hier eher gesellschaftliche Akzentuierungen. Bei vielen Menschen würde gerade jene Bezeichnung abwehrende Reflexe auslösen, wie an den Antiglobalisierungsbewegungen erkennbar ist; steht doch »neoliberal« oft stellvertretend für »multinationale Konzerne«, »Ausbeutung der Entwicklungsländer«, »Abbau von Sozialleistungen«, »Rationalisierung und Massenentlassungen«, »negative Folgen der Globalisierung«, »Ohnmacht der nationalstaatlichen Regierungen«.

Aus einer eher theoretischen Perspektive gesehen vertritt der Libertarismus viele Positionen, die auch von Liberalen eingenommen werden. So wird vehement abgelehnt, dass die Rechte einzelner Menschen zum Wohle eines wie auch immer zu definierenden Gemeinwohls geopfert werden dürften (vgl. Nozick 1974, IX); Liberale wie Libertäre lehnen utilitaristische Kalküle rundweg ab. Für sie sind einige Rechte nicht verhandelbar; zwar ist damit nicht garantiert, dass sie nie verletzt werden, aber es ist damit gesichert, dass eine Handlung, die Rechte von Personen verletzt, moralisch schlecht ist und als solche entweder verhindert oder aber zumindest bestraft werden müsste. Ein wichtiges Beispiel eines solchen Rechts ist jenes auf freie und ungehinderte Meinungsäußerung, wie es in der US-amerikanischen Verfassung bzw. in der *Bill of Rights* im ersten Verfassungszusatz *(First Amendment)* festgehalten ist:

»Congress shall make no law respecting an establishment of religion, or prohibiting the free exercise thereof; or abridging the freedom of speech, or of the press; or the right of the people peaceably to assemble, and to petition the government for a redress of grievances.«

Dieses Recht der Menschen eines Gemeinwesens darf nicht zu Gunsten des Gemeinwohls verletzt werden. Ohne Zweifel können Rechte trotz ihrer Kodifizierung verletzt werden; doch hat die betroffene Person dann das Recht, sich gegen eine solche Verletzung zur Wehr zu setzen (vgl. Nozick 1997, 10ff.; 26ff.; 90ff.). Die Aufgabe des Staates ist nun nach libertärer Auffassung, solche Rechte zu schützen; darüber hinaus aber soll der Staat keine Befugnisse haben. Insbesondere lehnen Libertäre jede Form der Umverteilung von Gütern, die nicht dem Schutz von Rechten dient, vehement ab. Hierin liegt der wesentliche Unterschied zu liberalen Positionen: diese gehen davon aus, dass die Gerechtigkeit gebietet, unverschuldete Unterschiede der ökonomischen und sozialen Situation der Menschen einer Gesellschaft auszugleichen. Libertäre hingegen sind der Auffassung, dass dies moralisch nicht gerechtfertigt ist, weil jene, denen Güter zur Umverteilung entzogen werden, als bloßes Mittel und nicht mehr als Zweck gesehen werden, d.h., die libertäre Ansicht verwendet hier eine kantische Argumentationsstruktur.

Zwar wollen Libertäre einen Nachtwächterstaat, der nur für Sicherheit sorgt; doch soll dieser Minimalstaat, wie ihn Nozick nennt, sehr wohl ein starker Staat sein. D.h., er muss in allen Fällen in der Lage sein, für den Schutz der Rechte der Bürger eines Gemeinwesens zu sorgen; er muss in jeder Hinsicht fähig sein, sein Gewaltmonopol auch durchzusetzen. Der Staat sorgt dafür, dass die Bürger frei und uneingeschränkt ihre Lebensentwürfe realisieren können, solange dies eben nicht mit den Rechten anderer kollidiert. Jede andere Aufgabe ist für den Staat ausgeschlossen, da nach libertärer Auffassung moralisch nicht legitimiert. Die Interaktionen zwischen Personen werden als Tauschprozesse angesehen, aus denen sich der Staat – solange sich die beteiligten Personen in ihren Rechten nicht angegriffen fühlen – völlig heraushalten muss. Besteuerung oder Umverteilung zu sozialen Zwecken lehnen Libertäre ab. Der wesentliche Unterschied zwischen Liberalen und Libertären ist jedoch, dass für erstere Gerechtigkeit Verteilungsgerechtigkeit bedeutet, für letztere hingegen ist jedoch Güterverteilung gerecht, die durch gerechte Tauschprozesse zustande kam. Damit wird die Frage nach Gerechtigkeit auf einen Anfangszustand verwiesen; wenn die Aneignung von Gütern so ablief, dass dabei niemand schlechter gestellt wird als vor der Aneignung, so ist dies gerecht. Ein Beispiel: Zwei Personen A und B bearbeiten ein Stück Land, das niemand besitzt, für das also niemand exklusive Verfügungsrechte hat, und erwirtschaften jeweils eine bestimmte Menge an Gütern, von denen sie leben. Nimmt nun A das Land in Besitz, in dem B von der selbständigen Nutzung ausgeschlossen wird, aber als Angestellter bei A ebenso viel erwirtschaftet wie vorher, so ist dies aus libertärer Sicht gerecht. Alle folgenden Güterverteilungen, die nach den jeweils geltenden Regeln zustande kamen, sind wiederum gerecht (vgl. Kymlicka 1997, 112ff.; Nozick 1974, 160ff.).

Nozick lehnt sich hier an die Position John Lockes in dessen »Second Treatise of Government« an. Nach Locke (1977, Zweite Abhandlung, §25ff.) sind im Naturzustand alle Güter Gemeingüter; Ausnahme macht nur die Arbeit. Diese und alle Güter, die aus der je eigenen Arbeit entspringen, sind Eigentum des Arbeitenden. Jede Person hat das Recht, soviel von den Gemeingütern in Besitz zu nehmen, wie diese Person unmittelbar zur Erhaltung des eigenen Lebens benötigt; in diesem Zustand ist die Anhäufung von Gütern, die mit der Zeit verderben können, moralisch verwerflich, da auf diese Weise den anderen Menschen etwas entzogen wird, das sie für die Existenzerhaltung benötigen oder gebrauchen könnten. Allerdings wurde durch die Übereinkunft der Menschen, bestimmten Gegenständen oder kleinen bunten Papierstückchen einen bestimmten allgemeingültigen Wert zuzumessen und damit Geld zu definieren, die Möglichkeit geschaffen, Güter ohne Gefahr des Verderbens zu sammeln. Da auf diese Weise keiner Person etwas entzogen wird, das unmittelbar zur Erhaltung des Lebens notwendig ist, sind für Locke hiermit auch keine moralischen Probleme verbunden. Die Begründungsstrategie Nozicks ist hier analog zu sehen, da er die Frage nach der Gerechtigkeit einer Güterverteilung an den Beginn der eigentlichen Aneignung delegiert. Auch er formuliert, dass alle Güter, die aus eigener Anstrengung entspringen, nicht besteuert oder anderweitig entzogen werden dürfen, da dies dem Recht auf Selbsteigentum, das sich auf alle selbst durch Arbeit geschaffenen Güter überträgt, widerspräche.

Das Selbstverständnis von Internetgruppierungen

Eine libertäre Position, die deutlich über Nozick hinausgeht, wird von John Perry Barlow in seiner »Unabhängigkeitserklärung des Cyberspace« (Barlow 1996; kritisch bspw. Horvath 1996) sehr pathetisch formuliert:

»Wir besitzen keine gewählte Regierung, und wir werden wohl auch nie eine bekommen – und so wende ich mich mit keiner größeren Autorität an Euch als der, mit der die Freiheit selber spricht. Ich erkläre den globalen sozialen Raum, den wir errichten, als gänzlich unabhängig von der Tyrannei, die Ihr über uns auszuüben anstrebt. Ihr habt hier kein moralisches Recht zu regieren noch besitzt Ihr Methoden, es zu erzwingen, die wir zu befürchten hätten.

Regierungen leiten ihre gerechte Macht von der Zustimmung der Regierten ab. Unsere habt Ihr nicht erbeten, geschweige denn erhalten. Wir haben Euch nicht eingeladen. Ihr kennt weder uns noch unsere Welt. Der Cyberspace liegt nicht innerhalb Eurer Hoheitsgebiete. Glaubt nicht, Ihr könntet ihn gestalten, als wäre er ein öffentliches Projekt. Ihr könnt es nicht. Der Cyberspace ist ein natürliches Gebilde und wächst durch unsere kollektiven Handlungen.«

Obwohl Barlow sicher zu einer Form von Extremisten des Internet gehört, klingen viele andere Äußerungen aus dem libertären Lager allenfalls konzilianter; die Ansichten sind jedoch ähnlich oder gleich. Die Utopie, die mit dem zitierten Teil aus der »Unabhängigkeitserklärung des Cyberspace« skizziert wird, lehnt sich recht deutlich an den dritten Teil von Nozicks »Anarchy, State, and Utopia« an. Schon aus diesem eher empirisch zu nennenden Grund ist es sinnvoll, sich im Rahmen der Informationsethik mit Politischer Philosophie auseinander zu setzen.

Eine weitere stark ideologisch aufgeladene Gruppierung im Internet ist die *Free Software Foundation* und die *Open Source*-Gemeinde (im Folgenden werde ich immer nur von *Open Source* sprechen; dies ist zwar in einigen Punkten falsch, aber für die hier gemachten Bemerkungen von nicht so großer Bedeutung). Die Ideologie freier Software kann sowohl aus liberaler als auch und vor allem aus libertärer Perspektive rekonstruiert werden. Liest man bspw. Pekka Himanens Buch »The Hacker Ethic and the Spirit of Information Age« (2001), so wird dort sehr deutlich formuliert, dass Hacker – jene Leute also, die *Open Source*-Software produzieren – dies in erster Linie aus eigenem Antrieb und vor allem zur Gewinnung eigener Lust im hedonistischen Sinn tun: sie produzieren Software, um zu sehen, ob sie ein gegebenes Problem lösen können; um dabei Spaß zu haben; um in einer bestimmten Gruppe von Menschen Ansehen zu gewinnen. Sie stellen diese Produkte dann allen Menschen, die sie nutzen wollen, kostenlos zur Verfügung. Hacker gewinnen ihren Nutzen daraus, dass ihnen die Beschäftigung mit der Programmierung von Software Lust bereitet; nur dies ist intendiert, alles andere sind Nebenfolgen.

Informationen als Güter

Möchte man die Diskussion über die Gestaltung der Nutzung von IuK-Technologie auf Basis der Politischen Philosophie führen, so muss zunächst geklärt werden, wie Informationen sinnvoll als Güter betrachtet werden können. Denn ein großer Teil der Debatte um Gerechtigkeit im Rahmen der Politischen Philosophie handelt von der Frage, wie dafür gesorgt werden kann, dass knappe Güter so verteilt werden, dass einerseits Freiheiten und Rechte nicht beschnitten werden, aber andererseits ökonomische Konflikte gerecht gelöst werden. Durch den Aufstieg der New Economy wurde deutlich, dass Informationen ein wichtiges Gut darstellen und dass die Frage ihres Wertes im neoklassischen Modell der Ökonomie bisher unterschätzt wurde

(Richter, Furubotn 1999, 8ff.). Dies schlägt auch durch auf die zeitgenössische Politische Philosophie, die sich wesentlich – ob kritisch oder affirmativ – mit dem neoklassischen Modell auseinandergesetzt hat.

Die Notwendigkeit der Redistribution von Informationen – der öffentlichrechtliche Rundfunk, das gebührenfreie Bildungswesen in der Bundesrepublik Deutschland oder öffentliche Bibliotheken sind existierende Beispiele, öffentliche Zugänge zum Internet ein möglicherweise noch zu realisierendes – könnte man nun so begründen, dass diese lebensnotwendige Güter darstellen, die im Sinne Lockes bei bloßer Hortung und nicht unmittelbarer Verwendung »verderben« bzw. ihren Gebrauchswert verlieren. Würde also jemand Informationen in Besitz nehmen und somit anderen die Nutzung verwehren, ohne dabei selbst Gebrauch von ihnen machen zu können, würde er sich nach Locke moralisch verwerflich verhalten. Liberale wie Rawls können dies nun als Argument dafür heranziehen, dass eine Informationsverteilung solcher Art ungerecht wäre, da sie zum einen dem Gleichheitsprinzip widerspräche, zum anderen aber vor allem nicht zum Vorteil aller Personen eines Gemeinwesens diente, also dem Differenzprinzip zuwiderliefe. Eine ungerechte Verteilung kann bzw. muss aber durch Redistribution der entsprechenden Güter an die Benachteiligten eines Gemeinwesens korrigiert werden. Dem wäre nur dadurch zu widersprechen, dass nachgewiesen werden könnte, dass die ungleiche Informationsverteilung gerade durch das Differenzprinzip gedeckt wäre; dies wäre bspw. bei Institutionen wie Kranken- oder Rentenversicherungen der Fall, die einen Informationsüberhang besitzen, der bewusst anderen vorenthalten wird, um die Versicherten in ihren Persönlichkeitsrechten zu schützen.

Schaut man sich die oben in Teilen zitierte »Unabhängigkeitserklärung des Cyberspace« genauer an, liegt eine Interpretation der Informationen im Internet als Gemeingüter nahe:

»Eure in steigendem Maße obsolet werdenden Informationsindustrien möchten sich selbst am Leben erhalten, indem sie – in Amerika und anderswo – Gesetze vorschlagen, die noch die Rede selbst als Besitz definieren. Diese Gesetze würden Ideen als nur ein weiteres industrielles Produkt erklären, nicht ehrenvoller als Rohmetall. In unserer Welt darf alles, was der menschliche Geist erschafft, kostenfrei unendlich reproduziert und distribuiert werden. Die globale Übermittlung von Gedanken ist nicht länger auf Eure Fabriken angewiesen.«

Allerdings geht diese Auffassung noch weiter als jene Lockes. Zwar formuliert auch er (1977, Zweite Abhandlung, §48), dass in einer Gesellschaft ohne Geld kein Privatbesitz jenseits des täglichen Bedarfs notwendig wäre noch sich entwickeln würde. Doch benutzt er dies nur, um zu zeigen, dass gerade Geld die Anhäufung von Gütern ohne moralische Probleme ermöglicht. Die radikale Variante, alle Güter zu Gemeingütern zu erklären, die von allen Personen gleichermaßen genutzt und nicht zu Privateigentum gemacht werden dürfen, findet sich bei ihm nicht. Denn ohne Aneignung einiger Güter wäre ein Überleben nicht möglich. Jene radikale Position ist ein Produkt einiger Internetenthusiasten, die allerdings eine Antwort auf die Frage schuldig bleiben, welches Anreizsystem sicherstellen könnte, dass wertvolle und nutzbare Informationen überhaupt erzeugt werden. Sie bleiben auch die Antwort auf die Frage schuldig, wie die notwendige materielle Basis für den freien Fluss der Informationen finanziert werden soll. Denn Informationen benötigen Träger und Infrastruktur: Rechner, Leitungen, Systemadministratoren.

Hinzu kommt, dass die Erfahrungen mit anderen Gemeingütern bzw. Kollektivgütern zeigt, dass diese oft missbraucht werden. Der Autor hat zusammen mit Sonja Haug im Sommer 2001 eine Online-Umfrage zum Thema des Musiktausches im Internet durchgeführt.[7] An diesem Thema lässt sich sehr gut das Problem der Interessenkollision erkennen, denn viele Konsumenten sahen und sehen wahrscheinlich immer noch keinerlei Gründe, warum das Tauschen von Musik im Internet Rechte der Musikindustrie oder der Musiker verletzen würde. Gleichzeitig klagen in der Bundesrepublik Deutschland sehr viele Universitäten und andere Bildungseinrichtungen darüber, dass ihre Netzwerkressourcen zu erheblichen Teilen nicht für Bildungs- bzw. wissenschaftliche Zwecke verwendet, sondern letztlich für die private Nutzung missbraucht werden (vgl. c't 2001). D.h., das öffentlich zur Verfügung gestellte Gut der Netzwerkressourcen – Bandbreite und Datenvolumen – wird von einigen Nutzern so missbraucht, dass Rechte und Ansprüche anderer Personen oder Institutionen dadurch negativ betroffen sind. Wir finden hierin ein gutes Beispiel für ein Allmendeproblem (siehe dazu Hardin 1968, Ostrom 1990, als Anwendung auf Umweltschutzfragen siehe Frey/Bohnet 1996). So scheint die Auffassung, Information als unerschöpfliches Gemeingut zu betrachten, mit mehr Fragen behaftet zu sein, als beantwortet werden können – allerdings entledigt man sich mit dieser Ansicht radikal des Problems, den Wert von Informationen in irgendeiner Weise angeben zu müssen.

Der Libertarismus befreit sich von diesem Bewertungsproblem auf andere Weise bzw. sieht darin gar kein Problem. Denn auf einem Markt werden Bewertungen von Gütern gleich welcher Art durch Angebot und Nachfrage ausgehandelt. Dabei müssen im Fall von Informationen nicht einmal auf die besonderen Eigenschaften von Informationen Rücksicht genommen werden. So werden bspw. neue Informationen stärker nachgefragt als alte und erzielen deshalb einen höheren Preis: die gestrige Zeitung ist eben nichts mehr wert – es sein denn für den Fischhändler auf dem Marktplatz. Diese Einfachheit des Allokationsmechanismus von Gütern macht die libertäre Position so attraktiv, denn er ist ohne Zweifel effektiv. Es wird keine Steuerungsagentur benötigt, sondern es entsteht spontan eine Ordnung. Es existiert eine Anreizstruktur zur Produktion von nachgefragten Gütern gleich welcher Art. Die Verteilung der Güter geschieht absichts-sensitiv (engl. *ambition-sensitive*) – eine wichtige Forderung auch aller liberalen Autoren (vgl. Kersting 1997, 230, Fußnote 13). Doch sie geschieht *nicht* ausstattungs-insensitiv (engl. *endowment-insensitive*) – genau dies führt zu schwerwiegenden Problemen im Umgang mit Informationen; von diesen sollen zum Schluss zwei Beispiele skizziert werden, die eng miteinander verbunden sind.

---

7 Vgl. http://www.phil.euv-frankfurt-o.de/extern/MP3-Umfrage/index.html (Zugriff: 18.12. 2001), dort finden sich auch Verweise auf Publikationen zu dieser Umfrage.

Bildung und *Digital Divide*

Bildung ist vor allem in hochindustrialisierten Ländern ein wichtiges, wenn nicht das wichtigste, Mittel zur Herstellung von Chancengleichheit und zur Verfolgung der je eigenen Lebenspläne. Bildungsprozesse setzen ganz wesentlich den Zugriff auf Informationen voraus – diese stellen also lebenspraktisch extrem wichtige Güter dar. Nun ist jedoch nicht nur in den USA, sondern auch in den Bundesrepublik Deutschland ein Trend dahingehend zu verzeichnen, dass der Zugriff auf Bildung bzw. auf Informationen für Bildung ökonomisiert wird. So wird bspw. im Bereich der wissenschaftlichen Fachzeitschriften von großen Verlagen diskutiert, Geschäftsmodelle durchzusetzen, die einem Pay-Per-View gleichkommen und die Forschungslandschaft völlig umkrempeln werden, falls sie erfolgreich sind (vgl. Riedlberger 2001). Bibliotheken, so an Universitäten, könnten die entstehenden Kosten wohl kaum tragen und müssten sie deshalb an ihre Benutzer, also an die Studierenden, weitergeben. In diesem Fall wäre Bildung aber sehr stark von den je eigenen ökonomischen Möglichkeiten beeinflusst; die Studierenden würden sich bspw. beim Verfassen einer Hausarbeit ständig überlegen müssen, ob sie es sich noch leisten können, weitere Literatur zu lesen und zu verwenden. Aus libertärer Sicht wäre die Organisation des Fachzeitschriftenmarkts auf diese Weise die einzig richtige; schließlich würden die Anbieter viel besser erkennen, wo Nachfrage besteht. Die Produktion wissenschaftlicher Erkenntnis gewänne so einen Richtungsgeber. Doch wäre der Zugriff auf Informationen zum Zwecke der Bildung eben nicht mehr ausstattungs-insensitiv; damit wäre die Idee der Chancengleichheit im Bildungswesen, die einen wesentlichen Baustein für die Akzeptanz einer Marktwirtschaft darstellt, verabschiedet. Sowohl aus ökonomischen als auch aus gesellschaftlichen Gründen ist es jedoch fraglich, ob eine solche Allokationsstrategie sinnvoll ist, denn erstens ist zu vermuten, dass auf diese Weise viele Talente nicht entdeckt würden, was einen ökonomischen Schadensfall darstellen würde; zweitens ist es fraglich, ob eine Gesellschaft, die bereits im Bereich der Bildung hohe Zugangsschwellen ohne Ausgleichmechanismen aufweist, stabil bleiben könnte. Hinzu kommt, dass niemand wissen kann, welche wissenschaftlichen Erkenntnisse für zukünftige Entwicklungen wichtig werden können – eine Steuerung bloß durch den Markt könnte also zu systematischer Kurzsichtigkeit führen.

Hier setzen Globalisierungskritiker an, die dem global entfesselten Marktmechanismen nicht zutrauen, die ökonomischen Ungleichheiten vor allem zwischen Nord und Süd auszugleichen. Noch stehen dabei in der Öffentlichkeit insbesondere die Zugangsmöglichkeiten zu den globalen Güter- und Finanzmärkten und die gewaltige Macht internationaler Konzerne sowie die Eingriffsmöglichkeiten bspw. der *World Trading Organization* (WTO) oder des *International Monetary Fund* (IMF) in die Politik von Entwicklungsländern – meist zugunsten der reichen Industriestaaten, so die Kritik – im Fokus des Protests. Mit dem Streit über Urheberrechte rund um TRIPS[8] *(Trade-Related Aspects of Intellectual Property Rights)* geraten allerdings auch Informations-

---

8   Siehe http://www.wto.org/english/tratop_e/trips_e/trips_e.htm (Zugriff: 18.12.2001).

und Wissensthemen zunehmend in das Blickfeld einer zum Teil kritischen Öffentlichkeit. Denn es ist ein Fehler zu glauben, dass bspw. das Internet – nur weil es im Prinzip global verfügbar wäre – wirtschaftlich zurückliegende Länder gleichsam automatisch zum Reichtum leiten könnte (vgl. Weber 2001). Wie jedoch der Ausgleich zwischen den Ansprüchen von Gemeinwesen, Regierungen, Gruppen, Unternehmen und Individuen über Grenzen hinweg so gestaltet werden kann, dass entsprechende Regelungen den skizzierten liberalen Intuitionen gerecht werden könnten, bleibt nicht nur im vorliegenden Text eine unbeantwortete Frage.

Fazit

Durch die Sichtweise auf Information als Gut oder gar als Grundgut kann an die umfangreiche und elaborierte Diskussion um die gerechte Verteilung von Gütern angeknüpft werden; die Wirkungen des Einsatzes von IuK-Technik können mit dem Vokabular der Politischen Philosophie hervorragend konzeptualisiert werden. Dadurch gewinnt sowohl der normative Teil der Auseinandersetzung mit informationsethischen Fragen als auch der explanatorische Bereich der Wirkungen von IuK-Technik auf Gesellschaft – allerdings hat dies im vorliegenden Text keine wichtige Rolle gespielt. In einer genaueren Untersuchung des hier skizzierten Ansatzes müsste einfließen, dass in der Ökonomie diskutiert wird, wie mit Informationen als handelbarem Gut umgegangen werden kann. Hier wird es notwendig sein, die Institutionen- und Transaktionskostenökonomie in die Betrachtung mit einzubeziehen, schon weil dort auch die Rede von Rechten noch weiter konzeptualisiert wird.

Die Rede von »Informationsethik« muss in einen Rahmen eingebettet werden, der weit über Fragen der Folgen des Technikeinsatzes oder der Formen der Netiquette hinausgeht. Es geht um die alten Fragen der Verteilung von Gütern; allerdings haben sich die Rahmenbedingungen so stark geändert, dass es falsch wäre, einfach die alten Regeln auf jene neuen Bedingungen anzuwenden und bloß nach »funktionalen Äquivalenten« (Spinner, Nagenborg, Weber 2001, 16) zu suchen: dies hieße, den Wandel der Gesellschaften (Castells 1996, 1ff) unter dem Einfluss der IuK-Technik völlig zu unterschätzen.

Diskursethik:
Kommunikationsmedien und Menschenrechtsdiskurs

Matthias Kettner

Eingangs sei thesenartig eine philosophisch gut begründete, diskursethische Auffassung des Sinns von Menschenrechten dargestellt.[1] Im zweiten Teil wird dann die im Titel angedeutete Problemstellung entwickelt.

Grundbegriffliches: Normen drücken Handlungsverbindlichkeiten aus. Handlungsverbindlichkeiten lassen sich bestimmter als Berechtigungen und Verpflichtungen beschreiben. Es lassen sich viele verschiedenartige Formen von Normativität kulturell ausdifferenzieren: moralische, rechtliche, ästhetische, religiöse Normativität etc. – *Moralnormen* sind diejenigen Normen, die innerhalb eines – mehr oder weniger großen – Kollektivs von Menschen für allgemeinverbindlich gehalten und ernstgenommen werden, unabhängig davon, ob sie z.B. im Rechtssystem zugleich auch als Rechtsnormen codiert sind. *Universalistische* Moralnormen sind Moralnormen, bei denen diejenigen, die sich zu ihnen bekennen, überzeugt sind, dass es gerechtfertigt ist, diese Normen im Namen aller Menschen allen Menschen vorzuschreiben. Was wir die modernen Menschenrechte nennen, sind solche universalistischen Moralnormen.

Moralische Ansprüche und juridische Grundrechte: Zu Menschenrechten eignen sich nur solche Moralnormen, die sich in die normativen Texturen positiver juridischer Rechte zumindest im Prinzip einschreiben lassen. Und wenn eine universalistische Moralnorm in eine bestimmte Menschenrechtsnorm transformiert wird, bedeutet das, dass die betreffende Moralnorm in alle legislativen Systeme Eingang finden *soll.* Denn mit Menschenrechtsnormen schreiben wir besonders solche Moralnormen, die sich in der kollektiven Erfahrung massiven Unrechts als besonders wichtig und besonders gefährdet herausgestellt haben, in die kausal stärksten normativen Texturen ein, die die Menschen bis heute sozial erfunden haben, nämlich in die normativen Texturen des Rechts.

---

1 Zur Diskursethik siehe Kettner, Matthias (1998): *Neue Perspektiven der Diskursethik.* In: Grunwald, Armin u.a. (Hg.): Ethik technischen Handelns. Praktische Relevanz und Legitimation. Heidelberg : Springer; sowie spezieller: Ders. (1997): Otfried Höffes transzendental-kontraktualistische Begründung der Menschenrechte. In: Kersting, Wolfgang (Hg.): Gerechtigkeit als Tausch? Auseinandersetzungen mit der politischen Philosophie Otfried Höffes. Frankfurt/M. : Suhrkamp, 243-283. Vgl. auch Apel, Karl-Otto (1997): Ethnoethik und universalistische Makroethik. Gegensatz oder Komplementarität? In: Lütterfelds, Wilhelm u.a. (Hg.): Eine Welt - Eine Moral? Darmstadt : Wissenschaftliche Buchgesellschaft, 60-76.

Person-Institution-Beziehung: Menschenrechtsnormen machen die einzelnen Menschen (= natürliche Personen) zu Trägern von Rechtsansprüchen, deren Adressaten aber nicht wieder unmittelbar die einzelnen Menschen sind, sondern Institutionen (auch: kollektive fiktionale Rechtspersonen), genauer: alle Institutionen, die für Permanenz, Modifikation oder Revision der Weltordnung ins Gewicht fallen. Das sind vor allem, aber keineswegs ausschließlich oder gar prinzipiell, die Staaten. Die Menschenrechte sind nicht nur eine moralische Institution; sie sind zugleich eine Moral der Institutionen.

Form: Die allgemeine Form von Menschenrechten besteht im Anspruch auf eine Weltordnung, in der alle Menschen in den Genuss aller besonderen, inhaltlich erst noch zu spezifizierenden Menschenrechte wirklich gelangen können. Daher stellt der Artikel 28 der »Allgemeinen Erklärung« von 1948 mit dem erklärten Anspruch aller Menschen auf eine Weltordnung, in der Menschenrechte verwirklicht wären, zugleich das ehrgeizigste Reformprojekt angewandter Ethik dar, das es gibt.

Grund: Für die argumentative Rechtfertigung des Anspruchs auf Allgemeinverbindlichkeit von Menschenrechten muss man sich auf eine geeignete Idee der Menschenwürde berufen können (vgl. Artikel 1 in der »Allgemeinen Erklärung«). Menschenwürde ist die Chiffre für einen selber nicht rechtsförmigen Grund, aus dem Menschenrechte überhaupt gesetzt sein sollen. Menschenrechte sollen positiviert werden können; Menschenwürde, der Grund, aus dem dies gesollt wird, bleibt hierbei vorausgesetzt, d.h. sie geht in jede dieser positiven Setzungen ein, doch in keiner auf. Diese Idee der Menschenwürde muss eine robuste, von kulturellen Differenzen ihrer Interpretation nicht relativierbare, allgemeine normative Grundlage sein – für alle konkreten, revidierbaren, situationsspezifisch auch variablen Deklarationen von besonderen Menschenrechten.

Inhalt: Der Prozess der Spezifikation und Reklamation von Inhalten für die allgemeine Form von Menschenrechten ist ein faktischer kollektiver politischer und moralischer Lernprozess. Er muss in seiner Prozessualität den ausweisbaren Normen eines vernünftigen argumentativen Diskurses über strittige Moralnormen wenigstens so weit entsprechen, dass für die je besonderen Konsense, die sich in der partikularen realen Kommunikations- und Argumentationsgemeinschaft, von der solche Inhalte spezifiziert und proklamiert werden (z.B. die UNO), beansprucht werden darf, sie hätten für alle Menschen zu gelten.

Hierfür sind allgemeine Kommunikations- und Argumentationsrechte die wichtigsten Inhalte (vgl. Artikel 19 in der »Allgemeinen Erklärung«). Denn alle weiteren Inhalte setzen voraus, dass jeder Mensch, der das will, sich ein korrektes »Bild« davon machen kann, wie andere Menschen an anderen Orten und in anderen Situationen leben wollen oder leben müssen, und dass wir diese »Bilder« ubiquitär miteinander vergleichen und uns über sie verständigen können, auf eine Weise, die der Radikalität des Nachfragens keine künstlichen oder sonstigen Grenzen setzt, wie sie den Machthabenden gerade opportun dünken. Um solche »Bilder« ubiquitär miteinander vergleichen und uns über sie verständigen zu können, bedarf es keiner besonders anspruchsvollen, hochspezialisierten – und darum vielleicht kulturrelativen – Form von Rationalität. Es genügt vielmehr diejenige Vernunft, die man braucht, um in Dialoge eintreten und Gründe geben und bewerten zu können: die Vernunft des Argumentierens. Jeder hat normalerweise genug in sich von dieser Vernunft, um mit jedem anderen, der dies möchte, in einen Dialog, in eine Argumentation, in einen argumentativen Diskurs eintreten zu können, jedenfalls sofern es um Problemsituationen geht, in denen sich die betreffenden Personen begreifen können. Alle Sprachen lassen sich ineinander übersetzen. Auch alle Argumente.

Aber bilden nicht die Garantien der Integrität von Leib und Leben unter allen möglichen Menschrechtsinhalten die wichtigsten? Existenziell sicherlich, und das lässt sich in philosophischen Begründungsgedanken auch beweisen (vgl. Gewirth 1996). Aber genau die existenzielle Erfahrung ihrer Wichtigkeit (aus den Katastrophenerfahrungen ihrer massiven Verletzung) ist auf verallgemeinernde Weise aufweisbar, interkulturell übersetzbar, argumentativ einholbar, wenn die Gültigkeit dieser (Negativ-)Erfahrung in Frage gestellt werden sollte.

Menschenrechtskommunikation – die Problemstellung

Stehen die für die Konstruktion des Begriffs eines Menschenrechts nötigen normativen Überzeugungen, insbesondere Ideen einer allen Menschen *als* Menschen zukommenden Würde, nicht allen Kulturen dieser Welt zu Verfügung? Es kommt hier nicht darauf an, ob solche Überzeugungen überall inhaltlich gleich sind. Das sind sie sicher nicht. Es kommt vielmehr darauf an, ob sich aus den zugrundeliegenden Intuitionen, so unterschiedlich die Überzeugungen zunächst ausfallen mögen, Auffassungen von Menschenwürde und Menschenrechten auf argumentativ-diskursive Weise konstruieren lassen, so dass alle, die es betrifft, diese nicht nur wechselseitig nachvollziehen, d.h. verstehen, sondern auch *akzeptieren* können, ohne ihre (eigenen) Rationalitätsnormen, ihre (eigenen) Moralnormen, ihre (eigenen) Identitätsnormen zu verletzen.

Dieser Konstruktionsprozess kann im Format philosophischer Begründungsgedanken zwar schon *theoretisch* vorwegnehmend und schematisch erfolgen, muss sich durch die globalisierten Informations- und Kommunikationsmedien hindurch in den Selbstverständnissen möglichst vieler Menschen aber auch *praktisch* entfalten und durch Erfahrung modifizieren, wenn sich das Moment wechselseitiger Anerkennung aus Differenz, dessen Notwendigkeit man theoretisch einsehen kann, in der Weltgemeinschaft auch praktisch folgenreich (»wirklich«) entwickeln können soll.
An philosophische Bemühungen (oder meinetwegen auch innertheologischen Unternehmungen wie dem von Hans Küng in Gang gebrachten »Projekt Weltethos«) kann man die Antwort also nicht delegieren. Wollte man aber, obwohl die Antwort auch unbestreitbar eine theoretische Seite hat, ganz auf philosophische Begründungsarbeit verzichten, so degenerierte die transnationale Parteinahme für »unsere Menschenrechtskultur« (z.B. in Solidarität mit chinesischen Dissidenten gegen die chinesischen Staatsrepräsentanten) ins Missionarische einer bloßen Glaubensgewissheit, z.B. bei Richard Rorty in amerikanische Heilsgewissheit plus wohlmeinendem Mitgefühl (vgl. Rorty 1996, Rorty 1998). Ob sich die Geltungsansprüche, die man mit dieser Glaubensgewissheit ja weiterhin verbinden will, durch irgendetwas für einen rechtfertigen

– und zwar so, dass man versuchen kann, ohne Rechthaberei die eigenen Geltungsansprüche genauso gegenüber anders kulturierten Menschen, auf die sie sich auch erstrecken, zu rechtfertigen –, auf diese für Selbstkritik aus der Erfahrung des Anderen maßgebliche Frage bleibt dann bloß noch der naive Bescheid, dass man das Glück hatte, in einem Land »unserer Menschenrechtskultur« sozialisiert worden zu sein.

Jener Konstruktionsprozess, die Verschränkung zwischen theoretischer, intellektueller Antizipation und praktischer, hermeneutischer Applikation von *normativ universalistischen Selbstdeutungen*, darf ihre ›Globalisierung‹ genannt werden. Die Notwendigkeit dieser Verschränkung für die Globalisierung normativ universalistischer Selbstdeutungen – wie es die Menschenrechte sind – ist in der Philosophie seit langem bedacht, z.B. schon bei Hegel, für den unsere vernünftigen normativen Selbstdeutungsmuster (»Geist«) immer nur das *sind, als* was wir uns *anerkennen*, wobei dieses Anerkennen eine geschichtliche, widerständige, praktische und politische Seite hat, die sich von keiner Theorie überspringen bzw. intellektualisieren lässt.

Allgemeine Kommunikations- und Argumentationsrechte sind unter den Menschenrechtsgarantien der sinngemäß wichtigste Inhalt dafür, dass die diskursive Macht, die den historisch realen Lernprozess der Globalisierung einer »Menschenrechtskultur« rationalisiert, diesen Prozess nicht lediglich »rationalisiert« (wie der Wahnkranke seinen Wahn), sondern in emphatischem Sinne rationalisiert (d.h. vernünftiger macht), nämlich zu einem Medium macht, in dem sich die Milliarden individueller Knotenpunkte im weltweiten Netz unserer Erfahrungswirklichkeit Grund geben können, sich gegenseitig zu modifizieren. Denn – wie schon gesagt – alle weiteren, bestimmteren Inhalte der Menschenrechtstextur setzen allemal voraus, dass jeder Mensch, der das will, sich ein korrektes »Bild« davon machen kann, wie andere Menschen an anderen Orten und Zeiten und in anderen Situationen leben wollen oder leben müssen, und dass wir diese »Bilder« ubiquitär miteinander vergleichen und uns frei von heteronom auferlegten Grenzen über das verständigen können, was als ihr Bedeutungsgehalt soll gelten dürfen. An Vernunftvorleistungen genügt hierzu die allgemeine Menschenvernunft des Argumentierenkönnens.

Die letzte Bemerkung betrifft freilich gleichsam nur die geistige Software. Die Hardware (um in diesem Vergleich zu bleiben) wird wieder von dem in der aktuellen Weltordnung so und so weit entwickelten, differenziell verteilten Medienoperationen zur Verfügung gestellt. So hängt gerade die Spezifizierung und Modifizierung aller besonderen Inhalte in der Form der Menschenrechte (und nicht nur die noch undifferenzierte Anerkennung einer allgemeinmenschlichen Würde, des Grunds dieser Form) von der *Weltinformationsordnung* in der Weltordnung ab.[2]

Ich habe »Bilder« in Anführungszeichen gesetzt, um ein Problem zu markieren: Die Gießener Politikwissenschaftlerin Sigrid Baringhorst hat in einer empirischen Untersuchung gezeigt, wie kognitive und ästhetische Gewohnheiten – man könnte auch sagen: Zwänge –, die in dem einzigen wirklich globalisierten Massenmedium,

---

2 Zum tatsächlichen Stand der Weltinformationsordnung und der politischen Debatte über ihre erwünschte Gestaltung siehe Golding/Harris (1997).

der Television, vorgebildet und in Form aufeinander eingespielter Produktions- und Rezeptionsformen verbreitet werden, die Kampagnenarbeit von Nichtregierungsorganisationen (NROs) bestimmen und einschränken, besonders solcher NROs, die sich, wenn man ihre Arbeit bestimmten Menschenrechtsgarantien zuordnen will, auf das Menschenrecht auf *Entwicklung* spezialisiert haben.[3] Fragt man nach dem analytischen und politischen Gehalt der Kampagnen der Entwicklungs-NROs, so zeigt sich, dass hier

»mehrheitlich mit pauschalen moralischen Schuldzuweisungen an die Adressaten der Aufrufe operiert wird. Die Katastrophenästhetik löst Betroffenheit und moralische Empörung aus, erreicht jedoch selten politisch-kritische Dimensionen. In der Problematisierung der dargestellten Katastrophen gibt es, abweichend vom klassischen Muster der Tragödie, nur Opfer, aber keine Täter. Da differenzierte Ursachenanalysen, die einem reichen Spendenappell mitunter abträglich sein könnten, fehlen, endet die vorgegebene Wertung im vor-politischen Raum: skandalisiert wird ganz allgemein das Wohlstandsgefälle zwischen Nord und Süd, die Gewalt, der Hunger, der Krieg an sich« (Baringhorst 1998, 187f).

Dokumente von Menschenrechtsverletzungen und menschenunwürdigen Lebensverhältnissen müssen *interpretiert* werden. Die drastische Unmittelbarkeit, mit der die szenische Information in Videodokumenten mit Reportagecharakter für sich selbst zu sprechen scheint (die Niederknüppelung Rodney Kings; die Blutbäder in Ruanda; die geschundene Zivilbevölkerung in Sarajewo ...), darf nicht darüber täuschen, dass soziale Verhältnisse (wie: falsche Entwicklungspolitik, totalitäre Regimes, aggressive Identitätspolitik), die Menschenrechtsverletzungen in großer Zahl »verursachen« (wie: Hungertod, Folter, Pogrome) meistens abstrakt, tendenziell nicht visualisierbar und deshalb immer *kommentarbedürftig* sind. Dieser Kommentarbedürftigkeit kommen aber die Programmformen, die im bislang einzigen wirklich globalisierten, massenkulturellen Medium vorherrschen, nicht entgegen. Medial abarbeiten lässt sich die Kommentarbedürftigkeit menschenrechtsrelevanter »Bilder« nur in schnellen Druckmedien (Zeitung) und computerbasierten Kommunikationsmedien (Internet), die aber (allem Wunschdenken einer kleinen Web-Gemeinde zum Trotz) strukturell elitär bleiben. Eine Aporie?

Was wäre eine aussichtsreiche Arbeitsteilung (oder sogar Synergie) zwischen verschiedenartigen Medien in puncto Menschenrechtskommunikation, und wie ließe sie sich herbeiführen? Das ist das Problem, von dem für die Menschenrechte in der »Informationsgesellschaft« Erhebliches abhängt.

---

3 Ihr Befund: »Die Kampagnenarbeit wird inszeniert nach einer schlichten Binärkodierung: Erfolgsberichterstattung und Heile-Welt-Bilder für die schon überzeugten Spender, Katastrophenästhetik in den massenmedial gestarteten Hilfskampagnen, in denen orientiert an den Filtern der Fernsehkommunikation die Aufmerksamkeit eines Massenpublikums auf einen neuen Fokus gerichtet werden soll.«

Kontextueller Liberalismus: Individuelle Freiheitsrechte als Grundlage einer Ethik des Internet

JESSICA HEESEN

Die Informations- und Medienethik ist ein Forschungszweig mit emanzipatorischem Anspruch. Normative Grundlage ihrer Praxis ist das Grundrecht auf freie Meinungs-äußerung und freie Informationsbeschaffung. Die Interpretation und Umsetzung dieser Grundrechte ist geleitet durch eine allgemeine Idee von Freiheit, die gemäß der unterschiedlichen Weltanschauungen variiert und auch in verschiedenen Medien-techniken und ihren Nutzungsweisen zum Ausdruck kommt. Der Rundfunk einer-seits und das Internet andererseits spiegeln ideologische Brüche im Kontext des Freiheitsverständnisses besonders deutlich wider. Der folgende Beitrag soll zeigen, welche Differenzen Rundfunk und Internet in Bezug auf den zugrundeliegenden Freiheitsbegriff und den daraus hervorgehenden Kommunikationszielen aufweisen. Es wird der These nachgegangen, dass die Informations- und Kommunikationstech-nik einem Verständnis entspricht, das Freiheit als Unabhängigkeit von allen Be-schränkungen in normativer und materieller Perspektive interpretiert, wogegen die Rundfunktechnik auf einen normgeprägten und kontextuell relativierten Autonomie-begriff zurückgeht. Es wird gezeigt, dass der negative Freiheitsbegriff vieler Netzakti-visten jedoch nur die Funktion einer regulativen Idee hat. Die Verfolgung dieser Idee hat das Ziel, das praktische Interesse der Internetnutzer an einer Selbststeuerung durch die individualisierte Massenkommunikation voranzubringen. Aus diesem Um-stand ergeben sich neue Anforderungen an einen demokratisch verantworteten Be-griff von Medienfreiheit, der in den interaktiven Medien individuell – statt wie bislang institutionell – verwirklicht werden soll. Eine Kritik der Gleichsetzung von Indivi-dualisierung und Freiheit in Bezug auf die Internetkommunikation verdeutlicht, dass Pluralität und Unabhängigkeit der Medien insgesamt nur dann gewahrt werden, wenn diese Werte nicht nur individuell, sondern auch durch allgemeine rechtliche Normen etabliert werden.

Staatlich organisierte Freiheit

Das Grundrecht auf freie Meinungsäußerung ist in der bundesdeutschen Verfassung auf zwei Wurzeln zurückzuführen: dem individuellen Freiheitsrecht und dem demo-kratischen Grundsatz als solchem. In der Freiheit der Medien artikulieren sich dem-nach das Prinzip der Menschenwürde als individuellem Freiheitsrecht und das kollektivrechtliche demokratische Prinzip. Nicht nur auf rechtlicher Ebene konfligieren individuelle und kollektive Rechtsansprüche in Bezug auf die Medien- und Meinungsäußerungsfreiheit, auch die Einlösung beider Ansprüche in Medienproduktion und -nutzung erweist sich als Herausforderung.

Das »Lebach-Urteil« des Bundesverfassungsgerichts fasst die Anforderungen an den Rundfunk von öffentlicher Seite zusammen: Hörfunk und Fernsehen gehören in gleicher Weise wie die Presse zu den unentbehrlichen Massenkommunikationsmitteln, denen sowohl für die Verbindung zwischen dem Volk und den Staatsorganen wie für deren Kontrolle als auch für die Integration der Gemeinschaft in allen Lebensbereichen eine maßgebende Wirkung zukommt (BverfGE 35, 202 222 - Lebach - 1973).

Vermittlung, Kontrolle und Integration sind die erwünschten Aufgaben des Rundfunks »im öffentlichen Dienst« und Grundlage der Rundfunkordnungen der westeuropäischen Staaten. Sie schlagen sich nieder in den Programmaufträgen der öffentlich-rechtlichen Rundfunkanstalten, wie sie gesetzlich und in mehreren Rundfunkurteilen festgelegt wurden. Die öffentlich-rechtlichen Sender sollen mit einem Vollprogramm den Informations- und Unterhaltungsinteressen des gesamten Fernsehpublikums nachkommen. Der Vollständigkeit in der Qualität der Sendeinhalte entspricht auf quantitativer Ebene die umfassende Verbreitung von Empfangsmöglichkeiten im gesamten Bundesgebiet. Dieser Universaldienst erfüllt die gesetzlichen Forderungen nach einer informationellen Grundversorgung der gesamten Bevölkerung (vgl. Ricker/Schiwy 1997, Rdnr. F.14-24).[1]

Zu den angestrebten Qualitäten des öffentlich-rechtlichen Rundfunks gehört vor allem die Interessenferne, das heißt sowohl Staatsferne als auch Unabhängigkeit von Wirtschaftsunternehmen und Interessengruppen und die weitgehende Unabhängigkeit von Werbeeinnahmen. Aufgrund der Gebührenfinanzierung soll es den öffentlich-rechtlichen Rundfunkanstalten möglich sein, auch solche Sendungen in ihr Programm aufzunehmen, die nicht nur für die Mehrheit des Publikums von Interesse sind. Die Finanzierung des Rundfunks durch die Allgemeinheit soll also eine Programmfreiheit herbeiführen, welche die besondere Berücksichtigung von Minderheiten ermöglicht. Diese integrative Funktion der Massenmedien ist wiederum zum Vorteil der Gesamtheit des demokratischen Gemeinwesens. Die Vermittlungsfunktion der Medien soll somit einerseits als Kommunikationsmittel der gesellschaftlichen Gruppen untereinander verwirklicht werden und andererseits die politische Kommunikation zwischen der Bevölkerung und ihren Repräsentantinnen und Repräsentanten stützen. Daneben werden auch kulturelle Aspekte durch den öffentlich-rechtlichen

---

1   Die erwünschte informationelle Grundversorgung liegt nicht notwendig in der Hand der öffentlich-rechtlichen Rundfunkanstalten. Bislang ist jedoch keine Regelung in Sicht, die eine Grundversorgung durch den privaten Rundfunk sicherstellen könnte. Aus dieser Perspektive legitimiert sich die Integration von gebührenfinanzierten und privaten Sendern in einer dualen Rundfunkordnung. Vgl. Herzog Rdnr. 238 ff.

Rundfunk berücksichtigt. Die soziokulturelle Identität partikularer Gemeinwesen soll durch Regionalprogramme gestärkt und gespiegelt werden.

Es wird also deutlich, dass der Rundfunk seit Gründung der Bundesrepublik der öffentlichen Hand unterliegt und zahlreichen gesetzlichen Vorgaben entsprechen muss. Diese Vorgaben haben den Sinn, der Bevölkerung ein hohes Maß an unabhängiger und vielseitiger Information zu bieten. Es handelt sich hierbei um eine normgeprägte Veranstaltungsfreiheit (vgl. BverfGE 97, 298 310), die von einer »natürlichen« Freiheit nach liberalistischem Verständnis unterschieden werden muss.

Begründet wurde die Schaffung des öffentlichen Rundfunks und der damit einhergehende Ausschluss eines privaten Rundfunks bis 1984 mit der Exklusivität des Mediums. Der Grund hierfür lag in der bis in die 1980er bestehenden technisch bedingten Senderknappheit. Außerdem war der Betrieb eines Rundfunksenders mit sehr hohen Kosten verbunden, die auf privater Seite das Aufkommen einer größeren Anzahl von Sendern nicht ermöglichte. Gerade die Vielzahl von Anbietern, wie sie auf dem Zeitungsmarkt üblich ist, ist jedoch Voraussetzung für die Gewährleistung eines Höchstmaßes an Informationsmöglichkeiten. Nach diesem außenpluralistischen Modell finden sich verschiedene Perspektiven der Berichterstattung nicht in einem Medienprodukt, sondern sind auf unterschiedliche Zeitungen verteilt. Unter den oben genannten Bedingungen der Senderknappheit und der hohen Kosten konnte diesem Modell durch einen privaten Rundfunk nicht entsprochen werden. Es bot sich deshalb als Lösung die öffentliche Finanzierung einer Sendeanstalt an, deren pluralistisches und freiheitliches Erscheinungsbild über gesetzliche Regelungen vorgegeben wurde. Die Vertretung der verschiedenen innergesellschaftlichen Meinungen und Perspektiven wurde nach einem binnenpluralistischem Modell den öffentlichrechtlichen Rundfunkanstalten überantwortet.

Es liegt vielmehr in der Verantwortung des Gesetzgebers, dass ein Gesamtangebot besteht, in dem die für die freiheitliche Demokratie konstitutive Meinungsvielfalt zur Darstellung gelangt. Es muss der Gefahr begegnet werden, dass auf Verbreitung angelegte Meinungen von der öffentlichen Meinungsbildung ausgeschlossen werden und Meinungsträger, die sich im Besitz von Sendefrequenzen und Finanzmitteln befinden, an der öffentlichen Meinungsbildung vorherrschend mitwirken (Drittes Fernsehurteil des Bundesverfassungsgerichts vom 16. Juni 1981 [BverfGE 57, 295]).

Ganz im Unterschied zu den herkömmlichen elektronischen Medien bietet das Internet eine fast unendliche Anzahl von »Sendeplätzen« und verursacht für die private Nutzung vergleichsweise geringe Kosten. Damit entfallen die Gründe, die für starke ordnungsrechtliche Vorgaben im Rundfunksektor ausschlaggebend waren. Auch wenn die Möglichkeit zur Produktion eigener Beiträge in den interaktiven Onlinemedien nicht schrankenlos ist, so ist sie doch wesentlich erleichtert im Vergleich zu Hörfunk und Fernsehen. Im Unterschied zu den Anforderungen, die zur Herstellung eines Presseerzeugnisses notwendig sind, wie die Abfassung eines Textes, Druck und Vertrieb, ist die aktive Internetnutzung unaufwändiger zu organisieren. Vor diesem Hintergrund ließen sich rechtliche Regulierungen der Online-Medien, wie das Rundfunkprogramm- oder Rundfunkordnungsrecht, nicht rechtfertigen. Es stellt sich deshalb die Frage, wie sich die neuen interaktiven Medien innerhalb des medienpolitischen Gefüges freiheitlicher demokratischer Staaten positionieren, zumal die Trennungslinien zwischen Hörfunk und Fernsehen einerseits und dem Internet andererseits zunehmend verschwimmen und interaktive Mediennutzung bald zum festen Bestandteil elektronischer Massenkommunikation gehören wird.

Bei den Zielvorgaben der öffentlich-rechtlichen Medienordnung geht es an erster Stelle um die Erfüllung einer bestimmten gesellschaftlichen Funktion, nämlich der Förderung von Freiheit. Die Presse- und Rundfunkfreiheit ist eine aus der Meinungsfreiheit abgeleitete Größe. Dass sich im gesamten westeuropäischen Raum die Rundfunkfreiheit als eine vom Staat organisierte Freiheit konstituiert hat, ist eine bestimmte Interpretation der Menschenrechtskonvention, die davon ausgeht, dass dem Staat die Daseinsvorsorge auch im Bereich liberaler Freiheitsrechte anzuvertrauen ist (vgl. Klein 1999, 762). Bestimmend ist hier die Ansicht, dass Individuen vor allem deshalb frei sind, weil sie in einer Gesellschaft leben, die aufgrund bestimmter Vorgaben und Beschränkungen partikularen Handelns ein Höchstmaß an potenzieller Freiheit für alle ihre Mitglieder ermöglicht.

Freiheit als Selbsterfindung

Das Ziel der Gründung des Internet in den 1960ern war die Gewährleistung einer schnellen und unbehinderten Individualkommunikation. Die gesellschaftliche Etablierung des Internet in den 1980ern war auch deshalb so erfolgreich, weil das Internet freiere Kommunikations- und Informationsmöglichkeiten abseits der konventionellen Mainstream-Medien versprach.

Die »Unabhängigkeitserklärung des Cyberspace« von John Perry Barlow erlangte einige Bekanntheit auch über die Netzkommunikation hinaus. Als gerne zitiertes Manifest von hoher Ausdruckskraft dient es in den Diskussionen über die Neuen Medien zur Positionierung der »Philosophie« der Netzgemeinde, auch wenn die meisten Nutzerinnen und Nutzer der Onlinemedien dieses Papier weder kennen noch seine allgemeine Zustimmungsfähigkeit erprobt wurde. Es bietet jedoch vielen Netzaktivisten eine ideelle Heimat und ist somit ein richtungweisendes Extrembeispiel für typische Argumentationsstrategien die Freiheit der Netzwelten betreffend.[2]

»Regierungen der industriellen Welt, Ihr müden Giganten aus Fleisch und Stahl, ich komme aus dem Cyberspace, der neuen Heimat des Geistes. Im Namen der Zukunft bitte ich Euch, Vertreter einer vergangenen Zeit: Laßt uns in Ruhe! Ihr seid uns nicht willkommen. Wo wir uns versammeln, besitzt Ihr keine Macht mehr. [...]

Regierungen leiten ihre gerechte Macht von der Zustimmung der Regierten ab. Unsere habt Ihr nicht erbeten, geschweige denn erhalten. Wir haben Euch nicht eingeladen. Ihr kennt weder uns noch unsere Welt. Der Cyberspace liegt nicht innerhalb Eurer Hoheitsgebiete. Glaubt nicht, Ihr könntet ihn gestalten, als wäre er ein öffentliches Projekt. Ihr könnt es nicht. Der Cyberspace ist ein natürliches Gebilde und wächst durch unsere kollektiven Handlungen. [...]

---

2   Vgl. zum Beispiel Howard Rheingold, Esther Dyson in den USA oder die deutsche »Online Magna Charta«.

Der Cyberspace besteht aus Beziehungen, Transaktionen und dem Denken selbst, positioniert wie eine stehende Welle im Netz der Kommunikation. Unsere Welt ist überall und nirgends, und sie ist nicht dort, wo Körper leben« (Barlow 1996).

Auffallend ist hier in Hinblick auf den Freiheitsbegriff die Entgegensetzung von frei gewählten Regierungen mit der anarchistischen Selbstregierung des Cyberspace. Begründet wird diese Entgegensetzung mit der Legitimationsfrage. Eine reale Regierung der virtuellen Welt ist nicht legitimiert, erstens weil deren Einwohner eine Regierung nicht anerkennen, zweitens weil sie nicht in einem nationalen Hoheitsgebiet liegt, drittens weil die Netzwelt genetisch ein völlig anderes Gebilde als die reale Welt ist: eine Welt ohne Materie und Körper, viertens weil sie eigene moralische Normen entwickelt, die gesetzliche Vorschriften überflüssig macht.

Insbesondere der letzte Punkt rückt die Unabhängigkeitserklärung in die Nähe kommunitaristischer Positionen. Hier gilt der Gedanke, dem Guten, also gemeinschaftlichen Verbindlichkeiten und kontextuellen Moralvorstellungen, sei immer Vorrang gegenüber abstrakten und allgemeinen rechtlichen Regelungen einzuräumen. Begründet wird diese Hierarchisierung mit der Opposition zu einem liberalen Menschenbild, das nach kommunitaristischer Interpretation das isolierte Individuum zum Ideal erklärt hat (vgl. MacIntyre 1987, Walzer 1992). Isolation bedeutet hier die Absonderung des Subjekts von einer naturalen und sozialen Verankerung.

Philosophische Begründungsversuche der absolut bedingungslosen subjektiven Freiheit fanden in der Aufklärung und der Französischen Revolution besondere Aufmerksamkeit und prägten eine freiheitliche gesellschaftspolitische Praxis. Die subjektphilosophische Heuristik einer weltlichen Bindungslosigkeit des individuellen Geistes fand insbesondere Eingang in den Liberalismus. Eine in diesem Sinne unsoziale Konzeption (der Mensch als präsoziales Wesen) forderte die Kritik der Kommunitaristen heraus. Skizzenhaft wiedergegeben unterlaufe dieses Menschenbild als handlungsleitende Größe die moralischen Orientierungen der gesamten westlichen Gesellschaften und zerstöre auf diese Weise Grundqualitäten des menschlichen Zusammenlebens, die als ethische Fundierung freiheitlicher Staaten von Beginn ihrer Gründung an bestimmend seien. Dieser Spirale von pervertiertem Freiheitsverständnis und moralischem Verfall wollen die Kommunitaristen mit einer Rehabilitierung der Gemeinschaft Einhalt gebieten.

Auch die Einwohner des Cyberspace setzen auf Gemeinschaften, jedoch im virtuellen Raum. In dem gleichsam »natürlichen Gebilde« des Cyberspace sollen sich hier abseits von allen gesellschaftlichen und staatlichen Zwängen durch »Beziehungen, Transaktionen und dem Denken« (Barlow 1996) ungeschriebene Regeln entwickeln und Anwendung finden. Es geht hier um die Neuerfindung sozialer Normen in einer Parallel- oder Gegenwelt. Diese andere Welt soll ihren Einwohnern die Gelegenheit zur freien und unbelasteten Artikulation einer gegebenen Idee des Guten geben. Die moralischen und sozialen Normen des Cyberspace verdanken sich demnach einem unterstellten, »naturgegebenen« moralischen Konsens. Dieser Rekurs auf eine quasi-natürliche Kraft des Cyberspace findet sich auch in der Metaphorik der »Magna Carta for the Knowledge Age«, eines weiteren politischen Manifestes populärer Internetaktivistinnen und -aktivisten: »More ecosystem than machine, cyberspace is a bioelectronic environment that is literally universal« (Toffler u.a., Teil 2, 1).

Legitimiert sind die Normen der virtuellen Netzwerke durch die Form ihrer Kommunizierbarkeit in einer »weltumspannenden Konversation der Bits« (Barlow 1996, 2), mit anderen Worten einen digitalisierbarem Universalismus. Die Entstehung einer neuen Ethik wäre hier also nicht an bestimmte Gegenstände der moralischen Auseinandersetzung geknüpft, sondern erste Voraussetzung ist ihre Kompatibilität mit einer informationstechnischen Vermittlung. Diese Form einer weltumspannenden Kommunikationsgemeinschaft unterscheidet sich jedoch in wichtigen Punkten von der idealen Diskursgemeinschaft, wie sie in diskurstheoretischen Ethikbegründungen entfaltet wird, worauf im Zusammenhang des vorliegenden Themas nur verwiesen werden kann.

Geistige Gemeinschaften

Die Mitglieder der virtuellen Welten setzen jedoch nicht nur auf die moralischen Qualitäten intersubjektiver Gemeinschaften, sondern sie beziehen sich gleichzeitig auch in extremer Weise auf ein liberales Menschenbild, wie es als pathologisches in der Kritik der Kommunitaristen, rationalitätskritischer Ansätze oder der feministischen Philosophie steht. Die Bürger und Bürgerinnen des Cyberspace besitzen demnach keine leibliche Existenz: »Unsere Welt ist überall und nirgends, und sie ist nicht dort wo Körper leben« (Barlow 1996, 1). Die Schaffung neuer sozialer Regeln wird hier also nicht von einem sachbezogenem Diskurs realer kontextverbundener Menschen abhängig gemacht, sondern normative Voraussetzung für die diskursive Teilhabe am virtuellen Geschehen ist die Immunisierung gegen Einflüsse aus der realen Welt. Diese Forderung entspricht einem Autonomieverständnis, das nicht nur als Recht auf Selbstbestimmung respektive Selbstgesetzgebung bestimmt ist, sondern den menschlichen Geist als unabhängig von seiner leiblichen und sozialen Situierung begreift. Gerade diese Unabhängigkeit soll den Cyberspace als einen moralischen Raum von besonderer Güte qualifizieren: »Wir erschaffen eine Welt, die alle betreten können ohne Bevorzugung oder Vorurteil bezüglich Rasse, Wohlstand, militärischer Macht und Herkunft« (Barlow 1996, 1). Argumentiert wird auch hier mit dem Bild vom ungebundenen Subjekt, das sich als frei von der »Gegenständlichkeit der materiellen Welt« (Barlow 1996) versteht.

Solch eine moralische Überhöhung von Virtualität, wie sie in der Unabhängigkeitserklärung des Cyberspace und anderen Positionen vorgeführt wird, gründet sich auf einer extremen Variante der liberalen Subjektkonzeption, aber leitet daraus Forderungen ab, die einem im Grunde antiliberalen, kommunitaristischen Ansatz entsprechen. Dieser Ansatz vertraut auf die »inneren« Selbstheilungskräfte einer sozialen Gemeinschaft anstelle von »äußeren« gesetzlichen Vorgaben. Während der Kommunitarismus aber gerade die Situierung des Subjekts in einem sozialen, materiellen Kontext zum Ausgangspunkt einer gemeinsamen Idee vom Guten macht, lebt der ideale *Netizen* in einem geistigen Urzustand, in einem Zustand vor dem materiellen Sündenfall. Die Idee der Gemeinschaft ist hier als konsequente Ausformulierung der geistigen Gemeinschaft, als spezielle, gleichsam spirituelle Bindungsform materiell befreiter Individuen zu verstehen. So zum Beispiel auch die Ausführungen des französischen Philosophen Pierre Lévy, der die virtuelle Kommunikation als säkulare Variante einer kollektiven Intelligenz von Geistwesen (Engeln) deutet.

Diese Gedanken knüpfen an die ethischen Topoi von der vor-lebensweltlichen Gleichheit aller Menschen an, die auf normativer Ebene durch Gedankenspiele wie beispielsweise den »veil of ignorance« (Schleier des Nichtwissens) bei John Rawls fruchtbar gemacht werden sollen. Die Unkenntlichkeit der Kommunikationspartner in den elektronischen Netzwerken ist jedoch ein empirischer Befund und kein moralphilosophisches Konstrukt. Die technische Möglichkeit zur anonymen Kommunikation wird aufgegriffen als Mittel der selbstgewählten Abgrenzung von der Bedeutungsebene der netzexternen Sozial- und Kulturräume.

Dieser Ausstieg aus der Realität der Lebenswelt ist zumindest aus Perspektive der normativen Ethik solange nicht problematisch, wie es sich hierbei um eine Negation von privater Reichweite, ohne Sollensansprüche für Andere, handelt. Sobald dieser Bereich jedoch überschritten wird und im virtuellen Raum Urteile und vor allem Handlungsstrategien für eine breitere Allgemeinheit entstehen, stellt sich hier wie in jedem anderen demokratischen System die Legitimationsfrage. Die Antwort auf diese Frage wird im Cyberspace mit »individueller Freiheit« beantwortet: Wo jeder und jede sich im digitalen Diskurs selbst vertreten kann, ist die Legitimationsfrage überflüssig. Die reale Welt gilt als unfrei und damit als unfähig, gegebene moralische Pontenziale zu entfalten. Alleine Freiheit soll das Allheilmittel gegen Machtpolitik, Diskriminierung und Zensur sein. Allerdings – so soll hier deutlich gemacht werden – handelt es sich bei der Entgegensetzung von realer und virtueller Welt um eine regulative Idee, die auch nur als solche ernst genommen werden kann.

Die Betonung der Unabhängigkeit der *virtual communities* zieht ihren Impuls aus der Opposition zu real existierenden Missständen. Grundlage dieser Positionierung ist eine sozialromantische Vision der Erschaffung einer neuen Welt. Virtuelle Gemeinschaften sind somit als Krisenindikatoren[3] moderner, ausdifferenzierter Gesellschaften zu deuten. Diese Form von Gemeinschaftsideal basiert im Unterschied zu vergangenheitsorientierten Utopien jedoch gerade auf einer technischen Hervorbringung der modernen westlichen Gesellschaften – den elektronischen Kommunikationsnetzwerken und einem ihrer geistesgeschichtlichen Ideale: einer dichotomischen Subjektkonzeption.

Diese Zuschreibung ist wichtig für das Verständnis und die Kritik der normativen Forderungen der »Netzphilosophie«, sie trifft jedoch nicht ihr Selbstverständnis. Der subjektphilosophische Hintergrund ist nur ein Nebeneffekt ihrer pragmatischen staatlichen Opposition: Die Abwehrhaltung der Netzaktivisten bezieht sich nicht auf eine Negation demokratischer Staaten im Ganzen, sondern auf bestimmte Modelle der Regulation, und zwar dem »top-down« System. Mit der Gründung der ersten Datennetzwerke wurden andere, basisdemokratische Regelungssysteme kreiert. Sie

---

3   Vgl. zur Kritik am Kommunitarismus aus dieser Perspektive Raulet 1993.

waren dem Gedanken der Selbstregierung bzw. dem »bottom-up« Prinzip verpflich-
tet. Es drängt sich jedoch die Frage auf, unter welchen Bedingungen spontane, nicht-
hierarchische Selbstregulierungsprozesse gelingen können.[4] Die Vermutung liegt
nahe, dass solche Prozesse in unreglementierter Form vor allem in homogenen
Gruppen zielführend sind. Es handelt sich bei den Selbstregelungen der Internetgemeinde um bereichsspezifische zumeist technische Problemstellungen, die relativ
unkontrovers in Expertenrunden gelöst werden (vgl. »The economist«, June 10th
2000). Es geht hier nicht um die Wahrnehmung politischer Aufgaben im Sinne einer
übergeordneten Regelungskompetenz. Politik nimmt in einer funktional differenzier-
ten Gesellschaft eine Sonderstellung ein (vgl. Gerhards/Neidhardt 1991). Sie fungiert
in dieser Rolle als Steuerungsakteurin aller gesellschaftlichen Teilbereiche in Bezug
auf gemeinwohlorientierte Problemlösungen. Sobald Internetdiskurse ihren spezifischen selbstbezüglichen Themenkontext verlassen, ändern sich auch Qualität und
Leistung der anarchischen Kommunikation. Abzulesen ist das zum Beispiel an den
Dialogen in zahlreichen *Chatrooms*. Differenziertheit und Begründungsleistungen der
Chats zu politischen Themen liegen in der Regel unterhalb der Ausführungen in gelei-
teten Kommunikationssituationen. Leitung meint in diesem Kontext: Moderation,
redaktionelle Bearbeitung oder auch die Regeln institutionalisierter Diskurse in Par-
lamenten oder Bürgerversammlungen.

Das heißt, gesamtgesellschaftliche Diskurse in den Online-Medien werden nicht
unter dem Vorzeichen der Ergebnisorientierung respektive eines Regulierungskon-
senses geführt. Sie haben in diesem Fall keinen selbstregulativen Output. Darüber
hinaus weist das Internet keine Expertendiskurse für allgemeine politische Problemlösungen aus. Selbstregulierungssysteme im Internet haben sich bislang für gemeinwohlorientierte Steuerungsprozesse weder strukturell noch praktisch als erfolgreicher
als der Rundfunk erwiesen. Selbststeuerung und Kommunikation sind hier nicht
stärker miteinander verknüpft als in Hörfunk und Fernsehen. Es muss in Bezug auf
die medienvermittelte Kommunikation unterschieden werden zwischen einem reinen
Vermittlungsauftrag der Medien einerseits und zwischen Selbstgesetzgebungsprozes-
sen einer medial hervorgebrachten Kommunikationsgemeinschaft andererseits. Diese
letztgenannte Selbstmandatierung einer bestimmten Kommunikationsgemeinschaft
kann sich aber nur auf Fragen der Selbstverwaltung in speziellen Belangen dieses
Gesellschaftsbereichs beziehen. Politische Steuerungsfunktionen von gesamtgesellschaftlicher Tragweite darf eine computervermittelte Kommunikationsgemeinschaft
ebensowenig übernehmen wie die traditionellen Massenmedien.

---

4   Hier soll jedoch nicht der Eindruck erweckt werden, demokratische Prozesse beruhten auf
    einem »top-down« System. Der Idee nach bestimmt der Souverän autonom seine
    (Selbst)regierung. Deutlich ist jedoch, dass dies in der Praxis sehr vermittelt durch einen teilau-
    tonomen und intransparenten Verwaltungs- und Gesetzesapparat geschieht.

Individualisierung als Freiheit?

Warum soll das Internet so große Freiheiten versprechen? Weil das Medium durch seine Nutzerinnen und Nutzer aktiv gestaltet werden kann, weil für jede und jeden das Angebot selbst zusammenzustellen ist und weil es theoretisch weltweit zur Verfügung steht. Interaktivität erlaubt die aktive Gestaltung der Medien gemäß der individuellen Vorlieben, der persönlichen Mobilität oder des Zeitbudgets in einem weit höherem Maße als es durch die herkömmlichen Massenkommunikationsmittel bislang der Fall war. Die Informations- und Kommunikationstechnik unterstützt damit gesellschaftliche Tendenzen zur Individualisierung. Die Freiheit zur Individualisierung wird in der Regel auch als Indiz und Ermöglichungsgrund für eine freiheitliche Gesellschaftsordnung, für Wahl- und Handlungsfreiheit gewertet.

Ulrich Beck fand Mitte der 1980er Jahre große Aufmerksamkeit mit seiner soziologischen Diagnose von der fortschreitenden Individualisierung der Gesellschaft (Beck 1986). Der Philosoph Axel Honneth reagierte darauf mit einer kritischen Differenzierung des recht unbestimmten Begriffs der Individualisierung. Zu diesem Zweck führte er die Unterscheidungen Individualisierung, Privatisierung und Autonomisierung ein, die auch im Kontext einer Internetethik individueller Freiheitsrechte weiterführende Analysekategorien sind. Hinzuzufügen ist aus Perspektive der Medienforschung der Begriff *demassification* (»Entmassifizierung«), der in der englischsprachigen Literatur verwendet wird, um das Phänomen der Individualisierung aus der Warte institutioneller und politischer Veränderungen durch die interaktiven Medien zu beschreiben. Geknüpft sind daran beispielsweise die Erwartung auf staatliche Dezentralisierung und neue Mitbestimmungsmöglichkeiten durch die Neuen Medien: »Accelerating demassification creates the potential for vastly increased human freedom« (Toffler u.a., Teil 2, 2).

Honneth versteht unter Individualisierung »die fortschreitende Differenzierung von Lebenslagen auf dem Weg einer institutionellen Erweiterung von individuellen Entscheidungsspielräumen« (Honneth 1995, 24). Privatisierung hingegen umschreibt Honneth mit Vereinzelung und führt aus: »[Darunter] wäre jener soziokultureller Vorgang zu verstehen, der auf dem Weg einer Zerstörung von intersubjektiv erlebbaren Gemeinschaftsbezügen die Individuen ihrer gesicherten Sozialkontakte beraubt und somit zunehmend voneinander isoliert [...]« (Honneth 1995, 25). Während die Begriffe Individualisierung und Privatisierung Versuche einer Beschreibung moderner Lebensverhältnisse sind, kommt mit dem Begriff der Autonomisierung ein normativer Aspekt ins Spiel. Hieran knüpft sich der Sollensanspruch einer Selbstbestimmung des Lebensweges, der auch im Zeitalter der Individualisierung keineswegs gleichsam automatisch gegeben ist. Im Gegenteil könne gerade die Isolierung des Subjekts seine Abhängigkeit von den institutionellen und kommerziellen Gegebenheiten noch erhöhen.[5]

---

5 Die Mutmaßung, dass Vereinzelung zu Abhängigkeiten führt, ist ein Motiv vieler Gesellschaftskritiken. So auch bei U. Beck, aber auch bei Vertretern der Frankfurter Schule, in kommunita-

Im Folgenden soll skizziert werden, auf welche Weise das Internet neue Impulse in Hinblick auf (a) Individualisierung und (b) Privatisierung setzt. Ausführlicher soll anschließend diskutiert werden, inwiefern die digitalen Datennetze durch ihre Nutzerinnen und Nutzer Mittel einer individuellen Autonomisierung sein können.

(a) Eine herausragende Aufgabe des herkömmlichen Rundfunks liegt in der gesellschaftlichen Integration des Individuums. Hörfunk und Fernsehen sollen gesellschaftliche Teilhabe und demokratische Partizipation ermöglichen.

Die Herausforderung des einzelnen Internetnutzers besteht dagegen umgekehrt darin, die Netzkommunikation sinnvoll in das eigene Leben zu integrieren. Das kann auf der einen Seite bedeuten, ihre Anschlussfähigkeit an netzexterne Umwelten herzustellen, zum Beispiel als aktiver oder passiver Informationsservice, als E-mail-Kommunikation oder als Telearbeitsplatz. Auf der anderen Seite lässt sich der virtuelle Handlungs- und Erlebnisraum aber auch als Entgegensetzung zur Alltagswelt verstehen, als »das ganz Andere«. Virtuelle Realitäten oder das Spiel mit fiktionalen Identitäten haben hier für die persönliche Identität einen ähnlichen Stellenwert wie zum Beispiel Sport oder das Unterhaltungsgenre im Fernsehen.

Attraktiv ist die Nutzung der Internets vor allem wegen der Breite des Informations- und Unterhaltungsangebotes und ihrer abwechsungsreichen Darstellung. Ungewöhnliche Inhalte sind deshalb im Internet vertreten, weil Einzelne und Institutionen hier ohne Quotendruck der Präsentation ihrer persönlichen Interessen nachgehen können. Sie tun dies, weil das weltweite Netz eine Form von Öffentlichkeit darstellt. Das heißt, trotz der individualisierten Zugriffsmöglichkeit auf die Netzkommunikation ist die Wahrscheinlichkeit der Nachfrage dieser Inhalte durch ein Spezialpublikum hoch. Neue Inhalte bietet das Internet also, weil viele mitmachen können: Individuelle Beteiligungsformen bringen ein größeres Informationsspektrum hervor. Das Informationsspektrum in den neuen Medien geht also über die herkömmlichen Massenmedien hinaus, gleichzeitig kann dieses Spektrum jedoch nur sehr partikular rezipiert werden. Der Computer als Medium hat im Vergleich zu der traditionellen Medienlandschaft eine Sonderstellung als Medium von größter Pluralität mit der partikularistischsten Rezeptionsform.

Individualisierung bedeutet in Bezug auf das Internet also Spezialisierung und Partikularisierung von Medienrezeption und -produktion. Eine Erweiterung seiner Handlungs- und Kommunikationsmöglichkeiten erfährt das Individuum durch die Institutionalisierung der aktiven Teilhabe an der neuen Medientechnik.

(b) Schon mit dem Aufkommen der populären Romanlektüre im 18. Jahrhundert war »soziale Isolation« ein übliches Schlagwort der Medienkritik. Der Rückzug in den privaten Medienkonsum als Surrogat eines realen sozialen Netzwerks wurde mit Hörfunk, Fernsehen und dem Internet nochmals attraktiver und etablierter. Es sei jedoch dahingestellt, ob vor dem Aufkommen der Massenmedien die Teilhabe am

---

ristischen Positionen und Stellungnahmen der Kirchen. Offenbar besteht trotz der Unterschiedlichkeit der Ansätze ein Konsens darüber, dass Individuen nur als teilautonom zu betrachten sind.

politischen Leben (insofern sie institutionell überhaupt möglich war) größer gewesen ist und ob nicht andere Faktoren wie zum Beispiel religiöse Orientierungen oder soziale Rollenverteilungen maßgeblicher sind.

Mit dem Begriff Privatisierung soll hier weniger die Auflösung gesicherter Sozialkontakte zum Ausdruck gebracht werden, sondern seine gesellschaftpolitische Entsprechung: die individuelle Distanzierung von sozialen Bewegungen und politischem Engagement. Diese Distanzierung muss nicht mit sozialer Isolation und auch nicht mit dem Ausschluss von Öffentlichkeit verbunden sein. Im Gegenteil erfährt die Medienöffentlichkeit stattdessen tendenziell eine Privatisierung ihrer Kommunikationsthemen.

Interessant ist im Zusammenhang der Internetnutzung also nicht nur der Umstand, dass Individuen isoliert von anderen unmittelbar anwesenden Personen den Computer bedienen, sondern welche neue Formen von Öffentlichkeit sie auf diese Weise erfahren und herstellen. Strukturell kann man von einer Erweiterung der elektronisch vermittelten öffentlichen Kommunikation in den privaten Bereich durch die interaktiven Medien sprechen. Gerade diesen Aspekt begrüßen Anhänger der elektronischen Demokratie, die das deliberative Potenzial der Netzkommunikation und die emanzipatorische Kraft virtueller Gemeinschaften betonen. Indem aber jede für alle zugängliche Kommunikation als öffentlich bezeichnet wird, erfährt der Begriff der öffentlichen Kommunikation einen Bedeutungsverlust. Der Begriff der Privatisierung kann im Kontext des Internet somit insbesondere als Problem der Privatisierung des öffentlichen Raums interpretiert werden, das hervorgeht aus der isolierten und doch interaktiven Nutzungsmöglichkeit.

Autonomisierung im Datennetz

Mit der Forderung nach individueller Selbstbestimmung ist die Frage nach der Verwirklichung des Freiheitsgedankens gestellt. Auf einer analytischen Ebene erlaubt der Freiheitsbegriff eine Unterscheidung zwischen negativer und positiver Freiheit. Negativ ist ein Freiheitsbegriff, der aus dem Postulat der Möglichkeit zur Verneinung aller heterogenen Bestimmungen der Willensfreiheit ein absolutes Verständnis der menschlichen Freiheit gewinnt. Der positive Begriff von Freiheit sucht nach der Wahrung größtmöglicher Autonomie als Handlungsfreiheit im Kontext der vielfältigen Determinanten des menschlichen Handelns.

Die virtuelle Freiheit von Körper und Materie wäre eine absolute Freiheit, die aus der Negation aller Beschränkungen des menschlichen Geistes gezogen wird: »[...] it is by their passage through virtual worlds, by acquiring an angelic body, that souls can best imagine humanity« (Lévy 1997, 103). Trotzdem kann man im Zusammenhang der Freiheit der Netzwelten nicht von der Vorstellung einer absoluten Willensfreiheit, wie sie durch Kant begründet wurde, sprechen, denn das Cyber-Subjekt bestimmt und konstituiert sich heteronom im intersubjektiven Handeln, in der gemeinsamen Kommunikation mit Anderen. Es ist zwar frei von den Begrenzungen der realen Welt, wird gleichzeitig aber doch erst hervorgebracht durch das Netzwerk der virtuell kommunizierenden Ko-Subjekte. Die Existenz eines einzelnen freien Subjekts oder

Willens wäre somit von seiner Entstehungsvoraussetzung her undenkbar. Der Rekurs der Netzgemeinde auf die Souveränität des Individuums als »powers of mind« (Toffler u.a. 1995, Teil 1, 1) wird aus diesem Punkt nochmals fragwürdig. Die Konstruktion eines Individuums, das sein Dasein allein der Tatsache verdankt, dass eine Menge anderer ihren Computer einschalten, schwächt die Überzeugungskraft der Idee einer freien und individualistischen Netzgemeinde. Der subjekttheoretische Selbstwiderspruch zeigt gemeinsam mit der schon vorgebrachten These von der virtuellen Freiheit als regulativer Idee die Notwendigkeit, die Freiheit des Internet positiv zu bestimmen. Die positive Bestimmung der individuellen Freiheitsrechte im Internet verlangt ihre Verknüpfung mit dem Problem der Handlungsfreiheit. Gerade wenn man den Beitrag des Internet zu einer freiheitlichen Gesellschaftsordnung fruchtbar machen will, gibt der Leitgedanke virtuelle Freiheit den falschen Weg vor.

Handlungsfreiheit ist, in einer groben Bestimmung, dann gegeben, wenn für das individuelle und kollektive Handeln ein größtmöglicher Entscheidungsraum gegeben ist. Eine der bedeutendsten Strategien zur Erhaltung und Ausweitung dieses Entscheidungspotenzials ist die Pflege der Meinungsäußerungsfreiheit. In Bezug auf den konkreten Handlungsvollzug ist darüber hinaus nach den Mitteln unseres Handelns zu fragen. Bestimmte Techniken eröffnen neue Handlungsräume, sie etablieren jedoch gleichzeitig bestimmte Handlungspfade, die Alternativen dazu in Vergessenheit geraten lassen. Gerade weil die Informations- und Kommunikationstechnik (IT) den Weg in die gesellschaftliche Integration gefunden hat, wird sie für den Großteil ihrer Nutzer und Nutzerinnen unsichtbar.

Hier zeigt sich ein weiterer Widerspruch in der Vorstellung von der Dematerialisierung der Datennetze. Die IT als Ermöglichungsgrund der elektronischen Kommunikation zählt offenbar nicht zu den materiellen Abhängigkeiten, von denen die virtuelle Kommunikation Befreiung verspricht. Der unkritische Umgang mit Technik zeigt sich auch in Naturalisierungstendenzen im Zusammenhang der IT, wenn zum Beispiel von »neuen Gerätegenerationen«, einem »bioelektronischen Ökosystem«, »virtuellem Organismus« oder dem »Datenmeer« die Rede ist. Dieser Sprachgebrauch täuscht über die künstliche Herstellung der virtuellen Umwelten hinweg. Ohne ein Bewusstsein über die technische Vermittlung unseres Handelns kann Technik als so genannter Sachzwang jedoch die Oberhand über individuelle und politische Entscheidungsprozesse gewinnen. Mehr noch: die Naturalisierung der Technik zieht im Umkehrschluss auch die Technisierung des Menschen nach sich, wie die Reduktion des Individuums auf seine medientechnisch kommunizierbaren Anteile verdeutlicht.[6]

Meinungsäußerungsfreiheit und demokratische Selbstorganisation

Die Meinungsäußerungsfreiheit wurde zu Beginn dieser Ausführungen als normative Grundlage der Informations- und Medienethik eingeführt. Als Grundrecht wird sie

---

6   Vgl. dazu auch das »Cyborg-Manifest« von Donna Haraway (Die Neuerfindung der Natur: Primaten, Cyborgs und Frauen. 1995, 33-73.).

zurückgeführt auf das individuelle Freiheitsrecht und auf den Demokratiegedanken. Im Folgenden soll deutlich werden, warum Meinungsfreiheit auch in einem individualisierten Medium wie dem Internet nur dann positiv verwirklicht werden kann, wenn eine normative Rahmung der Internetkommunikation gegeben ist.

Meinungsfreiheit impliziert die Freiheit zur Äußerung, sonst endete sie als zynischer Verweis auf einen solipsistischen Begriff der Gedankenfreiheit. Problematisch ist jedoch immer der Kontext einer Meinungsäußerung. Der Kontext entscheidet über die Wirkung der Äußerung und über ihre beabsichtigten und unbeabsichtigten Folgen. Im Zusammenhang der vorangegangenen Überlegungen zur gesellschaftlichen Privatisierung wurde bereits darauf hingewiesen, dass ein Öffentlichkeitsbegriff, der sich allein auf eine strukturelle Komponente, nämlich die Zugänglichkeit der Kommunikation für alle stützt, im Zeitalter der interaktiven Massenkommunikation inflationär wird. Eine öffentliche Äußerung ist nur durch eine qualitative, inhaltliche Bestimmung von einer privaten Äußerung in Öffentlichkeit zu unterscheiden. Diese Bestimmung können wir aus dem Öffentlichkeitsbegriff nach John Dewey gewinnen. Dewey verknüpft die Entstehung von Öffentlichkeit mit dem Handlungsbegriff. Politische Öffentlichkeit ist demnach an einen Raum geteilter Handlungsfolgen und gemeinsamer Handlungsmöglichkeiten gebunden (vgl. Dewey 1996, 112). Diese Bestimmung ist für das Internet nicht nur wegen ihrer relativen Unabhängigkeit von geopolitischen Grenzen interessant, sondern auch weil sie sich als thematischer Indikator für öffentliche Kommunikation anbietet. Voraussetzung für eine öffentliche Kommunikation wäre also ihr thematischer Bezug zu einer kollektiven Praxis und einem diesbezüglichen Handlungsinteresse. Der diskursive Meinungsaustausch auf dieser Ebene ist Voraussetzung für eine freiheitliche politische bzw. gemeinwohlorientierte Willensbildung.

Wie ist es jedoch in einer auf Pluralisierung und Spezialisierung ausgelegten Medienlandschaft zu gewährleisten, dass Meinungsäußerungen vom obigen Format öffentliche Aufmerksamkeit finden? Folgt aus den neu gewonnenen Möglichkeiten zur medialen Meinungsäußerung auch ein Anspruch auf öffentliche Wahrnehmung? Diese Frage muss selbstredend abschlägig beantwortet werden. Ansprüche auf öffentliche Aufmerksamkeit für sämtliche individuellen Meinungsäußerungen könnten schon allein aus praktischen Gründen nicht umgesetzt werden. Zur Sicherung eines offenen demokratischen Diskurses ist die Erfüllung dieses Anspruches jedoch auch nicht notwendig. Wichtiger ist auf individueller Ebene die Einlösung eines der Meinungsfreiheit korrespondierenden Rechts, dem Recht auf Informationsfreiheit. Die »Freiheit, sich aus allgemein zugänglichen Quellen zu informieren« (GG Abs. I, II Art. 5), findet im Internet ihre ideale medientechnische Entsprechung. Ausschlaggebend ist hier im Unterschied zu den herkömmlichen Massenmedien die aktive Leistung der Nutzerinnen und Nutzer in der Rezeption und Bereitstellung der Information. Gerade diese individualisierte Nutzungsweise ist jedoch der Grund für eine bessere Eignung der herkömmlichen Rundfunktechnik als Medium für die *Austragung* eines *allgemeinen öffentlichen* Meinungsstreits. Das soll nicht heißen, dass politische Diskussionen im Internet nicht wichtig oder sogar überflüssig wären. Im Gegenteil sind sie eine Form von kleinen Öffentlichkeiten, die ähnlich wie die episodische Kommuni-

kation in der Schule, auf dem Markt oder in der Kneipe einen unverzichtbaren Beitrag zur individuellen Meinungsbildung und zur Ausbildung der größeren gesellschaftlichen Öffentlichkeit leisten. Charakteristische Stärken dieser einfachen Kommunikationsformen wie auch der Internet-*Chats* sind ihre relative Strukturlosigkeit,
ihre Offenheit für Teilnehmer und Themen und ihre weitgehende Immunität gegen
politische Kontrolle. Sie können Flucht- und auch Startpunkt für Autonomisie-
rungsprozesse der allgemeineren Öffentlichkeit sein (zur episodischen Kommunikation vgl. Gerhards/Neidthardt 1991, 50ff.).

Hörfunk und Fernsehen haben aus ihrer Entstehungsgeschichte begründet einen
öffentlichen Funktionsauftrag. Sie sollen den demokratischen Diskurs heterogener
Gruppen möglich machen und sind damit von vornherein auf einen politischen
Auftrag von gesamtgesellschaftlicher Relevanz festgelegt. Festgelegt sind damit auch
die Bedingungen für eine allgemeine, öffentliche Kommunikation: die Breite des
Themenspektrums, die Ungleichartigkeit der Kommunikationsteilnehmerinnen und -
teilnehmer und vor allem: die Schaffung gleicher Informationsmöglichkeiten und
ausgeglichener Artikulationsmöglichkeiten der verschiedenen gesellschaftlichen
Gruppierungen. Diese Gleichheit betrifft inhaltlich solche Informationen, die für
gesellschaftliche Partizipation und politische Meinungsbildung Voraussetzung sind.
Diese Informationen müssen technisch leicht verfügbar (Bedienungsfreundlichkeit)
und unabhängig vom Bildungsniveau erschließbar sein. Medienvermittelte Öffentlichkeit hat in einer ausdifferenzierten Gesellschaft die Funktion, Orientierungswissen
zu bieten. Aus dieser Warte zeigt eine durch Rechtsvorschriften geprägte Kommuni-
kationsfreiheit der öffentlich-rechtlichen Rundfunkanstalten Vorteile unter der Ziel-
vorgabe, einen Interessen- und Kompetenzenausgleich aller Kommunikationsteilnehmerinnen und -teilnehmer herzustellen.[7] Dieser gesamtgesellschaftliche Auftrag
impliziert auch die Kontrolle der Kommunikationsbedingungen durch die Allgemeinheit zur Gewährleistung einer von Wirtschafts- und Partikularinteressen unbehinderten Kommunikation sowie zur Wahrung von Pressekodizes und Jugendschutz.

Die elektronischen Massenmedien sind für ihre Mitwirkung an der Entstehung
politischer Öffentlichkeit und individueller Meinungsbildung also in besonderer Weise geeignet. Sie erfüllen Funktionen, die in dieser Form bei den Online-Medien nur
teilweise vorzufinden sind. Gerade die Strukturen, die die herkömmlichen Medien
mit ihrem Sender-Empfänger-Modell als Ort der öffentlichen Meinungsbildung emp-
fehlen, wie institutionelle Anbindung, öffentliche Kontrolle oder Programmrecht
sind aber für die Internetkommunikation nicht zu wünschen.

---

7   Zu den diesbezüglichen Vorteilen des Rundfunks gegenüber den Online-Medien vgl. Hesse,
    Albrecht: »Öffentlich-rechtlicher Rundfunk im Online-Zeitalter«. In: epd medien (10. Mai 2000),
    Nr. 37, 3-6; sowie Hasse, Raimund; Wehner, Josef: Vernetzte Kommunikation. Zum Wandel
    strukturierter Öffentlichkeit. In: Becker, Barbara u.a. (Hg., 1997): Virtualisierung des Sozialen.
    Die Informationsgesellschaft zwischen Fragmentierung und Globalisierung, Frankfurt/M. u.a.:
    Campus, 53-81, besonders 54.

Die Qualitäten des Internet bestehen gerade in der Abgrenzung von anderen Medientypen. In Bezug auf einen normativ anspruchsvollen öffentlichen Diskurs erweist das Internet seinen Wert vor allem parallel zu den klassischen Medien. Eine völlig individualisierte Internetkommunikation allein könnte die Herstellung einer demokratischen Öffentlichkeit nicht gewährleisten. Der Grund hierfür liegt in der Spannung zwischen isolierter und spezialisierter Nutzungsweise des Internet einerseits und dem Anspruch eines normativ anspruchsvollen öffentlichen Diskurses andererseits.

» [...] die Aussicht darauf, daß mit Hilfe der Medien in Zukunft jeder zum Produzenten werden kann, bliebe unpolitisch und borniert, sofern diese Produktion auf individuelle Bastelei hinausliefe. [...] Die Diapositiv-Serie von der letzten Urlaubsreise kann hierfür als Muster gelten« (Enzensberger 1970, 179).

Zu diesem Fazit kam Hans Magnus Enzensberger 1970 in Bezug auf die individualisierte Medienproduktion mit Kleinbildkameras, Super-8-Kameras und Kurzwellensendern und es gilt gleichermaßen für die neuen interaktiven Medien.

Mediale Öffentlichkeit als Ausdruck und Vollzug individueller und kollektiver Freiheit reflektiert notwendig auf eine solidarische Verwirklichung der Freiheitsidee: Im Unterschied zu einem negativen Freiheitsbegriff, der darauf abzielt, die Freiheitsrechte anderer nicht zu beschneiden, bezeichnet ein solidarischer Freiheitsbegriff eine positive Pflicht zur Aufrechterhaltung der öffentlichen Kommunikation in Hinblick auf eine Gemeinwohlorientierung. Hierin steckt die eigentliche ethisch-politische Dimension der Medienfreiheit. Der Ort der solidarischen Strukturierung von Öffentlichkeit in den herkömmlichen Massenmedien war der Gesetzgeber, und damit ein öffentlich legitimiertes Organ. Der Impuls zu einer solidarischen Verankerung der öffentlichen Kommunikation in den interaktiven Medien dagegen geht von den einzelnen Medienteilnehmerinnen und -teilnehmern aus.

Die Wahrnehmung individueller Freiheitsrechte im Internet steht also im Kontext einer freiheitlichen Medienordnung insgesamt. Die Integration des Internet in den öffentlichen Meinungsbildungsprozess darf jedoch nicht durch eine Angleichung der verschiedenen Medientechniken erfolgen. Die Potenziale des Internet für die bürgerschaftliche Willensbildung werden nur dann ausgeschöpft, wenn das Internet als Medium der spontanen, nicht-reglementierten Medienproduktion Bestand hat. Die Freiheit des Internet bedarf an dieser Stelle einer institutionellen Absicherung, denn wie die Entwicklung der Online-Medien bislang vor Augen geführt hat, stehen die Freiheit des Marktes und die Freiheit der Medien hier einmal mehr in einem Konkurrenzverhältnis.

Vielfalt und Unabhängigkeit sind die Kriterien zur Bewertung von Medienfreiheit. Sie lassen sich nur dann herstellen, wenn der Gedanke der Individualisierung mit dem der Differenz verbunden ist. Individuelle Freiheit bedeutet auch die Freiheit zur Einförmigkeit. Der emanzipatorische Anspruch einer individualisierten, interaktiven Mediennutzung wird nur dann eingelöst, wenn der Vielzahl der Mediennutzer auch eine gesellschaftlich abgesicherte Vielfalt von Medienproduktionen und Medientechniken gegenübersteht.

III. Teil

Rückblick und Ausblick

Netzethik. Ein Zwischenfazit

RUPERT M. SCHEULE

Das Buch »Netzethik« will eine ethische Diskussion über das Internet im deutschsprachigen Raum eröffnen. Dem vorliegenden letzten Beitrag kommt dabei die Aufgabe zu, anhand einiger einfacher Begriffsdichotomien ein erstes Fazit dieses Unternehmens zu ziehen. Dass die Trassen, die ich durch die Argumentationen und Thematiken der hier versammelten Texte lege, nicht die einzig möglichen sind, dass die Wahl der Trassen aber notwendigerweise den Blick bestimmt und leider manches aus den Augen gerät, was einer eingehenden Betrachtung wert wäre, das versteht sich von selbst. Die Dimensionen, in denen die Gedanken dieses Buches geordnet werden, lassen sich in folgende Fragen fassen:

- Gehört die Netzethik ins Grundlegungs- oder ins Anwendungssegment der ethischen Wissenschaft?
- Wird Netzethik normativ oder deskriptiv betrieben?
- Was ist der jeweilige »normative Output«, falls Netzethik normativ aufgefasst wird? Handelt es sich um sozial- oder individualethische Imperative?

Im Grundlegungs- oder im Anwendungssegment der Ethik?

Versteht man den Untertitel dieses Buches als *genitivus obiectivus*-Konstruktion, wäre »Grundlegungsfragen der Internetethik« bedeutungsgleich mit »Grundlegungsfragen *für* die Internetethik«. Demgegenüber stünde eine *genitivus subiectivus*-Lesart, die der Internetethik Relevanz für (ethische) Grundlegungsfragen überhaupt zuschreibt. In diesem Buch überwiegen die Beiträge, die einem *genitivus obiectivus*-Verständnis folgen: Was Ethik ist und was Internetethik wollen die meisten AutorInnen getrennt verhandelt wissen. Am deutlichsten macht dies Bernd Frohmann. In kritischer Auseinandersetzung mit Pierre Lévy (1997) räumt er der Internet- bzw. Informationsethik innerhalb der Ethik keinen höheren epistemiologischen Rang ein als einer »medizinischen Ethik, zahnärztlichen Ethik oder der Ethik von Klempnern« (59), welche sich v.a. in ihrem stimmigen Anwendungsbezug bewähren müssen. Die emphatische Zurückweisung einer heuristischen Wichtigkeit des Cyberspace für Grundlegungsfragen der Ethik ist nach Frohmann ihrerseits grundlegend für eine Internet- bzw. Informationsethik. Existenzialontologisch gewendet taucht dieser Gedanke auch bei Rafael Capurro auf, setzt er seine Netzethik doch an bei der »ontologischen Differenz« zwischen dem digitalen Weltentwurf und der menschlichen Weltoffenheit, die jedweden Weltentwurf – sei er nun materialistisch, psychoanalytisch oder eben digital –

stets relativiert. Vordringliche Aufgabe einer existenzialontologischen Netzethik ist deshalb das »Zum-Platzen-Bringen der digitalen Sphäre« (68): Es gilt, der digitalen Kodierung jeden *ontischen* Rang abzusprechen und auf ihrer *ontologischen* – also vorverständnishaften – Qualität zu bestehen, damit nicht das, was *informationalisierbar* ist, fälschlicherweise für das gehalten wird, was *überhaupt ist*.

In Bezug auf die Fundamentalität des Medialen nehmen jene Texte eine interessante Gegenposition ein, die sich mit Ernst Cassirer befassen. Der Medienbegriff von Matthias Rath und Klaus Wiegerling ist so weitgefasst, dass die Autoren von der »Medialität des Menschen« (u.a. 89) als solchem sprechen können. Rath sieht, inspiriert von Frank (1988), in der Notwendigkeit, sich selbst auslegen zu müssen – als *zoon politikon, animal rationale,* als Träger einer autonomen Identität usf. –, die eigentliche anthropologische Konstante. Nach Cassirer ist dem Menschen die Welt – und in der Welt der Mensch sich selbst – nur in den »symbolischen Formen« gegeben, in welchen er sich und die Welt beständig auslegt. Deshalb hat der Mensch immer nur mit sich selbst zu tun. »Er ist das *animal symbolicum*« (82).[1] Für die ethischen Konsequenzen, die Rath andeutet, ist es nun entscheidend, dass er seinen ontologischen Medienbegriff auch auf das anwendet, was man alltagssprachlich unter Medien versteht: Ohne das Internet zu nennen stellt er fest, dass die gegenwärtige mediale (digitale?) Welterfassung dem Menschen als *animal symbolicum* und *homo medialis* nicht wesensfremd ist, weshalb sich bewahrpädagogische Anstrengungen, die die Differenz zwischen Mensch und Medien stark machen, verbieten. Die wesenhafte Medialität von Mensch und Welt bedeutet aber schon *eo ipso* Moralbedürftigkeit: Es gibt keinen archimedischen Punkt der Welterfassung, keine epistemiologische Unhintergehbarkeit; »Echtheit« ist somit eine Frage der Ethik, nicht der Erkenntnistheorie.

Klaus Wiegerling gelingt es mit Hilfe von Ernst Cassirers Theorie der symbolischen Ordnungen, das Phänomen der digitalen Welterzeugung klar in den Blick zu bekommen, ohne dabei den Anspruch auf Fundamentalität für seine Ausführungen aufzugeben. Entscheidend ist für Wiegerling, dass das Cassirersche Symbol nicht einfach für etwas Anderes steht, sondern dass es dieses Andere einbettet in einen Horizont, der es verständlich macht und der uns als symbolische Ordnung eine implizite Handlungsanweisung gibt, wie wir ein symbolisiertes Phänomen mit einem anderen verknüpfen können. Solche Ordnungen, auf welche hin Symbole die Einzelphänomene transzendieren, wären etwa die Kunst, die Technik, die Religion, die Wissenschaft oder, fundamentaler, die Sprache. Der Neuigkeitswert unserer Gegenwart besteht nun darin, dass die Medientechnologien beginnen, alle diese Ordnungen digital zu rekonstruieren.[2] Dies führt zumindest zu zwei ethisch relevanten Folge-

---

1   Eine ähnliche anthropologische Pointe lässt sich auch mit der Sprachtheorie Wilhelm v. Humboldts erzielen. Zu einem von Humboldt inspirierten, gegen Baudrillards Begriff der »Hyperrealität« gerichteten »re-dimensioning« der Virtualität vgl. Scheule (2000), 174f.

2   Diese Universalität des digitalen Codes von 0 und 1 hat, darauf verweist Jean Baudrillard zu Recht, einen kulturgeschichtlichen Vorläufer im Stuck, dem Universalwerkstoff des Rokoko. In Rokoko-Kirchen wie der Basilika Ottobeuren sind Engel und Menschenkörper, Pflanzen, Mar-

problemen: das klassische Praxis-Poiesis-Koordinatensystem (vgl. u.a. Arendt 1981) muss nachjustiert werden, denn Praxis als zwischenmenschliches Agieren ohne jede technische Vermittlung ist längst zum sozialen Ausnahmefall geworden. Und: Das Handeln in einer digital erzeugten Welt steht vor Zurechnungsschwierigkeiten. Habe ich es mit Kunst, einem Scherz oder einer Nachricht zu tun, wenn auf Websites detailliert von den Weltverschwörungsplänen des Vatikan berichtet wird? Derlei Fragen stellen sich ständig bei der Weltbeobachtung am Bildschirm und von ihrer Beantwortung hängt es wesentlich ab, ob ethischer Handlungsbedarf festgestellt wird oder nicht. Für Wiegerling verbürgt das, was wir »Wirklichkeit« nennen, einen »Anspruch auf fortschreitende Bewährung von Erfahrungswerten« (104). Eine dauernde, gewissermaßen meta- oder »protoethische« Aufgabe bleibt es nun, uns wechselseitig die Einlösung dieses Anspruchs – quasi »wirklichkeitsanalog« – auch in einer digital erzeugten Welt zu ermöglichen. Dieser Generalimperativ zur Minimierung von Zurechnungsproblemen erlaubt uns erst jene Urteile der *theoretischen* Vernunft, mit denen wir die *praktische* Vernunft versorgen müssen, um zu einem Ethos des digitalen Lebens zu kommen.

Für Capurro und Frohmann, Wiegerling und Rath ist also die Frage theorieentscheidend, ob die Internetethik im Grundlegungssegment der Ethik verhandelt wird oder ob dies gerade nicht der Fall sein darf. Die anderen AutorInnen gehen mehr oder weniger selbstverständlich davon aus, dass es sich bei der Internetethik um eine Bereichsethik handelt oder sie interessieren sich grundsätzlich eher für andere Fragen.

Deskriptiv oder präskriptiv?

Mit dem Etikett »Ethik« lassen sich die verschiedensten wissenschaftlichen Anstrengungen versehen. Ein grundlegendes Merkmal zur Unterscheidung dieser Unternehmungen könnte die Differenz deskriptiver und präskriptiver Methoden sein (vgl. Pieper 2000, 11f). Unter den deskriptiven Zugängen lässt sich ein ethologischer von einem metaethischen trennen. Ersterer bescheidet sich mit der Beschreibung sittlichen Verhaltens,[3] letzterer untersucht ethisches Sprechen und Argumentieren in analytischer Absicht. Der Ethik als präskriptiver Disziplin geht es demgegenüber um »die Sichtung und Begründung von Moralvorstellungen, also um die Erarbeitung dessen, was Moralität ist, die Überprüfung bestehender Moralvorstellungen auf ihre Moralität und den Entwurf von normativen Lösungen für neue moralische Problemstellungen« (Hausmanninger 2000a). Was lässt sich also anhand der Leitdifferenz *deskriptiv/präskriptiv* über dieses Buch sagen?

---

morsäulen, aber auch ornamentale Textilien und Reisekoffer unterschiedslos aus Stuck gefertigt, so wie heute Wissenschaft, Technik und zunehmend auch die Kunst aus Algorithmen bestehen. Vgl. Baudrillard (1991), 81.

3   »Sittlichkeit« ist hier im Sinne Hegels als Ausdruck positiver Sittlichkeit bzw. als Erfüllung gesellschaftlich akzeptierter Normen zu verstehen (vgl. u.a. Hegel [1986], Bd. 1, 104 - 190, hier 183).

Keiner der hier gesammelten Beiträge versteht sich ausschließlich deskriptiv, alle AutorInnen machen, wie verhalten und implizit auch immer, Vorschläge für Sollens-Aussagen. Dennoch sind einige Texte besonders beachtenswert wegen ihrer deskriptiven Befunde.

So beschränkt sich Andreas Greis gezielt auf eine Strukturanalyse des Internet und eine ethische Problemanzeige. Er unterscheidet im Internet einen Kommunikations- und einen Handlungsraum, welche beide unter den Bedingungen der Virtualität stehen: Entörtlichung, Entzeitlichung und Entkörperlichung von Kommunikation, eine Oszillation zwischen Merkmalen mündlicher und schriftlicher Kommunikation und die Performatisierung nicht-performativer Sprechakte machen das Internet zu einem sozialen Arrangement, in welchem, so Greis, klassische Authentizitätsgaranten auf der Strecke bleiben.

Ihren semiotisch inspirierten Beitrag eröffnen Petra Grimm und Franco Rota mit einem kommunikationshistorischen Abriss, demzufolge das Internet die zehnte Komplexitätsstufe der Kommunikation ist, wenn das gesprochene Wort die erste, das Bild die zweite, die Schrift die dritte usf. war. Keine dieser Kommunikationsformen wurde von der nachfolgenden abgelöst, sie alle koexistieren. Die Internetkommunikation analysieren Grimm und Rota nun unter dem Gesichtspunkt, wie sie sich auf die verschiedenen »Semiosphären« der Weltkulturen auswirken könnte. Unter Semiosphäre verstehen Grimm und Rota miteinander vernetzte und interferierende Kommunikationsakte, die Angehörige einer Kultur produzieren. Wird das Internet zur Ausbildung einer »Monosemiosphäre« oder einer »Polysemiosphäre« beitragen? Grimm und Rota sehen bereits eine intrakulturelle Fragmentierung der Internet-Öffentlichkeit durch gruppenspezifische Sprachkonventionen. Sie sprechen von »Verzipung« (Sprachkomprimierungen wie »cu« für »See you«), die zwar zu »Sprach-vexationen« und Missverständnissen außerhalb einer engen UserInnen-Gemeinde führen kann, aber auch autoritären Staaten die Überwachung des Netzes erschwert. So büßt der Staat, der »Big Brother« düsterer Zukunftsvisionen von einst, seine Kontrollkompetenz zunehmend ein und die »Little Sisters« kleinerer online-Gemeinschaften fungieren als neue Identifikationsinstanzen. Eine zur Fragmentierung gegenläufige Tendenz zeigt sich einerseits in der Verbreitung sog. Emoticons wie »☺«, die auf kulturübergreifenden, ja anthropologisch konstanten Deutungen (ein nach oben gekrümmter Mund = Lächeln, Freude) beruhen. Andererseits hat das Web von jeher eine universalistische sprachliche Tiefenstruktur. Die Programmiersprache *Hypertext Markup Language* (html), auf der die Darstellung von Websites basiert, fußt ihrerseits auf dem lateinischen Alphabet und es ist nicht absehbar, dass der Basiscode des WWW bald aus einer anderen Sprache entwickelt werden würde. Unentrinnbar scheint das Web an seine tiefenstrukturelle »Latinität« gebunden zu sein. Die Überwindung der angestammten kulturellen Eurozentrik könnte deshalb schon aus diesen »genetischen Gründen« schwierig werden.

Was einen möglichen »clash of semiospheres« angeht, geben sich Grimm und Rota optimistisch: Sie sehen im Internet eher zivilgesellschaftliche Chancen denn konfrontativ machtpolitische oder militärische.[4]

Peter Ludes ist in dieser Frage pessimistischer. Ausgehend von Huntington (1996) und Welzel/Inglehart/Klingemann (2001) bescheinigt er unserer »Multimoderne« einen Wertepluralismus, der sich in acht Kulturzonen mit je eigenen Wertekosmen zeigt. Die Hoffnungen, die sich angesichts dieses sinngemäß ja häufig konstatierten Umstands an das Internet – als der Infrastruktur zur Ausbildung eines Weltethos o.ä. – binden, dämpft Ludes aber mit erdrückendem empirischen Material: Faktisch kommen die verschiedenen (Werte-)Kulturzonen via Internet kaum in Kontakt miteinander. Ludes verweist auf eigene Studien, nach denen die Informationsangebote des WWW weiterhin überwiegend national orientiert sind. Aber schon allein die Tatsache, dass es im Jahre 2001 in der nordamerikanisch-europäischen Kulturzone 236 Millionen Internet-Anschlüsse gab, während es in ganz Afrika nur vier Millionen waren, deutet hin auf die Unwahrscheinlichkeit eines interzonalen Wertediskurses im Internet. Hinzu kommen Sprachbarrieren und Analphabetismus, die bei entsprechend schwachen materiellen Ressourcen kaum überwindbar sind. Für Ludes ist wegen der regional nach wie vor sehr unterschiedlichen Wohlstandsentwicklung eine baldige ökonomische und informationstechnologische Angleichung nicht in Sicht.

---

4   Auf eine theorieinterne Anschlussmöglichkeit der Semiotik, die gedeihliche Interaktion der »Semiosphären« – mit einem zumindest zeichenhaften Rekurs aufs Internet – zu thematisieren, möchte ich kurz und stark vereinfachend hinweisen: Die Hypertextualisierung des World Wide Web ließe sich auch interpretieren als ein Vorgang, der in der dreigliedrigen Semiotik von Objekt, Zeichen und Interpretant, wie sie Charles Sanders Peirce († 1914) vorlegte, *Semiose* genannt wird (vgl. Peirce 1992): Die Semiose ist ein unabschließbarer Zeichen- bzw. Bezeichnungsprozess, denn eine »wahre Interpretation« *(final interpretant)* eines Objekts durch ein Zeichen kann es niemals geben, das »Ding an sich« bleibt uns unzugänglich. In mir entsteht aber als Folgezeichen eines äußeren Zeichens dessen unmittelbarer sinnlicher Eindruck: der sog. *immediate interpretant*. Und dieser wiederum kann zu komplexeren Bedeutungsbildungen *(logical interpretants)* innerhalb des Zeichenprozesses führen. Der *final interpretant* hat für die Semiose demgegenüber nur heuristische Funktion. Er ist es, der ihre Unabschließbarkeit verbürgt und zur ständigen Revision der Interpretanten anregt. Was Grimm und Rota »Semiosphären« nennen, könnte man vielleicht auch als kulturspezifische *Cluster* von *logical interpretants* bezeichnen. Vor diesem Hintergrund ist nun der Hypertext des WWW als einzige große Semiose zu sehen, als auto-korrektiver Verweiszusammenhang von Zeichen, denn jeder link, den ich setze, kommt dem Eingeständnis gleich, dass es noch mehr zum Thema zu sagen gibt, als ich auf meiner Site gesagt habe, und spielt gleichsam den Ball der Bedeutungsfindung weiter. So ist der Hypertext wie kein anderes Zeichensystem seinerseits ein Zeichen für die Differenz zwischen unseren *logical interpretants* und dem *final interpretant*. Als Zeichen dieser Differenz fördert das WWW nicht nur meine Bescheidenheit im Umgang mit meiner eigenen kulturrelativen Position, sondern auch die Neugierde auf andere Semiosphären, denn ich kann – um im Bild des autokorrektiven Hypertexts zu bleiben – nie ausschließen, dass gerade hinter dem nächsten link die wichtigste Erkenntnis meines Lebens zu finden sein wird.

Die ethischen Probleme des Internet werden natürlich nicht erst von dem vorliegenden Buch thematisiert, auch im Netz selbst gibt es spezifische Normierungsansätze, die von einigen AutorInnen analytisch-metaethisch in den Blick genommen werden. Andreas Greis würdigt die sog. Netiquette als Versuch, im Kommunikationsraum Internet persönliche Verbindlichkeit, die durch die Virtualisierung der Kommunikation leidet, zumindest auf der Ebene von Umgangsformen aufrechtzuerhalten. Aber wegen der dynamisch sich verändernden NutzerInnenschaft im Netz kann sie nicht auf bleibende Geltung hoffen. Greis identifiziert zudem einen Trend zur Zersplitterung der Netiquette in »Sondernetiquetten« einzelner Internetdienste, so dass die verschiedenen Netiquetten zum sozialen Distinktionsmerkmal im Netz werden, die Integration der UserInnen in die *eine* Gemeinschaft von Netiquette-Observanten findet also nicht statt.

Mit unterschiedlichen Absichten, aber gleichermaßen metaethisch-analytischem Blick widmen sich Karsten Weber und Jessica Heesen der sog. »Unabhängigkeitserklärung des Cyberspace« von John Perry Barlow (1996). »Im Namen der Freiheit« brandmarkt Barlow die Interventionsversuche der Staaten im Cyberspace und proklamiert ein Cyberethos körperloser Kommunikation, welches allein die Goldene Regel anerkennt. Karsten Weber verortet Barlows Konzept unweit von Robert Nozick und Friedrich von Hayek in einem libertären Theoriekontext, in welchem eine Beschränkung des Gerechtigkeitsbegriffes auf ihren kommutativen Aspekt vorherrscht: Es geht um die Gerechtigkeit von Tauschprozessen. Fragen der distributiven Gerechtigkeit, mit denen sich u.a. die liberale politische Philosophie im Anschluss an John Rawls beschäftigt, unterstellten indes das Vorhandensein einer übergeordneten Verteilungsinstanz oder fordern es implizit; und derlei verbiete sich, so ließe sich mit Barlow sagen, im Cyberspace, dessen Struktur dem Hierarchieprinzip widerspricht. In Abgrenzung von dieser libertären Position verfolgt Weber seinerseits die liberale Spur, indem er den Charakter der Information als Grundgut herausstellt und damit den ungebrochenen Bedarf distributiver Gerechtigkeitserwägungen plausibilisiert.

Auch Jessica Heesen erkennt einerseits den extremen Liberalismus als Nährboden von Barlows »Unabhängigkeitserklärung«. Im Sinne der kantianischen Antithese von Autonomie und Heteronomie wird die körper- und ortlose Kommunikation im Internet als Autonomisierung menschlicher Geistigkeit gegenüber den Zwängen des Körpers und der sozialen Situiertheit gefeiert, ohne zu sehen, dass das Cyberself von seiner apparativen Bewerkstelligung (elektrischer Strom, Computer, Software usf.) und von der Subjektzuschreibung durch andere KommunikationsteilnehmerInnen extrem abhängig bleibt – und die Heteronomie folglich nur ihre Gestalt wechselt. Die extreme Verwiesenheit der Netizens aufeinander zur Realisierung ihres *Being Digital* scheint Barlow andererseits, theoretisch nun konträr ansetzend, kommunitaristisch auszulegen als Situiertheit des Cyberself in einem gerade entstehenden Internet-Ethos, als Situiertheit also, welche nach Ansicht der KommunitaristInnen den abstrakten Gesetzen der Staaten und dem »unencumberded self« (Sandel 1984, 86) der klassischen Moderne moralisch überlegen sei. So kann Heesen die hochfahrenden oxymoralen Hoffnungen der Internetgemeinde auf Autonomisierung *und* wohlige Gemeinschaftlichkeit ihrer theoretischen Inkonsistenz überführen.

An einem entscheidenden Punkt ist auch Thomas Hausmanningers Ansatz metaethisch: nämlich in der Konstatierung verschiedener Moralen, die sich gerade auch dem Reisenden im Netz aufdrängen muss und ihn zur Erkenntnis der eigenen Relativität führt. Für die philosophische Ethik ist dies zwar nichts Neues, es war ihr im Gegenteil überhaupt erst Anlass, die Allgemeingültigkeit von Normen zu reflektieren.[5] Neu aber ist, dass auch die letzten materialen Maßstäbe zur Herstellung von Allgemeingültigkeit (nach der Autorität von Personen oder heiligen Texten auch die Autorität der *physis* des Menschen und des Wesens seiner Vernunft) brüchig und kontingent geworden sind. Hausmanninger schlägt deshalb vor, das Moralprinzip auf die Testfrage zuzuspitzen, ob eine Norm für Vernunft- und Freiheitswesen zustimmungsfähig ist oder nicht, wobei er Vernunft als formallogisches Vermögen versteht, dessen Kernelement das Nichtwiderspruchsprinzip ist, und Freiheit als Fähigkeit der Entscheidung – fast im Sinne der stoischen *sygkatathēsis*. Netzethisch ist dieses Konzept insofern, als es Hausmanninger als *Ethik im Netz* begriffen wissen will, das im Diskurs der Netizens die Konvergenz mit *anderen vernünftigen* Moralkonzepten suchen soll. Ganz analog möchte auch Matthias Kettner moderne Kommunikationstechnologien in den Dienst des Menschenrechtsdiskurses stellen. Sich ein Bild davon machen zu können, wie Menschen an anderen Orten und zu anderen Zeiten leben bzw. lebten, solche Bilder vergleichen und erörtern zu können, ist die Voraussetzung für die materiale Füllung der Menschenrechtstextur. Wäre das Internet nicht strukturell elitär, so böte es sich hervorragend an als Medium dieses Diskurses.

Individual- oder Sozialethik?

Damit sind wir nun beim letzten Punkt dieses Zwischenfazits, dem »normativen Output« des vorliegenden Buches. Freilich dürfen Texte, welche Grundlegungsfragen der Internetethik behandeln, nicht mit Erwartungen auf konkrete moralische Orientierungen überfrachtet werden. Es ging hier primär um verschiedene netzethische Zugänge, denen feingliedrigere Bereichsethiken des Internet folgen können und folgen müssen. Nichtsdestotrotz sind in diesem Buch sowohl sozial- als auch individualethische Sollenssätze zu finden. Als deutlichster sozialethischer Imperativ zeigt sich in vielen Beiträgen die Forderung nach Zugangsgerechtigkeit zum Internet (so bei Rafael Capurro im Dialog mit Thomas Hausmanninger, bei Peter Ludes, Karsten Weber und – implizit – bei Matthias Kettner). Jenseits der Zugangsproblematik er-

---

5   Im fünften vorchristlichen Jahrhundert häuften sich in Griechenland die Reiseberichte, die von den Sitten der umliegenden Völker Fantastisches erzählten. »Die Griechen aber begnügten sich nun nicht einfach damit, diese Sitten schlicht absurd, verächtlich oder primitiv zu finden, sondern einige unter ihnen, die Philosophen, begannen nach einem Maßstab zu suchen, an dem man verschiedene Normensysteme und verschiedene Lebensweisen messen kann« (Spaemann 1999, 14).

wies sich als strukturelles Problem des Netzes selbst einmal mehr die Authentizität der elektronischen Kommunikation, – mit allen Folgeproblemen der personalen Zurechenbarkeit von Kommunikationsbeiträgen und der Realitätszuschreibung überhaupt (vgl. die Texte von Matthias Rath, Klaus Wiegerling und Andreas Greis). Ob es eine sinnvolle normative Antwort auf dieses Problem geben kann, die nicht auf die altmodische individualethische Forderung nach Wahrhaftigkeit hinausläuft, ist offen. Auch Bernd Frohmanns und Rafael Capurros gleichsam »wahrnehmungsethische« Forderung ist wohl am ehesten individualethisch zu nennen.

Der normative Output dieses Buches, das sollte abschließend offen eingestanden werden, deckt sich weitgehend mit dem, was in der internetethischen Diskussion seit Jahren unter den Stichworten *digital divide* und *digital content* verhandelt wird (vgl. u.a. Debatin 1999). Die Innovation des vorliegenden Bandes besteht darin, dass die Beiträge, die er versammelt, in ganz unterschiedlichen theoretischen Kontexten ähnliche Normen nahe legen. So lässt sich aus einer semiotischen Perspektive ebenso wie aus einer diskursethischen der interkulturelle Austausch über Normen via Internet fordern, wie sich auch in theologischer und symboltheoretischer Sichtweise ganz ähnliche Lösungswege des Authentizitätsproblems im Internet andeuten. Das ist nicht nichts. Denn so zeigt sich auf den gut zweihundert Seiten dieses Buches gleichnishaft, was Netzethik vielleicht immer sein muss: ein Prozess zur Erzeugung konvergierender Imperative in verschiedenen ethischen Theoriedesigns. Das entspricht nicht nur der Pluralität des Netzes, es stärkt jenseits der im jeweiligen Theoriedesign argumentativ zu erweisenden *Gültigkeit* einer Norm deren faktische *Geltung* auch dort, wo ihr spezifisches Theoriedesign keinen Rückhalt hat. Darüber hinaus bietet sich das Internet als ideales Forum des netzethischen Austausches an.

Wenn es also künftig darum geht, an konkreten netzethischen Normen zu arbeiten, so könnte das Offenhalten dieser Normen für andere Herleitungsoptionen ein bei der Begründung stets mitlaufendes Postulat sein. Dass es größeren Bedarf gibt an konkreten netzethischen Orientierungen, als er hier befriedigt werden konnte, das pfeifen – um ein im Zusammenhang mit dem Internet reichlich antiquiertes Bild zu gebrauchen – die Spatzen von den Dächern. Es fehlt bislang ebenso eine Ethik der Homepages, wie es nach dem *Crash* der *New Economy* einer modifizierten Wirtschaftsethik des Internet bedarf. Auch der politische online-Aktivismus müsste sich einer gründlichen Legitimitätsdiskussion unterziehen. Schließlich stünde es einer freiheitlichen Ethik gut an, sich Gehör zu verschaffen in der erhitzten Debatte über die angebliche Notwendigkeit einer amtlichen www-Zensur zum Schutze unserer Kinder. Es gibt also für NetzethikerInnen noch viel zu denken und viel zu tun.

Aber dies ist ja auch erst der erste Band der Schriftenreihe des ICIE.

ANHANG

Autorinnen und Autoren

RAFAEL CAPURRO, Dr. phil. habil., Jg. 1945, Professor für Informationswissenschaft und Informationsethik an der Fachhochschule Stuttgart, Hochschule der Medien, Privatdozent für Praktische Philosophie am Philosophischen Institut der Universität Stuttgart. Gründer des International Center for Information Ethics (ICIE). http://www.capurro.de; E-mail: rafael@capurro.de
Veröffentlichungen zum Thema:
– Information. Ein Beitrag zur etymologischen und ideengeschichtlichen Begründung des Informationsbegriffs. München : Sauer 1978.
– Hermeneutik der Fachinformation. Freiburg/Br. u.a. : Alber 1986.
Leben im Informationszeitalter. Berlin : Akademie Verlag 1995.

BERND P. FROHMANN, PhD, Jg. 1946, Associate Professor an der Faculty of Information & Media Studies, University of Western Ontario, London/Ontario (Kanada), http://www.fims.uwo.ca/people/faculty/frohmann; E-mail: frohmann@uwo.ca
Veröffentlichungen zum Thema:
– Deflating Information. Documentary Circuits on Science. In Vorbereitung.
– (Hg.): Communication and Information in Context. Society, Technology, and the Professions. Proceedings of the 25th Annual Conference of the Canadian Association for Information Science, St. John's, Newfoundland. O.O. : o.V 1997.
– Communication Technologies and the Politics of Postmodern Information Science. Canadian Journal of Information and Library Science, 19/2 (1994) ,1-22.
– Taking Information Policy beyond Information Science: Applying the Actor Network Theory. In Connectedness: Information, Systems, People, Organizations. Proceedings of the 23rd Annual Conference of the Canadian Association for Information Science, 7-10 June 1995, Edmonton, Alberta. Hg. v. Olson, Hope A. u.a. Edmonton, Alberta : School of Library and Information Studies, University of Alberta Communication 1995.

ANDREAS GREIS, Dr. theol., Jg. 1970, Studienreferendar in Tübingen; E-mail: andreas.greis@forum-medienethik.de
Veröffentlichungen zum Thema:
– Identität, Authentizität und Verantwortung. Die ethischen Herausforderungen der Kommunikation im Internet. München : KoPaed 2001.
(Hg. zus. mit Hunold, G.W. und Laubach, Th.): Theologische Ethik. Ein Werkbuch. Tübingen : Francke 2000.

– Identität nach Maß? Multi-User Dungeons (MUDs) als Spielwiese des Ethischen. In: Laubach, Thomas (Hg.): Ethik und Identität. Festschrift für Gerfried W. Hunold zum 60. Geburtstag, Tübingen u.a. : Francke 1998, 233-244.
– (zusammen mit Hunold, G.W.): Medienkompetenz als Ziel politischer Bildung. Ethische Anmerkungen zu einem überfälligen Problem. In: Jahrbuch für Christliche Sozialwissenschaften, Bd. 40 (1999): Bildung und Bildungspolitik, 173-193.

PETRA GRIMM, Dr. phil., Jg. 1962, Professorin für Medienwissenschaft an der Fachhochschule Stuttgart, Hochschule der Medien, Prodekanin des Fachbereichs *Electronic Media*, E-mail: grimm@hdm-stuttgart.de
Veröffentlichungen zum Thema:
– Filmnarratologie. Eine Einführung in die Praxis im Beispiel des Werbespots. München : Schaudig & Ledig 1996.
– Erzählstrategien der Gewalt und Sieg der Konvention. In: Papst, Eckhard: »A Strange World«. Das Universum des David Lynch. Kiel : Ludwig 1998, 113-122.
– Die Illusion der Realität im Labyrinth der Medien. Die Konstruktion von Authentizität an der Grenze von Fiction und Non-Fiction. In: Krah, Hans u.a.: Weltentwürfe in Literatur und Medien. Phantastische Wirklichkeiten – realistische Interpretationen. Kiel : Ludwig 2002, 361-382.

THOMAS HAUSMANNINGER, Dr. theol., Jg. 1958, Professor für Christliche Sozialethik an der Katholisch-Theologischen Fakultät und an der Philosophisch-Sozialwissenschaftlichen Fakultät der Universität Augsburg, Gastdozent der Hochschule für Film und Fernsehen (HFF) München. http://www.kthf.uni-augsburg.de/lehrstuehle/sozethik.shtml; E-mail: thomas.hausmanninger@kthf.uni-augsburg.de
Veröffentlichungen zum Thema:
– Kritik der medienethischen Vernunft. Die ethische Diskussion über den Film in Deutschland im 20. Jahrhundert. München : Fink 1993.
– »Diskurs Weltethos«. Programmatische Notizen zur Diskussion um ein globales Rahmenethos. In: Catholica 4 (1994), 303-314.
– Leben in Zeiten der Entsicherung. Apokalyptische Szenarien am Ende des Jahrtausends in kulturethisch-theologischer Sicht. In: http://www.kthf.uni-augsburg.de/lehrstuehle/sozethik/Apok.htm (Zugriff: 26.03.2002).

JESSICA HEESEN, MA, Jg. 1969, Wissenschaftliche Mitarbeiterin der Abteilung für Philosophie, Universität Stuttgart. E-mail: Jessica.Heesen@PO.Uni-Stuttgart.DE
Veröffentlichungen zum Thema:
– Art. Medienethik. In: Düwell, Marcus u.a. (Hg.): Handbuch Ethik. Tübingen u.a. : Metzler 2002 (im Druck).

MATTHIAS KETTNER, Dr. phil., Jg. 1955, Privatdozent für Philosophie an der Universität Frankfurt/M. E-mail: kettner@em.uni-frankfurt.de
Veröffentlichungen zum Thema:
– (Hg. zus mit Brunkhorst, Frauke): Globalisierung und Demokratie. Wirtschaft, Recht, Medien. Frankfurt/M. : Suhrkamp 2000.

– (Hg. zus. m. Pape, H.): Indexikalität und sprachlicher Weltbezug. Paderborn : Mentis 2002.

PETER LUDES, Dr. phil., PhD, Jg. 1950, Professor für Kommunikations- und Medienwissenschaft an der International University Bremen; http://iub.ip-technik.net /directory/faculty/00417/index.html; E-mail: ludes@sfb240.uni-siegen.de
Veröffentlichungen zum Thema:
– Multimedia und Multi-Modern. Schlüsselbilder. Opladen u.a. : Westdeutscher Verlag 2001.

MATTHIAS RATH, Jahrgang 1959, Dr. phil., Professor für Philosophie an der Pädagogischen Hochschule Ludwigsburg. http://www.ph-ludwigsburg.de/ insphiltheo/hpg_phil/rath/rath.htm; E-mail: rath_matthias@ph-ludwigsburg.de
Veröffentlichungen zum Thema:
– Intuition und Modell. Hans Jonas' »Prinzip Verantwortung« und die Frage nach einer Ethik für das wissenschaftliche Zeitalter. Frankfurt/M. u.a. : Lang 1988.
– (Hg.): Medienethik und Medienwirkungsforschung. Wiesbaden : Westdeutscher Verlag 2000.
– Die Pflicht zur Würde. Überlegungen zu einem medienethischen Problem. In: Medienheft 15 (2001), Dossier, 1-10. Auch in: http://www.medienheft.ch /dossier/bibliothek/d15_RathMatthias.html (Zugriff: 18.02.2002).
– Medienqualität zwischen Empirie und Ethik. Zur Notwendigkeit des normativen und empirischen Projekts »Media Assessement«. In: Karmasin, M. (Hg.): Medien und Ethik. Stuttgart : Reclam 2002.

FRANCO ROTA, Dr. phil., MA, Jg. 1955, Professor für Marktkommunikation an der Fachhochschule Stuttgart, Hochschule der Medien, Studiengangleiter, Journalist, PR-Berater; E-mail: rota@hdm-stuttgart.de
Veröffentlichungen zum Thema:
– Leitfaden zur internationalen Politik. München : Tuduv 1989, 2. Aufl.
– Informationsmittel des Unternehmens. Wege und Formen effizienter Marktinformation. München : Beck 1997.
– PR- und Medienarbeit im Unternehmen. München : DTV-Beck, 2001.

RUPERT M. SCHEULE, Dr. phil., Jg. 1969, Leiter des DFG-Projekts »Entscheidungslehre christlicher Ethik« an der Katholisch-Theologischen Fakultät der Universität Augsburg. http//www.kthf.uni-augsburg.de/lehrstuehle/forschungsstelle.shtml; E-mail: rupert.scheule@kthf.uni-augsburg.de
Veröffentlichungen zum Thema:
– zus. mit Ebersberger, B. u.a.: Himmel Heilige [Hyperlinks]. Das CD-ROM-Projekt »Virtuelle Streifzüge durch den katholischen Kosmos. In: Roth, P. u.a. (Hg.): Die Anwesenheit des Abwesenden. Theologische Annäherungen an Begriff und Phänomene der Virtualität. Augsburg : Wißner 2000, 199-220.

– Cyber Policy Networks. Zur sozialethischen Bedeutung virtueller Netzwerke in Zeiten der Globalisierung. In: Roth, Peter u.a. (Hg.): Die Anwesenheit des Abwesenden. Theologische Annäherungen an Begriff und Phänomene der Virtualität. Augsburg : Wißner, 2000, 173 - 195. Auch in: http://www.kthf.uni-augsburg.de /lehrstuehle /sozethik/CyberPolicyNetworks.htm
– Noopolitik. Politisches Handeln und politische Legitimität im Informationszeitalter. In: Hausmanninger, Th. u.a. (Hg.): Handeln im Netz. Bereichsethiken und Jugendschutz im Internet. München : Fink 2003 (Schriftenreihe des ICIE ; 2), in Vorbereitung.

KARSTEN WEBER, Dr. phil., Jg. 1967, Wissenschaftlicher Mitarbeiter am Lehrstuhl für philosophische Grundlagen kulturwissenschaftlicher Analyse der Europa-Universität Viadrina Frankfurt/O. http://www.phil.euv-frankfurt-o.de/; E-mail: kweber@euv-frankfurt-o.de
Veröffentlichungen zum Thema:
– (zus. mit Haug, S.): Kaufen, Tauschen, Teilen. Musik im Internet. Frankfurt/M. : Lang 2002.
– (zus. mit Spinner, H. F./Nagenborg, M.): Bausteine zu einer neuen Informationsethik. Bodenheim u.a. : Philo-Verlag 2001.
– Ethnische Minderheiten und das Recht auf freie Meinungsäußerung. Erscheint in: Busch, D. u.a. (Hg.): Medientransformationsprozesse, Gesellschaftlicher Wandel und Demokratisierung in Südosteuropa. Frankfurt/M. u.a. : Lang 2002.
– Brauchen wir eine Ethik der Informations- und Kommunikationstechnologie? Brauchen wir eine Informationsethik? In: ETHICA, 2/2000.

KLAUS WIEGERLING, Dr. phil., Jg. 1954, freier Autor und Privatdozent (Philosophie, Informatik und Filmwissenschaft) an den Universitäten Kaiserslautern, Stuttgart, Mainz und Landau. http://www.uni-kl.de/FB-SoWi/FG-Philosophie/kontakt/ wiegerling.de.html; E-mail: Wiegerlingklaus@aol.com
Veröffentlichungen zum Thema:
– (mit Capurro, R. und Brellochs, A.): Informationsethik. Konstanz : UVK 1995.
– Medienethik, Stuttgart u.a. : Metzler 1998.
– Der überflüssige Leib - Utopien der Informations- und Kommunikationstechnologie. In: Consilium 2/2002.
– Ökonomische Weltordnungen. Zur Medialisierung von Produktion und Arbeitswelt In: Hubig, Ch. u.a. (Hg.): Ethische Ökonomie. Beiträge zur Wirtschaftsethik und Wissenschaftskultur. Heidelberg : Physica 2002.
– Mediatisierte Menschenbilder. In: Grimm, P. (Hg.): Medienethik. Menschenbilder in den Medien: ethische Vorbilder? Stuttgart : o.V. 2002.

Literatur

Apel, Karl Otto (1976): Transformation der Philosophie. 2 Bde. Frankfurt/M. : Suhrkamp.

ARD/ZDF-Arbeitsgruppe Multimedia (2001): ARD/ZDF Online-Studie 2001. Internetnutzung stark zweckgebunden. In: Media Perspektiven 2001, 382-397.

Arendt, Hannah (1981): Vita Activa oder Vom tätigen Leben. München : Piper (Erstveröffentlichung 1971).

Arnason, Johann P. (2001): The Multiplication of Modernity. In: Ben-Rafael, Eliezer/Sternberg, Yitzhak (Hg.): Identity, Culture and Globalization. Leiden : Brill, 131-154.

Auer, Alfons (1993): Anthropologische Grundlegung einer Medienethik. In: Handbuch der christlichen Ethik. Bd. 3, hrsg. v. Hertz, Anselm u.a., Freiburg/Br. : Herder, 535-546, aktualisierte Neuauflage.

Aufenanger, Stefan (2001): Invasion aus der Mitte. Perspektiven einer Medienanthropologie, in: medien praktisch 2001/4, 8-10.

Austin, John L. (1979): Zur Theorie der Sprechakte. Stuttgart : Reclam, 2. Aufl.

Baker, Mark C. (2001): The Atoms of Language – The Mind's Hidden Rules of Grammar. New York : Basic Books.

Baringhorst, Sigrid (1998): Katastrophenästhetik und Come-together-Mythen. In: Mayer, Ruth u.a. (Hg.): Globalkolorit. Multikulturalismus und Populärkultur. St. Andrä, Wördern : Hannibal.

Barlow, John Perry (1996): Die Unabhängigkeitserklärung des Cyberspace. In: Telepolis, http://www.heise.de/tp/deutsch/inhalt/te/1028/1.html (Zugriff: 18.12.2001).

Baudrillard, Jean (1991): Der symbolische Tausch und der Tod. München : Mathes und Seitz.

Baudrillard, Jean (1994): Die Illusion und die Virtualität. Bern: Benteli.

Beck, Ulrich (1986): Risikogesellschaft. Auf dem Weg in eine andere Moderne. Frankfurt/M. : Suhrkamp (edition suhrkamp ; 363).

Beck, Ulrich (1997). Was ist Globalisierung? Frankfurt/M. : Suhrkamp.

Ben-Rafael, Eliezer/Sternberg, Yitzhak (Hg. 2001): Identity, Culture and Globalization. Leiden : Brill (The annals of the International Institute of Sociology; New series ; 8).

Berger, Peter L./Luckmann, Thomas (1994): Die gesellschaftliche Konstruktion der Wirklichkeit. Eine Theorie der Wissenssoziologie. Frankfurt/M. : Suhrkamp, 5. Aufl.

Berger, Peter/Luckmann, Thomas (1980): Die gesellschaftliche Konstruktion der Wirklichkeit. Frankfurt/M. : Fischer Taschenbuch Verlag.

Berkeley, George (1967): The Principles of Human Knowledge. In: Ders.: Philosophical Writings. New York, London : Collier McMillan Publishers.

Berners-Lee, Tim (1999): Der Web-Report. München : Econ.

Blumenberg, Hans (1988). Die Legitimität der Neuzeit. Frankfurt/M. : Suhrkamp, 2. Aufl.

Bolter, Jay David (1991): Writing Space. The Computer, Hypertext, and the History of Writing. Hillsdale, NJ : Erlbaum.

Bolter, Jay David (1997): Das Internet in der Geschichte des Schreibens. In: Münker, Stefan u.a. (Hg.): Mythos Internet. Frankfurt/M. : Suhrkamp, 37-55.

Bolz, Norbert (1995): Am Ende der Gutenberg-Galaxis. Die neuen Kommunikationsverhältnisse. München : Fink, 2. Aufl.

Boss, Medard (1975): Grundriss der Medizin und der Psychologie. Bern : Huber.

Boss, Medard (1977): Zollikoner Seminare. In: Neske, Günther (Hg.): Erinnerungen an Martin Heidegger. Pfullingen : Neske, 31-45.

Boventer, Hermann (1985): Ethik des Journalismus. Zur Philosophie der Medienkultur. Konstanz : UVK.

Brown, John Seeley/Duguid, Paul (2000): The social life of information. Boston : Harvard Business School Press.

Buchanan, Elizabeth (1999): An overview of information ethics issues in a world-wide context. In: Ethics and Information Technology. Nr. 1, 193-201.

Bühl, Achim (1996): CyberSociety. Die virtuelle Gesellschaft. In: Bulmahn, Edelgard u.a. (Hg.): Informationsgesellschaft – Medien – Demokratie, Marburg : BdWi, 156-167.

Bühl, Walter L. (1998): Verantwortung für soziale Systeme. Grundzüge einer globalen Gesellschaftsethik. Stuttgart : Klett-Cotta.

c't (2001): Unis bremsen Vielsurfer. In: c't Magazin für Computertechnik 15/2001, 54.

Capurro, Rafael (1978): Information. München : Saur. Auszugsweise in: http://www.capurro.de/info.html (Zugriff: 17.02.2002).

Capurro, Rafael (1986): Hermeneutik der Fachinformation. Freiburg/Br. u.a : Alber . Auszugsweise in: http://www.capurro.de/hermeneu.html (Zugriff: 17.02.2002).

Capurro, Rafael (1991): Spreng-Sätze. Hinweise zu E. Lévinas' »Totalität und Unendlichkeit«. In: prima philosophia 4 (1991), 2, 129-148. Auch in: http://www.capurro.de/levinas.htm (Zugriff: 17.02.2002).

Capurro, Rafael (1993): Sein und Zeit und die Drehung ins synthetische Denken. In: Eldred M. (Hg.): Twisting Heidegger: Drehversuche parodistischen Denkens. Cuxhaven : Junghans, 51-65. Auch in: http://www.capurro.de/drehung.htm (Zugriff: 17.02.2002).

Capurro, Rafael (1995): Leben im Informationszeitalter. Berlin : Akademie Verlag. Auszugsweise in: http://www.capurro.de/leben.html (Zugriff: 17.02.2002).

Capurro, Rafael (1996): Informationsethik nach Kant und Habermas. In: Schramm, Alfred (Hg.): Philosophie in Österreich 1996, Wien : Verlag Hölder-Pichler-Tempsky, 307-310. Auch in: http://www.capurro.de/graz.html (Zugriff: 17.02.2002).

Capurro, Rafael (1996a): Information Technologies and Technologies of the Self. In: Journal of Information Ethics, Fall (1996) Vol. 5, No. 2, 19-28. Auch in: http://www.capurro.de/self.htm (Zugriff: 17.02.2002).

Capurro, Rafael (1998): Ethos des Cyberspace. In: wechselwirkung, Dez.98/Jan.99, 6-9. Auch in: http://www.capurro.de/cyberethos.htm (Zugriff: 17.02.2002).

Capurro, Rafael (1999): Ich bin ein Weltbürger aus Sinope. Vernetzung als Lebenskunst. In: Peter Bittner, Peter u.a. (Hg.): Mensch – Informatisierung – Gesellschaft. Münster : Lit, 1-19. Auch in: http://www.capurro.de/fiff.htm (Zugriff: 17.02.2002).

Capurro, Rafael (1999a): Beyond the Digital. In: http://www.capurro.de/viper.htm (Zugriff: 17.02.2002).

Capurro, Rafael (2000): Ethical Challenges of the Information Society in the 21st Century. In: The International Information & Library Review (2000) 32, 3-4, 257-276. Auch in: http://www.capurro.de/EEI21.htm (Zugriff: 17.02.2002).

Capurro, Rafael (2000a): Das Internet und die Grenzen der Ethik. In: Rath, M. (Hg.): Medienethik und Medienwirkungsforschung. Opladen u.a. : Westdeutscher Verlag 2000. 105-126. Auch in: http://www.capurro.de/rath.htm (Zugriff: 17.02.2002).

Capurro, Rafael (2000b): Strukturwandel der medialen Öffentlichkeit. In: Internet-Zeitschrift für Rechtsinformatik JurPC (August): http://www.jurpc.de (Zugriff: 23.12.2001). Auch in: http://www.capurro.de/zkmforum.htm (Zugriff: 18.02.2002).

Capurro, Rafael (2000c): Hermeneutik im Vorblick. In: http://www.capurro.de/hermwww.htm (Zugriff: 17.02.2002).

Capurro, Rafael (2000d): Hermeneutics and the Phenomenon of Information. In: Mitcham, C. (Hg.): Metaphysics, Epistemology and Technology. New York : Elsevier, 79-85. Auch in: http://www.capurro.de/ny86.htm (Zugriff: 17.02.2002).

Capurro, Rafael (2001). Emanzipation oder Gewalt. Wolfgang Sützl interpretiert Gianni Vattimo. In: http://www.capurro.de/suetzl.htm (Zugriff: 17.02.2002).

Capurro, Rafael (2001a): Beiträge zu einer digitalen Ontologie. In: http://www.capurro.de/digont.htm (Zugriff: 17.02.2002).

Capurro, Rafael (2001b): Theorie der Botschaft. In: http://www.capurro.de/botschaft.htm (Zugriff: 17.02.2002).

Capurro, Rafael (2001c): Informationsgerechtigkeit. Ein Nachtrag. In: http://www.capurro.de /infogernach.thml (Zugriff: 17.02.2002).

Capurro, Rafael (2002): Beiträge zu einer digitalen Ontologie (i. Dr.). Auch in: http://www.capurro.de /digont.htm (Zugriff: 17.02.2002).

Cassirer, Ernst (1910): Substanzbegriff und Funktionsbegriff. Untersuchungen über die Grundfragen der Erkenntnis. Berlin : Cassirer.

Cassirer, Ernst (1985): Form und Technik. In: Ders.: Symbol Technik Sprache. Hamburg : Meiner (Erstveröffentlichung 1930).

Cassirer, Ernst (1994a): Philosophie der symbolischen Formen. Bd. I-III. Darmstadt : Wissenschaftliche Buchgesellschaft (Erstveröffentlichung 1923-1929).

Cassirer, Ernst (1994b): Zur Logik des Symbolbegriffs. In: Ders.: Wesen und Wirkung des Symbolbegriffs, Darmstadt : Wissenschaftliche Buchgesellschaft.

Cassirer, Ernst (1996): Versuch über den Menschen. Einführung in eine Philosophie der Kultur. Hamburg : Meiner (Engl. Erstveröffentlichung 1944).

Castells, Manuel (1996): The Rise of the Network Society. Malden, MA u.a. : Blackwell.

Castells, Manuel (1999): The Information Age. Economy, Society and Culture. Vol. II. Malden, MA u.a. : Blackwell.

Collot, Milena/Belmore, Nancy (1996): Electronic Language. A New Variety of English. In: Herring, Susan C. (Hg.): Computer-Mediated Communication. Linguistic, Social and Cross-Cultural Perspectives. Amsterdam : Benjamins, 13-28.

Dahrendorf, Ralf (1977): Homo Sociologicus. Ein Versuch zur Geschichte, Bedeutung und Kritik der Kategorie der sozialen Rolle (beigeheftet: Anhang I: Soziologie und menschliche Natur (1963), 97-118). Opladen: Westdeutscher Verlag, 15. Aufl.

de Swann, Abram (2001): A Political Sociology of the World Language System. In: Ben-Rafael, Eliezer u.a. (Hg.): Identity, Culture and Globalization, Leiden : Brill (The annals of the International Institute of Sociology; New series ; 8), 205-233.

Debatin, Bernhard (1997): Ethische Grenzen oder Grenzen der Ethik? Überlegungen zur Steuerungs- und Reflexionsfunktion der Medienethik. In: Bentele, G. u.a. (Hg.): Aktuelle Entstehung von Öffentlichkeit. Akteure – Strukturen – Veränderungen. Konstanz : UVK, 281-290.

Debatin, Bernhard (1997a): Medienethik als Steuerungsinstrument? Zum Verhältnis von individueller und korporativer Verantwortung in der Massenkommunikation. In: Weßler, Hartmut u.a. (Hg.): Perspektiven der Medienkritik. Die gesellschaftliche Auseinandersetzung mit öffentlicher Kommunikation in der Mediengesellschaft. Opladen u.a. : Westdeutscher Verlag, 287-303.

Debatin, Bernhard (1998): Ethik und Internet. Überlegungen zur normativen Problematik von hochvernetzter Computerkommunikation. In: http://www.uni-leipzig.de/ ~ debatin/German/Netzethik.htm (Zugriff: 17.02.2002).

Debatin, Bernhard (1999): Grundlagen der Internetethik. Problemfelder und Lösungsperspektiven. In: http://www.uni-leipzig.de/ ~ debatin/uruguay/vortrag.htm (Zugriff: 20.11.2001).

Dewey, John (1996): Die Öffentlichkeit und ihre Probleme. Hg. und mit einem Nachwort versehen von Krüger, H.-P. Bodenheim : Philo.

Döring, Nicola (1997): Identitäten, Beziehungen und Gemeinschaften im Internet. In: Batinic, Bernad (Hg.): Internet für Psychologen. Göttingen u.a. : Hogrefe, 298-336.

Döring, Nicola (1997a): Kommunikation im Internet. Neun theoretische Ansätze. In: Batinic, Bernad (Hg.): Internet für Psychologen. Göttingen u.a. : Hogrefe, 267-298.

Döring, Nicola (1999): Sozialpsychologie des Internet. Die Bedeutung des Internet für Kommunikationsprozesse, Identitäten, soziale Beziehungen und Gruppen. Göttingen u.a. : Hogrefe.

Eco, Umberto (1994): Auf der Suche nach der vollkommenen Sprache. München : Beck.

The economist, June 10th 2000: Regulating the internet. The consensus machine, 99-101.

Edwards, Paul N. (1997): The closed world. Computers and the politics of discourse in Cold War America. Cambridge, MA u.a.: MIT Press.

Ehlich, Konrad (1994): Funktion und Struktur schriftlicher Kommunikation. In: Schrift und Schriftlichkeit. Ein interdisziplinäres Handbuch internationaler Forschung, hg. v. Günther, Hartmut u.a. Berlin : de Gruyter, 18-41.

Ehrhart, Christof/Rath, Matthias (in Vorbereitung): Homo medialis. Versuch über den medialen Menschen.

Eisenstadt, Shmuel N. (2001): The Vision of Modern and Contemporary Society. In: Ben-Rafael, Eliezer u.a. (Hg.): Identity, Culture and Globalization. Leiden : Brill (The annals of the International Institute of Sociology; New series ; 8), 25-47.

Eldred, Michael (2001): Entwurf einer digitalen Ontologie. In: http://www.webcom.com/artefact/dgtlontl.html (Zugriff: 17.02.2002).

Elias, Norbert (1983): Über den Rückzug der Soziologen auf die Gegenwart. In: Kölner Zeitschrift für Soziologie und Sozialpsychologie, 35. Jg. , 29-40.

Enzensberger, Hans Magnus (1970): Baukasten zu einer Theorie der Medien. In: Kursbuch 20, 159-186.

Esposito, Elena (1991): Interaktion, Interaktivität und die Personalisierung der Massenmedien. In: Soziale Systeme 1991, 225-260.

Featherstone, Mike (2001): Postnational Flows, Identity Formation and Cultural Space. In: Ben-Rafael, Eliezer u.a. (Hg.): Identity, Culture and Globalization. Leiden: Brill (The annals of the International Institute of Sociology; New series ; 8), 483-526.

Feldbusch, Elisabeth (1988): Entstehung der geschriebenen Sprache. In: Sociolinguistics/Soziolinguisitk. An International Handbook of the Science of Language and Society/Ein internationales Handbuch zur Wissenschaft von Sprache und Gesellschaft, hg. v. Ammon, U. u.a. New York : de Gruyter, 1469-1479.

Feldweg, Helmut/Kibiger, Ralf/Thielen, Christina (1995): Zum Sprachgebrauch in deutschen Newsgruppen. In: Osnabrücker Beiträge zur Sprachtheorie 1995, 143-154.

Fetz, Reto Luzius (1988): Personbegriff und Identitätstheorie. In: Freiburger Zeitschrift für Philosophie und Theologie, 35. Jg., 69-106.

Figal, Günter (1996): Der Sinn des Verstehens. Stuttgart : Reclam.

Fischer Weltalmanach 2002, Frankfurt/M. : Fischer 2001.

Fleissner, Peter u.a. (1996): Der Mensch lebt nicht vom Bit allein. Information in Technik und Gesellschaft. Frankfurt/M. : Lang.

Flora, Peter (1981): Stein Rokkans Makro.Modell der politischen Entwicklung Europas. In: Kölner Zeitschrift für Soziologie und Sozialpsychologie, No. 3, 397-436.

Floridi, Luciano (2000): Information Ethics: On the philosophical Foundations of Computer Ethics. In: http://www.wolfson.ox.ac.uk/ ~ floridi/ie.htm (Zugriff: 17.02.2002).

Flusser, Vilém (1998): Kommunikologie. Frankfurt/M. : Fischer Taschenbuch Verlag.

Foucault, Michel (1998): Überwachen und Strafen, Frankfurt/M. : Suhrkamp.

Frank, Manfred (1988): Subjekt, Person, Individuum. In: Ders. u.a. (Hg.): Die Frage nach dem Subjekt. Frankfurt : Suhrkamp, 7-28.

Freisler, Stefan (1997): Hypertext. Eine Begriffsbestimmung. In: Deutsche Sprache: Zeitschrift für Theorie, Praxis. Dokumentation 1997, 19-50.

Frey, Bruno S./Bohnet, Iris (1996): Tragik der Allmende. In: Kölner Zeitschrift für Soziologie und Sozialpsychologie, Sonderheft 36/1996, 292-307.

Friedland, Carsten (2001): Digitale Wissensvermittlung in Entwicklungsländer. Master Thesis, MediaLab FH Karlsruhe. Karlsruhe : Charts.

Fröhlich, Gerhard (1996): Netz-Euphorien. Zur Kritik digitaler und sozialer Netz(werk)metaphern. In: Schramm, Alfred (Hg.): Philosophie in Österreich 1996. Wien : Verlag Hölder-Pichler-Tempsky, 292-306.

Frohmann Bernd (1994): Discourse analysis as a research method in library and information science. In: Library and Information Science Research. Nr. 16, 119-138.

Frohmann, Bernd (1990): Rules of indexing. A critique of mentalism in information retrieval theory. In: Journal of Documentation, Bd. 46/2, 81-101.

Frohmann, Bernd (2000): Cyber Ethics: Bodies or Bytes? In: International Information & Library Review (2000) 32, 423-435.

Frohmann, Bernd (2000): Discourse and documentation. Some implications for pedagogy and research. In: Journal of Education for Library and Information Science. 42, 13-28.

Funiok, Rüdiger (1996): Grundfragen einer Publikumsethik. In: Ders. (Hg.): Grundfragen der Kommunikationsethik. Konstanz : UVK, 107-122.

Gadamer, Hans-Georg (1995): Hermeneutik im Rückblick. In: Ders.: Gesammelte Werke, Bd. 10. Tübingen : Mohr.

Galtung, Johan (2001): Americanization versus Globalization. In: Ben-Rafael, Eliezer u.a. (Hg.): Identity, Culture and Globalization. Leiden : Brill (The annals of the International Institute of Sociology; New series ; 8).

Gander, Hans-Helmuth (2001): Interpretation – Situation – Vernetzung. Hermeneutische Überlegungen zum Selbst- und Weltbezug im multimedialen Zeitalter. In: Körtner, U. H. J. (Hg.).: Hermeneutik und Ästhetik. Die Theologie des Wortes im multimedialen Zeitalter. Neukirchen-Vluyn : Neukirchener. 19-33.

Garfinkel, Simson (2000): Database Nation. Sebatopol u.a. : O'Reilly.

Gerhards, Jürgen/Neidhardt, Friedhelm (1991): Strukturen und Funktionen moderner Öffentlichkeit. Fragestellungen und Ansätze. In: Müller-Doohm, Stefan u.a. (Hg.): Öffentlichkeit, Kultur, Massenkommunikation. Beiträge zur Medien- und Kommunikationssoziologie. Oldenburg: BIS (Studien zur Soziologie und Politikwissenschaft), 29-89.

Gewirth, Allan (1996): The Community of Rights. Chicago : University Press.

Giesecke, Michael (1992): Sinnenwandel, Sprachwandel, Kulturwandel. Studien zur Vorgeschichte der Informationsgesellschaft, Frankfurt/M. : Suhrkamp.

GlobalReach - Global Internet Statistics (by Language) (2002). In: http://www.global-reach.biz /globalstats/index.php3 (Zugriff: 31.01.02).

Goebel, Johannes/Clermont, Christoph (1998): Die Tugend der Orientierungslosigkeit. Berlin : Volk und Welt, 3. Aufl.

Golding, Peter/Harris, Phil (Hg. 1997): Beyond Cultural Imperialism. Globalization, Communicaation and the New International Order. London : SAGE Publications.

Greis, Andreas (2001): Identität, Authentizität und Verantwortung. Die ethischen Herausforderungen der Kommunikation im Internet. München : KoPaed Verlag.

Günther, Hartmut (1983): Charakteristika von schriftlicher Sprache und Kommunikation. In: Günther, Hartmut u.a. (Hg.): Schrift, Schreiben, Schriftlichkeit. Arbeiten zur Struktur, Fiktion und Entwicklung schriftlicher Sprache. Tübingen : Niemeyer, 17-39.

Günther, Ulla/Wyss, Eva Lia (1996): E-Mail-Briefe. Eine neue Textsorte zwischen Mündlichkeit und Schriftlichkeit. In: Hess-Lüttich, Ernest u.a. (Hg.): Textstrukturen im Medienwandel. Frankfurt/M. u.a.: Lang, 61-86.

Haase, Martin (1997): Internetkommunikation und Sprachwandel. In: Weingarten, Rüdiger (Hg.): Sprachwandel durch Computer. Opladen u.a. : Westdeutscher Verlag, 51-85.

Habermas, Jürgen (1991a): Vom pragmatischen, ethischen und moralischen Gebrauch der praktischen Vernunft, in: Ders. (1991): Erläuterungen zur Diskursethik, Frankfurt/M. : Suhrkamp, 100-118.

Habermas, Jürgen (1995): Kants Idee des Ewigen Friedens. Aus dem historischen Abstand von 200 Jahren. In: Information Philosophie 5, Dezember 1995, 5-19.

Habermas, Jürgen (1995a): Theorie des kommunikativen Handelns, Frankfurt/M. : Suhrkamp.

Habermas, Jürgen (2001). Glauben und Wissen. In F.A.Z. 15. Oktober 2001, Nr. 239, 9.

Hafner, Katie/Lyon, Matthew (1997): Arpa Kadabra. Heidelberg : dpunkt.

Hardin, Garett (1968): The Tragedy of the Commons. In: Ders. u.a. (Hg.): Managing the Commons. New
    York : W. H. Freeman and Company, 16-30.

Hausmanninger, Thomas (1993): Kritik der medienethischen Vernunft. Die ethische Diskussion über den
    Film in Deutschland im 20. Jahrhundert. München : Fink.

Hausmanninger, Thomas (1994): Grundlinien einer Ethik medialer Unterhaltung. In: Wolbert, Werner
    (Hg.): Moral in einer Kultur der Massenmedien. Freiburg/Schw. : Universitätsverlag, 77-96.

Hausmanninger, Thomas (1998): Die nachmetaphysische Überlastung der Körper. In: Ders. u.a. (Hg.):
    ...geklont am 8. Schöpfungstag. Gentechnologie im interdisziplinären Gespräch. Augsburg : Wissner,
    141-158.

Hausmanninger, Thomas (2000): Wider den guten Geschmack. Überlegungen zum Ausschluss von Betrof-
    fenen aus medienethischen Diskursen. In: medien praktisch Texte 3, 24-31.

Hausmanninger, Thomas (2000a): Was ist Ethik? Eine Einführung in die Grundbegriffe Moralität, Mo-
    ral/Ethos, Sittlichkeit und Ethik. In: http://www.kthf.uni-augsburg.de/lehrstuehle/sozethik
    /Ethik.htm (Zugriff 13.05.2002).

Havelock, Eric Alfred (1992): Als die Muse schreiben lernte. Frankfurt/M. : Hain.

Hayek, Friedrich A. von (1996): Die Anmaßung von Wissen. Tübingen : J. C. B. Mohr.

Hayles, N.Katherine (1999): How we became posthuman. Virtual bodies in cybernetics, literature, and
    informatics, Chicago u.a. : University of Chicago Press.

Hegel, Georg Wilhelm Friedrich (1986): Die Positivität der christlichen Religion. In: Ders.: Werke in 20
    Bänden. Frankfurt/M. : Suhrkamp [stw ; 601], Bd. 1, 104-190.

Heidegger, Martin (1954): Platons Lehre von der Wahrheit mit einem Brief über den »Humanismus«. Bern
    : Francke.

Heidegger, Martin (1962): Die Technik und die Kehre, Pfullingen : Neske.

Heidegger, Martin (1967): Die Frage nach der Technik. In: Ders.: Vorträge und Aufsätze. Pfullingen :
    Neske, Bd. I, 5-36.

Heidegger, Martin (1972): Die Zeit des Weltbildes. In: Ders.: Holzwege. Frankfurt/M. : Klostermann, 69-
    104.

Heidegger, Martin (1973): Vom Wesen des Grundes. Frankfurt/M .: Klostermann.

Heidegger, Martin (1976). Der Satz der Identität. In: Ders.: Identität und Differenz. Pfullingen : Neske, 9-
    30.

Heidegger, Martin (1976a): Der Satz der Identität. Ders.: Identität und Differenz. Pfullingen : Neske, 9-30.

Heidegger, Martin (1977): Phänomenologische Interpretationen von Kants Kritik der reinen Vernunft.
    Frankfurt/M.: Klostermann (GA 25).

Heidegger, Martin (1979): Sein und Zeit. Tübingen : Niemeyer, 15. Aufl.

Heidegger, Martin (1983): Die Grundbegriffe der Metaphysik. Frankfurt/M. : Klostermann (GA 29/30).

Heidegger, Martin (1992): Platon: Sophistes. Frankfurt/M. : Klostermann (GA 19).

Heim, Michael (1993): The Metaphysics of Virtual Reality. New York u.a. : Oxford University Press.

Helmers, Sabine/Hoffmann, Ute (1996): Demokratische Netzpolitik - (k)ein Platz für Agenten. In: Bul-
    mahn, Edelgard u.a. (Hg.): Informationsgesellschaft – Medien – Demokratie. Marburg : BdWi-Verlag,
    269-275.

Herzog, Roman: Artikel 5 GG. In: Maunz, Theodor u.a.: Kommentar zum Grundgesetz. München : Beck.

Himanen, Pekka (2001): The Hacker Ethic and the Spirit of the Information Age. London : Secker &
    Warburg.

Höffe, Otfried (1979): Sittliches Handeln. Ein ethischer Problemaufriß. In: Lenk, Hans (Hg.): Handlungs-
    theorien interdisziplinär II; 2. München : Fink, 617-641.

Höffe, Otfried (1981): Sittlich-politische Diskurse. Frankfurt/M. : Suhrkamp.

Horkheimer, Max/Adorno, Theodor W. (1971): Dialektik der Aufklärung. Frankfurt/M. : Fischer.

Horvath, John (1996): Die Unabhängigkeit des Internets und der Massengeist. In: Telepolis, http://www.heise.de/tp/deutsch/inhalt/te/1019/1.html, 18.12.2001.

Höver, Gerhard (1986): Sittlich handeln im Medium der Zeit. Ansätze zur handlungstheoretischen Neuorientierung der Moraltheologie. Würzburg : Echter.

Huizing, Klaas (2000): Der erlesene Mensch. Eine literarische Anthropologie. Ästhetische Theologie. Bd. 1. Stuttgart : Kreuz.

Hülst, Dirk (1999): Symbol und soziologische Symboltheorie. Untersuchungen zum Symbolbegriff in Geschichte, Sprachphilosophie, Psychologie und Soziologie. Opladen u.a. : Westdeutscher Verlag.

Hunold, Gerfried W. (1986): Ethik in einer sich verändernden Welt. In: Theologische Quartalschrift 1986/1, 1-7.

Hunold, Gerfried W. (1994): Öffentlichkeit um jeden Preis? Überlegungen zu einer Ethik der Information. In: forum medienethik 1994/1: Wahre Nachricht - Ware Nachricht, 7-18.

Huntington, Samuel P. (1996): Kampf der Kulturen. Die Neugestaltung der Weltpolitik im 21. Jahrhundert. München. (Orig.: The Clash of Civilizations and the Remaking of World Order, 1996).

Inkeles, Alex (2001): Convergence in Societal Systems. In: Ben-Rafael E. u.a. (Hg.): Identity, Culture and Globalization. Leiden : Brill (The annals of the International Institute of Sociology; New series ; 8), 161-175.

International Telecommunication Union (2002). In: http://www.itu.int/ITU-D/ict/statistics/index.html (16.01.02).

Jäger, Ludwig (1989): Krise der Schriftkultur? Auswirkungen der neuen Medien auf die Sprache und Schrift. In: Fischer, Manfred S. (Hg.): Mensch und Technik. Literarische Phantasien und Textmaschine. Aachen : Alano-Verlag, 81-94.

Jakobs, Eva-Maria (1998): Mediale Wechsel und Sprache. Entwicklungsstadien elektronischer Schreibwerkzeuge und ihr Einfluß auf Kommunikationsformen. In: Holly, Werner u.a. (Hg.): Medien im Wandel. Opladen u.a. : Westdeutscher Verlag, 187-209.

Johns, Adrian (1998): The nature of the book. Print and knowledge in the making. Chicago u.a. : University of Chicago Press.

Kaminski, Gerhard (1976): Theoretische Komponenten handlungspsychologischer Ansätze. In: Thomas, Alexander (Hg.): Psychologie der Handlung und Bewegung. Meisenheim/Gl. : Hain, 11-22.

Kant, Immanuel (1974): Grundlegung zur Metaphysik der Sitten. Frankfurt/M. : Suhrkamp.

Kant, Immanuel (1974a): Kritik der reinen Vernunft. Frankfurt/M. : Suhrkamp.

Kant, Immanuel (1974b): Kritik der praktischen Vernunft. Frankfurt/M. : Suhrkamp.

Kant, Immanuel (1975): Anthropologie. Frankfurt/M. : Suhrkamp.

Kant, Immanuel (1977): Metaphysik der Sitten. Frankfurt/M. : Suhrkamp.

Karmasin, Matthias (1999): Medienethik als Wirtschaftsethik medialer Kommunikation? In: Communicatio socialis 1999/4, 343-366.

Karmasin, Matthias (1999a): Stakeholder Orientierung als Kontext zur Ethik von Medienunternehmen. In: Funiok, Rüdiger u.a. (Hg.): Medienethik. Die Frage der Verantwortung. Bonn: Bundeszentrale für politische Bildung, 183-211.

Kersting, Wolfgang (1997): Recht, Gerechtigkeit und demokratische Tugend. Frankfurt/M.: Suhrkamp.

Keupp, Heiner/Höfer, Renate (Hg. 1997): Identitätsarbeit heute. Klassische und aktuelle Perspektiven der Identitätsforschung. Frankfurt/M. : Suhrkamp.

Kirchgässner, Gebhard (2000): Homo œconomicus. Das ökonomische Modell individuellen Verhaltens und seine Anwendung in den Wirtschafts- und Sozialwissenschaften. Tübingen : Mohr Siebeck, 2. Aufl.

Klein, Eckart (1999): Maßstäbe für die Freiheit der öffentlichen und privaten Medien – Unter besonderer Berücksichtigung internationaler Verpflichtungen. In: Die öffentliche Verwaltung 1999/9, Heft 18, 758-766.

Koch, Peter/Oesterreicher, Wulf (1994): Funktionale Aspekte der Schriftkultur. In: Schrift und Schriftlichkeit. Ein interdisziplinäres Handbuch internationaler Forschung, hg. v. Günther, Hartmut u.a. Berlin : de Gruyter, 587-604.

Kos, Elmar (1996): Vermittlung oder Verständigung. Die kommunikative Ambivalenz als Zugangsweg
einer theologischen Medienethik. Frankfurt/M. u.a. : Lang.

Kottlorz, Peter (1993): Fernsehmoral. Ethische Strukturen fiktionaler Fernsehunterhaltung. Berlin : Spiess.

Krainer, Larissa (2001): Medien und Ethik. Zur Organisation medienethischer Entscheidungsprozesse.
München : kopaed.

Krajewski, Markus (1997): Spür-Sinn. Was heißt einen Hypertext lesen? In: Gräf, Lorenz u.a. (Hg.): Soziologie des Internet. Handeln im elektronischen Web-Werk, Frankfurt/M. u.a. : Campus, 60-78.

Krämer, Sybille (1998): Zentralperspektive, Kalkül, virtuelle Realität. Sieben Thesen über die Weltbildimp-
likationen symbolischer Formen. In: Vattimo, Gianni u.a. (Hg.): Medien-Welten Wirklichkeiten. München : Fink, 27-37.

Kübler, Hans-Dieter (2001): Wie anthropologisch ist mediale Kommunikation? Über Sinn und Nutzen
einer neuen Teildisziplin. In: medien praktisch 2001/4, 11-20.

Kuhn, Thomas S. (1970): The Structure of Scientific Revolutions. Chicago : Univ. of Chicago Press, 2.
Aufl.

Küng, Hans (2001): Projekt Weltethos. München : Piper.

Kymlicka, Will (1997): Politische Philosophie heute. Frankfurt/M. u.a. : Campus.

Langham, Don (1994): The Common Place MOO. Orality and Literacy in Virtual Reality. In: Computer-
Mediated Communication 1994, 7-15.

Laubach, Thomas (2000): Entscheidungen. Die Anwendungsfälle sittlichen Urteilens und Handelns. In:
Hunold, G. W.: (Hg.): Theologische Ethik: Ein Werkbuch. Tübingen : Francke, 264-277.

Lem, Stanisaw (1986): Frieden auf Erden. Frankfurt/M. : Insel.

Lem, Stanisaw (1987): Lokaltermin. Frankfurt/M. : Suhrkamp.

Lenk, Hans/Maring, Matthias (Hg. 1998): Technikethik und Wirtschaftsethik. Opladen : Leske + Budrich.

Leschke, Rainer (2001): Einführung in die Medienethik. München : Fink.

Lévinas, Emanuel (1987): Totalität und Unendlichkeit. Freiburg u.a. : Alber.

Lévy, Pierre (1997): Die kollektive Intelligenz. Eine Anthropologie des Cyberspace. Mannheim: Bollmann
(Orig.: L'intelligence collective. Pour une anthropologie du Cyberspace, 1994).

Locke, John (1977): Zwei Abhandlungen über die Regierung. Frankfurt/M. : Suhrkamp.

Lübbe, Hermann (1994): Mediennutzungsethik. Medienkonsum als moralische Herausforderung. In:
Hofmann, Hilmar (Hg.): Gestern begann die Zukunft. Entwicklung und gesellschaftliche Bedeutung
der Medienvielfalt. Darmstadt : Wissenschaftliche Buchgesellschaft, 313-318.

Ludes, Peter (2001): Informationsüberfluß? Wissensknappheit. China, Deutschland, USA. In: Abromeit,
Heidrun u.a. (Hg.): Politik, Medien, Technik. Festschrift für Heribert Schatz. Opladen u.a.: Westdeutscher Verlag, 380-400.

Ludes, Peter (2001a): Multimedia und Multi-Moderne: Schlüsselbilder. Opladen u.a. : Westdeutscher
Verlag.

Machill, Marcel/Ahlert, Christian (2001): Wer regiert das Internet? ICANN als Fallbeispiel für neue Formen der Kommunikationsregulierung. In: Publizistik, 46. Jg., 295-316.

MacIntyre, Alasdair (1999): Dependent rational animals. Why human beings need the virtues. Chicago:
Open Court.

MacLuhan, Herbert Marshall (1962): The Gutenberg Galaxy. The Making of Typographic Man. Toronto :
University of Toronto Press.

MacLuhan, Herbert Marshall (1964): Understanding Media. The Extensions of Man. New York : The
Penguin Group.

Mainberger, Gonsalv K. (1999): Inflationäre Ethik – geschwächtes Ethos. In: Holderegger, Adrian (Hg.):
Kommunikations- und Medienethik. Freiburg/Br. : Herder, 54-82.

Malsch, Thomas (Hg. 1998): Sozionik. Berlin : Edition Sigma.

Margreiter, Reinhardt (1999): Realität und Medialität. Zur Philosophie des ›Medial Turn‹. In: Medien Journal, 23. Jg., Nr. 1/1999.

Margreiter, Reinhardt (1999a): Medienphilosophie als Reformulierung einer ›philosophy of mind‹. In: Löffler, Winfried u.a.: Vielfalt und Konvergenz der Philosophie. Wien : Hölder-Pichler-Tempsky.

Matthiessen, Kai H. (1995): Kritik des Menschenbildes in der Betriebswirtschaftslehre. Auf dem Weg zu einer sozioökonomischen Betriebswirtschaftslehre. Bern u.a. : Haupt.

Maurer, Alfons (1993): Homo Agens. Handlungstheoretische Untersuchungen zum theologisch-ethischen Verständnis des Sittlichen, Frankfurt/M. u.a. : Lang.

MacLuhan, Marshall (1964): Understanding Media: The Extensions of Man. New York : The New American Library.

Mikos, Lothar (2001): Das Verstehen des Anderen. Die Beziehung des Medienforschers zu seinem Gegenstand. In: medien praktisch 2001/4, 31-34.

Modern Language Division, Council of Europe (2001): Ein Fest der Sprachvielfalt – Information zu Sprachen und ihrer Vielfalt, Directorate General. In: http//:www.eurolang2001.org (Zugriff: 05.01.2002).

Monbiot, George (2000): Romania's dead zone. In: Guardian Weekly, Volume 162, issue 22, 21.

Moravec, Hans (1988): Mind children. The future of robotics and human intelligence. Cambridge, MA : Harvard University Press.

Müller, Michael/Sottong, Hermann (1998): Zwischen Sender und Empfänger. Eine Einführung in die Semiotik der Kommunikationsgesellschaft. Bielefeld : Erich Schmidt.

Nadin, Mihai (1999): Jenseits der Schriftkultur. Das Zeitalter des Augenblicks. Dresden u.a. : Dresden University Press.

Nancy, Jean-Luc (2001): Das Vergessen der Philosophie. Wien : Passagen Verlag.

Nietzsche, Friedrich (1976): Also sprach Zarathustra. In: Ders.: Werke II, hg. v. Schlechta, Karl. Frankfurt/M. : Ullstein.

Nöth, Winfried (1985): Handbuch der Semiotik. Stuttgart u.a. : Metzler.

Nozick, Robert (1974): Anarchy, State, and Utopia. New York : Basic Books.

Nunberg, Geoffrey (1996): Farewell to the information age. In: Ders. (Hg.): The future of the book. Berkeley: University of California Press.

Ong, Walter J. (1971): Rhetoric, Romance, and Technology. Studies in the Interaction of Expression and Culture, Ithaca u.a. : Cornell University Press.

Ong, Walter J. (1987): Oralität und Literalität. Die Technologisierung des Wortes. Opladen u.a. : Westdeutscher Verlag.

Orth, Ernst Wolfgang (2000): Was ist und was heißt Kultur? Dimensionen der Kultur und Medialität der menschlichen Orientierung. Würzburg : Königshausen & Neumann.

Ortiz, Renato (2001): Latin American Modernity. In: Ben-Rafael, Eliezer u.a. (Hg.): Identity, Culture and Globalization. Leiden : Brill (The annals of the International Institute of Sociology; New series ; 8).

Ostrom, Elinor (1990): Governing the Commons. Cambridge, MA : Cambridge University Press.

Pansegrau, Petra (1997): Dialogizität und Degrammatikalisierung in E-mails. In: Weingarten, Rüdiger (Hg.): Sprachwandel durch Computer. Opladen: Westdeutscher Verlag, 86-104.

Peirce, Charles Sanders (1992): Semiotische Schriften I. Hg. von Helmut Pape u.a. Frankfurt/M. : Suhrkamp.

Pieper, Annemarie (2000): Einführung in die Ethik. Tübingen u.a : Franke (utb ; 1637), 4. Aufl.

Pirner, Manfred (2001): Die Medialität des Menschen. Theologische Aspekte zu einer Anthropologie der Medien. In: medien praktisch 2001/4, 34-38.

Priddat, Birger P. (1998): Moral Based Rational Man. Über die implizite Moral des *homo œconomicus*. In: Brieskorn, Norbert/Wallacher, Johannes (Hg.): Homo œconomicus. Der Mensch der Zukunft? Stuttgart u.a : Kohlhammer, 1-31.

Przywara, Erich (1962): Analogia Entis. Einsiedeln : Benziger.

Pszczolowski, Tadeusz (1980): Die praxeologische Theorie der Handlung. In: Lenk, Hans (Hg.): Handlungstheorien interdisziplinär I: Handlungslogik, formale und sprachwissenschaftliche Handlungstheorien. München : Fink, 303-321.

Quasthoff, Uta M. (1997): Kommunikative Normen im Entstehen. Beobachtungen zu Kontextualisierungsproblemen in elektronischer Kommunikation. In: Weingarten, Rüdiger (Hg.): Sprachwandel durch Computer. Opladen u.a. : Westdeutscher Verlag, 23-50.

Rahner, Karl (1957): Geist in Welt. München : Kösel, 2. Aufl.

Rahner, Karl (1966): Experiment Mensch. Theologisches über die Selbstmanipulation des Menschen. In: Rombach, Heinrich (Hg.): Die Frage nach dem Menschen. Aufriss einer philosophischen Anthropologie. Festschrift für Max Müller zum 60. Geburtstag. München : Alber, 45-69.

Rath, Matthias (1988): Systempurismus contra strukturale Eklektik? Zu den psychologischen Folgen eines ontologischen Entwurfs. In: Plaum, Ernst (Hg.): Eklektizismus in der Psychologie. Aktuelle Diskussionsbeiträge. Heidelberg : Asanger, 95-113.

Rath, Matthias (1990): Wirtschaftsethik und Praxeologie. In: Wörz, Michael u.a. (Hg.): Moral als Kapital. Perspektiven des Dialogs zwischen Wirtschaft und Ethik. Stuttgart : Akademie der Diözese Rottenburg-Stuttgart, 337-344.

Rath, Matthias (2000): Kann denn empirische Forschung Sünde sein? Zum Empiriebedarf der normativen Ethik. In: Ders. (Hg.): Medienethik und Medienwirkungsforschung. Wiesbaden : Westdeutscher Verlag 2000, 63-87.

Rath, Matthias (2001): Das Symbol als anthropologisches Datum. Philosophische und medienkulturelle Überlegungen zum animal symbolicum. In: Belgrad, Jürgen u.a. (Hg.): Symbol. Verstehen und Produktion in pädagogischen Kontexten. Hohengehren : Schneider, 34-45.

Raulet, Gérard (1993): Die Modernität der ›Gemeinschaft‹. In: Brumlik, Micha u.a. (Hg.): Gemeinschaft und Gerechtigkeit. Frankfurt/M. : Fischer, 72-97.

Raulet, Gérard (1998): Die neue Utopie. Die soziologische und psychologische Bedeutung der Kommunikationstechnologien. In: Frank, Manfred u.a. (Hg.): Die Frage nach dem Subjekt. Frankfurt/M. : Suhrkamp, 283-316.

Rawls, John (1998): Eine Theorie der Gerechtigkeit. Frankfurt/M. : Suhrkamp, 10. Aufl.

Reimann, Horst u.a. (1979): Basale Soziologie: Hauptprobleme. Opladen u.a. : Westdeutscher Verlag, 2. Aufl.

Rheingold, Howard (1994): Virtuelle Gemeinschaften. Soziale Beziehungen im Zeitalter des Computers. Bonn u.a. : Addison-Wesley.

Richter, Rudolf/Furubotn, Eirik G. (1999): Neue Institutionenökonomik. Tübingen : J. C. B. Mohr, 2. Aufl.

Ricker, Reinhardt, Schiwy, Peter. Unter Mitw. von Schütz, Hans-Joachim u.a. (1997): Rundfunkverfassungsrecht. München : Beck.

Riedel, Manfred (1978): Handlungstheorie als ethische Grunddisziplin, in: Lenk, Hans (Hg.): Handlungstheorien interdisziplinär II;1, München : Fink, 139-159.

Riedlberger, Peter (2001): Die Wissenschaft schlägt zurück. In: Telepolis, http://www.telepolis.de/deutsch/inhalt/te/9405/1.html (Zugriff:18.12.2001).

Rintel, E. Sean/Pittam, Jeffery (1997): Strangers in a Strange Land. Interaction Management on Internet Relay Chat. In: Human Communication Research 1997, 507-534.

Robins, Kevin (1996): Cyberspace and the World we live in. In: Dovey, Jon (Hg.): Fractal Dreams. New Media in Social Context. London : Lawrence & Wishart, 1-30.

Rorty, Richard (1982): Der Spiegel der Natur: Eine Kritik der Philosophie. Frankfurt/M. : Surhkamp (Orig. *Philosophy and the Mirror of Nature*, 1979).

Rorty, Richard (1996): Menschenrechte, Rationalität und Gefühl. In: Shute Stephen; Hurley, Susan: Die Idee der Menschenrechte. Frankfurt/M. : Fischer, 144-170.

Rorty, Richard (1998): Achieving Our Country. Cambridge, MA : Harvard University Press.

Rorty, Richard (2001): Wahrheit und Fortschritt. Frankfurt/M. : Suhrkamp.

Rühl, Manfred/Saxer, Ulrich (1981): 25 Jahre Deutscher Presserat. Ein Anlaß für Überlegungen zu einer kommunikationswissenschaftlich fundierten Ethik des Journalismus und der Massenkommunikation. In: Publizistik 1981, 471-507.

Runkehl, Jens/Schlobinski, Peter/Siever, Torsten (1998): Sprache und Kommunikation im Internet. Überblick und Analysen. Opladen u.a. : Westdeutscher Verlag.

Sandbothe, Mike (1997): Digitale Verflechtungen. Eine medienphilosophische Analyse von Bild, Sprache und Schrift im Internet. In: Beck, Klaus u.a. (Hg.): Computernetze. Ein Medium öffentlicher Kommunikation? Berlin : Spiess, 145-157.

Sandbothe Mike (1997a): Interaktivität - Hypertextualität - Transversalität. Eine medienphilosophische Analyse des Internet. In: Münker, Stefan u.a. (Hg.): Mythos Internet. Frankfurt/M. : Suhrkamp, 56-82.

Sandbothe, Mike (1999): Pragmatische Medienphilosophie. Grundlagen und Anwendungshorizonte im Zeitalter des Internet. In: Holderegger, Adrian (Hg.): Kommunikations- und Medienethik: Interdisziplinäre Perspektiven. Freiburg/Schw. : Universitätsverlag, 198-217.

Sandel, Michael (1984): Liberalism and its critics. New York : New York University Press (Readings in social an political theory).

Scheule, Rupert M. (2000): Cyber Policy Networks. Zur sozialethischen Bedeutung virtueller Netzwerke in Zeiten der Globalisierung. In: Roth, Peter u.a. (Hg.): Die Anwesenheit des Abwesenden. Theologische Annäherungen an Begriff und Phänomene der Virtualität. Augsburg : Wißner, 173-195. Auch in: http://www.kthf.uni-augsburg.de/lehrstuehle/sozethik/CyberPolicyNetworks.htm (Zugriff: 03.04. 2002).

Scherer, Hans Siegfried (1984): Sprechen im situativen Kontext. Theorie und Praxis der Analyse spontanen Sprachgebrauchs. Tübingen : Stauffenburg.

Scherner, Maximilian (1989): Art. Person. In: Historisches Wörterbuch der Philosophie. Bd. 7. Basel : Schwabe, 269-338.

Schmid, Wilhelm (1998): Philosophie der Lebenskunst. Eine Grundlegung. Frankfurt/M. : Suhrkamp (stw ; 1385)

Schmid, Wilhelm (2000): Schönes Leben? Einführung in die Lebenskunst. Frankfurt/M. : Suhrkamp (Bibliothek der Lebenskunst).

Schmidt, Gurly (2000): Chat. Eine kommunikative Gattung. In: Thimm, Caja (Hg.): Soziales im Netz. Opladen u.a. : Westdeutscher Verlag, 109-130.

Schmitz, Ulrich (1998): Technisierte Restriktion und multimedialer Überfluß als gegenläufig produktive Tendenzen der Sprachentwicklung durch Computer. In: Holly, W./Biere, B. U. (Hg.): Medien im Wandel. Opladen u.a. : Westdeutscher Verlag, 221-236.

Schneider, Irmela (1997): Neue Medien in Mediendiskursen. Einige Überlegungen zur Analyse von Netzkommunikation. In: Becker, Barbara u.a. (Hg.): Virtualisierung des Sozialen. Die Informationsgesellschaft zwischen Fragmentierung und Globalisierung. Frankfurt/M. u.a. : Campus, 29-52.

Schulze, Gerhard (1993): Die Erlebnisgesellschaft. Frankfurt/M. u.a. : Campus.

Schulzki-Haddouti, Christiane (2001): Datenjagd im Internet. Eine Anleitung zur Selbstverteidigung. Hamburg : Rotbuch.

Schulzki-Haddouti, Christiane (Hg. 2001): Vom Ende der Anonymität. Hannover : Hans Heise.

Sloterdijk, Peter (1998, 1999): Sphären I-II. Frankfurt/M. : Suhrkamp.

Spaemann, Robert (1999): Moralische Grundbegriffe. München : Beck (Becksche Reihe), 4. Aufl.

Spinello, Richard A. (1997): Case Studies in Information and Computer Ethics. New Jersey : Prentice Hall.

Spinner, Helmut F./Nagenborg, Michael/Weber, Karsten (2001): Bausteine zu einer neuen Informationsethik. Berlin u.a. : Philo.

Sützl, Wolfgang (2001): Emancipación o violencia. Pacifismo estético en Gianni Vattimo [Emanzipation oder Gewalt. Gianni Vattimos ästhetischer Pazifismus] Diss. Universitat Jaume I de Castellón, Departamento de Filosofía y Sociología, Castellón, Valencia/España (i.Dr.).

Thomaß, Barbara (1998): Journalistische Ethik. Ein Vergleich der Diskurse in Frankreich, Großbritannien und Deutschland. Opladen u.a. : Westdeutscher Verlag.

Titzmann, Michael (1993): Vorwort. In: Müller, Michael/Sottong, Hermann (Hg.): Der symbolische Rausch und der Kode. Zeichenfunktionen und ihre Neutralisierungen mit einem Vorwort von Michael Titzmann. Tübingen : Stauffenburg.

Toffler, Alvin u.a.: The Magna Carta for the Knowledge Age. In: http://www.feedmag.com /95.05magna1.html (Zugriff: 24.11.2001).

Turkle, Sherry (1997): Life on the Screen. Identity in the Age of Internet. London : Phoenix.

Turkle, Sherry (1999): Leben im Netz. Reinbek bei Hamburg : rororo.

Vattimo, Gianni (1990): Das Ende der Moderne. Stuttgart : Reclam.

Vattimo, Gianni (1997): È una rete senza centro ma ci dà un premio: la libertà. In: Telèma 8, 3-5.

Waltermann, Jens/Machill, Marcel (Hg. 2000): Verantwortung im Internet. Gütersloh : Bertelsmann Stiftung.

Weber, Karsten (2001): Der Mythos von der globalen Wissensgesellschaft. In: Ethica Jahrgang 9, 2/2001, 191-197.

Weede, Erich (2000): Asien und der Westen. Baden-Baden : Nomos.

Wehner, Josef (1997): Medien als Kommunikationspartner. Zur Entstehung elektronischer Schriflichkeit im Internet. In: Gräf, Lorenz u.a. (Hg.): Soziologie des Internet. Handeln im elektronischen Web-Werk. Frankfurt/M. u.a. : Campus, 125-149.

Welsch, Wolfgang (1988): Postmoderne. Pluralität als ethischer und politischer Wert. Köln : Bachem.

Welzel, Christian/Inglehart, Ronald/Klingemann, Hans-Dieter (2001): Human Development as a General Theory of Social Change. A Multi-Level and Cross-Cultural Perspective. In: Wissenschaftszentrum Berlin für Sozialforschung: Discussion Paper FS III 01-201, Berlin.

Werry, Christopher C. (1996): Linguistic and Interactional Features of Internet Relay Chat. In: Herring, Susan C. (Hg.): Computer-Mediated Communication. Linguistic, Social and Cross-Cultural Perspectives, Amsterdam : Benjamins, 47-63.

Wiegerling, Klaus (1998): Medienethik. Stuttgart u.a. : Metzler.

Wittgenstein, Ludwig (1971): Philosophische Untersuchungen. Frankfurt/M. : Suhrkamp.

World Development Report 1998/99, Oxford 1999.

Wunden, Wolfgang/Kos, Elmar (2000): Anthropologie, Theologie und Medien. In: Communication Socialis, 33. Jg., 379-412.

Yates, Simeon (1996): Oral and Written Linguistic Aspects of Computer Conferencing. A Corpus Based Study. In: Herring, Susan C. (Hg.): Computer-Mediated Communication. Linguistic, Social and Cross-Cultural Perspectives. Amsterdam : Benjamins, 29-46.